| 高等职业教育旅游类专业新专业教学标准系列教材 |

景区服务与管理
（第三版）

张芳蕊 索 虹 主 编

张秋敏 周秀芝 李孟冬 张东祥 副主编

清华大学出版社
北 京

内 容 简 介

本书为河北省职业教育精品在线课程、河北省职业教育旅游管理专业教学资源库建设课程旅游景区服务与管理配套教材,并精选其中优质资源做成二维码在书中进行了关联标注。本书以服务区域经济社会发展为宗旨,以学生为主体,以就业为导向,以"工学结合"为切入点,有机融入职业标准、行业标准、企业标准,突出职业技能与职业素养培养。本书按照旅游景区典型工作任务设置项目内容,全书包括八个项目:认知旅游景区、景区部门管理、景区门区接待服务与管理、景区商业服务与管理、景区营销管理、景区人力资源管理、景区设施设备与安全管理、景区环境与服务质量管理。

本书既可作为旅游类专业教材和景区员工的岗位培训教材,也可作为景区服务与管理人员的参考用书。

本书封面贴有清华大学出版社防伪标签,无标签者不得销售。
版权所有,侵权必究。举报: 010-62782989, beiqinquan@tup.tsinghua.edu.cn。

图书在版编目(CIP)数据

景区服务与管理 / 张芳蕊,索虹主编. -- 3 版. -- 北京:清华大学出版社, 2025.2. -- (高等职业教育旅游类专业新专业教学标准系列教材). -- ISBN 978-7-302-68255-4

Ⅰ. F590.6

中国国家版本馆 CIP 数据核字第 2025A6S381 号

责任编辑:左卫霞
封面设计:傅瑞学
责任校对:袁 芳
责任印制:丛怀宇

出版发行:清华大学出版社
    网 址:https://www.tup.com.cn,https://www.wqxuetang.com
    地 址:北京清华大学学研大厦 A 座 邮 编:100084
    社 总 机:010-83470000 邮 购:010-62786544
    投稿与读者服务:010-62776969,c-service@tup.tsinghua.edu.cn
    质量反馈:010-62772015,zhiliang@tup.tsinghua.edu.cn
    课件下载:https://www.tup.com.cn,010-83470410
印 装 者:河北鹏润印刷有限公司
经 销:全国新华书店
开 本:185mm×260mm 印 张:13.25 字 数:305 千字
版 次:2014 年 1 月第 1 版 2025 年 2 月第 3 版 印 次:2025 年 2 月第 1 次印刷
定 价:49.00 元

产品编号:106888-01

Foreword 前言

党的二十大报告指出:"加快建设教育强国、科技强国、人才强国",要"广泛践行社会主义核心价值观",并提出培养"有理想、敢担当、能吃苦、肯奋斗的新时代好青年"的时代课题。为此,我们把培育和践行社会主义核心价值观融入教材建设全过程,落实在项目、任务、知识点、案例、习题中。

本书以服务区域经济社会发展为宗旨,以学生为主体,以就业为导向,以"工学结合"为切入点,有机融入职业标准、行业标准、企业标准,突出职业技能与职业素养培养。本书结合高职学生特点,按照旅游景区典型工作任务设置项目内容,并对每个项目进行系统的任务设计,通过任务引入、任务分析等方式提升学生认识任务、解决问题、完成任务的能力。全书包括八个项目,重点设计了景区售票、验票、排队、咨询、餐饮、住宿、娱乐、购物等服务类项目及景区营销管理、人力资源管理等管理类项目,内容充实,富有特色。

本书简洁实用、内容新颖、体系完整、操作性强,主要特色如下。

1. 注重课程思政融入

本书遵循技术技能人才成长规律,注重以典型工作任务为载体组织教学单元,知识传授与技术技能培养并重,强化学生职业素养养成和专业技术积累,将专业精神、职业精神和工匠精神融入教材内容,适应专业建设、课程建设、教学模式与改革创新要求。

2. 推进数字资源一体化设计,搭建教学改革创新平台

本书为河北省职业教育精品在线课程、河北省职业教育旅游管理专业教学资源库建设课程旅游景区服务与管理配套教材,该课程已在智慧职教 MOOC 平台多次开课,扫描前言下方二维码即可在线学习该课程,内含微课、动画、视频、图片、案例、测试等丰富的数字教学资源,授课教师可以此为基础开展个性化线上教学。此外,本书精选其中优质资源做成二维码在书中进行了关联标注。

3. 推进书证融通、课证融通

本书内容具有鲜明的时代特色,反映旅游行业发展的现状,与景区现实需求接轨,注重运用新思潮、新观点阐述景区服务与管理的核心内容。本书结合旅游景区发展前沿趋势及旅游景区工作主要任务,注重实践与理论结合,运用案例、补充资料等完善项目教学,内容选取得当。本书适应旅游大类专业"1+X"技能等级证书试点工作需要,将职业技能等级标准有关内容融入书中,推进书证融通、课证融通。

4. 坚持校企"双元"合作开发教材，凸显职业教育特色

本书邀请旅游景区企业专家加入教材编写团队，立足旅游景区岗位技能需求，根据技术领域和职业岗位群的任职要求，依据典型工作任务并参照职业资格标准选取教学内容，以工作任务为中心组织理论知识和实践技能，"教、学、做"一体。本书融入景区服务与管理中的新技术、新工艺、新方法、新标准，充分反映职业岗位发展新要求，使学生所学知识和实践技能与景区服务和管理工作要求相适应。

本书由秦皇岛职业技术学院张芳蕊、索虹担任主编，由张秋敏、周秀芝、李孟冬、张东祥担任副主编。具体编写分工如下：周秀芝、张芳蕊编写项目1、项目5，张芳蕊、张秋敏编写项目2、项目6，索虹、张芳蕊编写项目3、项目4，张芳蕊、李孟冬编写项目7，张东祥、周鑫编写项目8。在此要特别感谢大连海昌发现王国主题公园有限公司人事经理朱洁琼女士、北戴河鸽子窝景区人事总监张梦晗女士的大力支持，她们为本书提供应用案例、平台软件、技术支持及图片等资料，并共同完成本书编写。本书由秦皇岛职业技术学院王雅丽教授审稿。

本书在编写过程中，参考、借鉴和引用了国内外相关研究成果，在此向这些文献作者表示衷心的感谢！

由于编者知识和实践的局限性，书中难免有不足之处，敬请各位专家与读者批评、指正。

编　者

2024 年 8 月

河北省职业教育精品在线课程
旅游景区服务与管理

文档：旅游景区服务指南

文档：旅游景区质量等级管理办法

Contents 目 录

项目1 认知旅游景区 …………………………………………………… 1

   任务1.1 梳理景区的基本概念 …………………………………………… 1
      1.1.1 旅游景区的概念 ……………………………………………… 2
      1.1.2 旅游景区的相关概念 ………………………………………… 4
   任务1.2 明确旅游景区基本分类 ………………………………………… 6
      1.2.1 旅游景区的类型 ……………………………………………… 8
      1.2.2 特殊类景区——世界遗产 …………………………………… 22
   任务1.3 认知景区服务与管理 …………………………………………… 26
      1.3.1 景区管理的概念和构成要素 ………………………………… 27
      1.3.2 景区管理的目标和方向 ……………………………………… 28
   项目实训 …………………………………………………………………… 31

项目2 景区部门管理 …………………………………………………… 33

   任务2.1 认知景区部门管理 ……………………………………………… 33
      2.1.1 景区部门管理的概念 ………………………………………… 34
      2.1.2 景区部门管理的特征 ………………………………………… 34
   任务2.2 景区部门管理的形式和手段 …………………………………… 35
      2.2.1 景区部门管理的形式 ………………………………………… 36
      2.2.2 景区部门管理的手段 ………………………………………… 37
   任务2.3 景区的职能管理 ………………………………………………… 39
      2.3.1 景区的计划管理 ……………………………………………… 39
      2.3.2 景区的组织管理 ……………………………………………… 41
      2.3.3 景区的决策与督导管理 ……………………………………… 45
      2.3.4 景区的沟通与协调管理 ……………………………………… 48
   项目实训 …………………………………………………………………… 51

项目3 景区门区接待服务与管理 ……………………………………… 52

   任务3.1 景区票务服务与管理 …………………………………………… 52

3.1.1 线上售票 …… 54
3.1.2 窗口售票 …… 55
3.1.3 验票服务 …… 57
3.1.4 售验票服务与游客流量管理 …… 59
任务 3.2 景区排队服务与管理 …… 60
3.2.1 队列类型 …… 60
3.2.2 排队心理 …… 63
3.2.3 景区排队管理 …… 64
任务 3.3 景区游客中心服务与管理 …… 66
3.3.1 游客中心 …… 68
3.3.2 咨询服务 …… 69
3.3.3 投诉处理服务 …… 71
任务 3.4 景区解说服务与管理 …… 75
3.4.1 景区解说服务的功能 …… 76
3.4.2 景区解说服务的类型 …… 76
3.4.3 景区自导式解说服务 …… 78
3.4.4 景区向导式解说服务 …… 79
项目实训 …… 83

项目 4 景区商业服务与管理 …… 85

任务 4.1 景区餐饮服务管理 …… 85
4.1.1 景区餐饮服务类型 …… 86
4.1.2 景区餐饮服务特点 …… 87
4.1.3 景区餐饮服务管理 …… 88
任务 4.2 景区住宿服务管理 …… 89
4.2.1 景区住宿服务类型 …… 90
4.2.2 景区住宿服务设施布局与规划 …… 92
4.2.3 景区住宿服务基本要求 …… 92
任务 4.3 景区购物服务管理 …… 93
4.3.1 旅游商品的类型及特性 …… 94
4.3.2 旅游区商铺布局及建筑 …… 94
4.3.3 我国景区购物服务现状及改进建议 …… 95
4.3.4 游客购物心理和推销技巧 …… 100
任务 4.4 景区娱乐服务管理 …… 103
4.4.1 景区娱乐服务 …… 104
4.4.2 景区娱乐服务管理 …… 106

项目实训 ……………………………………………………………………………… 108

项目 5　景区营销管理 ……………………………………………………………… 110

任务 5.1　认知景区营销管理 ……………………………………………………… 110
5.1.1　景区营销的定义及实质 …………………………………………………… 111
5.1.2　景区营销的重要性 ………………………………………………………… 111
5.1.3　景区营销的管理过程 ……………………………………………………… 111

任务 5.2　进行景区市场定位 ……………………………………………………… 112
5.2.1　景区市场调查与预测 ……………………………………………………… 112
5.2.2　景区市场细分与目标市场选择 …………………………………………… 115
5.2.3　景区营销市场定位 ………………………………………………………… 116

任务 5.3　运用景区营销组合 ……………………………………………………… 117
5.3.1　景区形象营销 ……………………………………………………………… 118
5.3.2　景区产品营销 ……………………………………………………………… 120
5.3.3　景区营销渠道 ……………………………………………………………… 122
5.3.4　景区促销工具 ……………………………………………………………… 123

　　项目实训 ……………………………………………………………………………… 126

项目 6　景区人力资源管理 ………………………………………………………… 129

任务 6.1　景区人力资源管理的重要性 …………………………………………… 129
6.1.1　景区人力资源管理的含义 ………………………………………………… 130
6.1.2　我国景区人力资源管理现状 ……………………………………………… 131
6.1.3　人力资源管理在景区发展中的地位 ……………………………………… 132

任务 6.2　景区人力资源管理原则及基本业务 …………………………………… 133
6.2.1　景区人力资源管理原则 …………………………………………………… 135
6.2.2　景区人力资源管理基本业务 ……………………………………………… 136

　　项目实训 ……………………………………………………………………………… 145

项目 7　景区设施设备与安全管理 ………………………………………………… 147

任务 7.1　景区设施设备管理 ……………………………………………………… 147
7.1.1　景区设施设备含义 ………………………………………………………… 148
7.1.2　景区设施设备分类 ………………………………………………………… 148
7.1.3　景区设施设备分期管理 …………………………………………………… 158

任务 7.2　景区安全管理 …………………………………………………………… 163

         7.2.1 景区安全事故类型 …………………………………………… 163
         7.2.2 景区安全管理特点 …………………………………………… 166
         7.2.3 景区安全管理系统 …………………………………………… 166
         7.2.4 景区专项安全管理 …………………………………………… 170
    项目实训 ……………………………………………………………………… 179

项目 8　景区环境与服务质量管理 …………………………………………… 181

    任务 8.1　景区环境管理 …………………………………………………… 181
         8.1.1 景区环境与景区环境管理 …………………………………… 183
         8.1.2 旅游活动对景区环境的影响 ………………………………… 184
         8.1.3 景区环境管理内容 …………………………………………… 185
         8.1.4 景区环境保护手段 …………………………………………… 194
    任务 8.2　景区服务质量管理 ……………………………………………… 197
         8.2.1 景区服务质量管理的内涵 …………………………………… 197
         8.2.2 景区服务质量管理的内容与方法 …………………………… 198
    项目实训 ……………………………………………………………………… 203

参考文献 ………………………………………………………………………… 204

项目 1

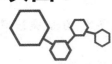

认知旅游景区

> **项目摘要**

2020年5月11日,习近平在山西考察时强调:让旅游成为人们感悟中华文化、增强文化自信的过程。2024年春节假期,创历史新高的4.74亿出游人次让祖国大好河山尽显动感。回顾2023年,"人气"不仅将淄博、哈尔滨等城市送上热搜,也将旅游市场推上恢复发展的快车道,成为我国经济回升向好的重要体现。

本项目主要任务是认知旅游景区,初步认知旅游景区的概念、分类知识,为即将从事旅游景区服务与管理工作的学生提供专业基础知识,提高专业素养。

任务 1.1 梳理景区的基本概念

任务引入

《中华人民共和国旅游法》关于旅游景区的相关条款

《中华人民共和国旅游法》由中华人民共和国第十二届全国人民代表大会常务委员会第二次会议于2013年4月25日通过,自2013年10月1日起施行。

其中与旅游景区相关的条款摘录如下。

第四十二条 景区开放应当具备下列条件,并听取旅游主管部门的意见:

(一) 有必要的旅游配套服务和辅助设施;

(二) 有必要的安全设施及制度,经过安全风险评估,满足安全条件;

(三) 有必要的环境保护设施和生态保护措施;

(四) 法律、行政法规规定的其他条件。

第四十五条 景区接待旅游者不得超过景区主管部门核定的最大承载量。景区应当公布景区主管部门核定的最大承载量,制定和实施旅游者流量控制方案,并可以采取门票预约等方式,对景区接待旅游者的数量进行控制。旅游者数量可能达到最大承载量时,景区应当提前公告并同时向当地人民政府报告,景区和当地人民政府应当及时采取疏导、分流等措施。

第一百一十一条 本法下列用语的含义：

（一）旅游经营者，是指旅行社、景区以及为旅游者提供交通、住宿、餐饮、购物、娱乐等服务的经营者。

（二）景区，是指为旅游者提供游览服务、有明确的管理界限的场所或者区域。

任务分析

梳理旅游景区的基本概念，为后续学习奠定知识基础，是从事景区服务与管理工作的职业素养。本部分需要完成的任务：在了解旅游景区概念的基础上，了解旅游地、旅游区、风景名胜区等相关概念。

1.1.1 旅游景区的概念

1. 国外关于旅游景区的概念界定

目前，关于旅游景区的概念还没有达成共识，综述并不很多，界定存在一定的困难。下面梳理一下国际上关于旅游景区概念的代表性的定义。

微课：梳理景区的基本概念

（1）苏格兰旅游委员会认为，景区是"一个长久性的旅游目的地"，其主要目的是让公众得到消遣的机会，做感兴趣的事情或受到教育，而不仅仅是零售点、一处体育竞赛场地、一场演出或一部电影。

（2）美国学者沃尔什·赫伦（Wash Heron）和特里·史蒂文斯（Terry Stevens）在《旅游景区与节事管理》一文中认为，景区（点）是有特色活动的地点、场所或集中地，应该做到以下几点。

① 吸引旅游者和当地居民来访，并为达到此目的而经营。
② 为游客提供获得轻松愉快经历的机会和消遣方式，使他们度过闲暇时间。
③ 尽量发挥其潜在能力。
④ 按景区（点）的特色进行管理，使游客获得满足。
⑤ 按游客的要求、需要和兴趣，提供相应水准的设施和服务。
⑥ 收取或不收取门票费。

（3）英国学者约翰·斯沃布鲁克（John Swarbrooke）在《景点开发与管理》一书中将景点描述如下：一个独立的单位、一个专门的场所，或者是一个有明确界限的、范围不可太大的区域，交通便利，可以吸引大批的游人闲暇时来这里做短时间的访问。他还强调，景点应该是能够界定、能够经营的实体。

2. 国内关于旅游景区的概念界定

（1）王昆欣编的《旅游景区服务与管理》一书将旅游景区定义为：具有美学、科学和历史价值的各类自然景观和人文景观的地域空间载体，它能够激发人们的旅游兴趣和需求，为人们提供参观、游览、度假、康乐、科研等产品和服务。

（2）李天元在《旅游学概论》（修订版）中指出：作为旅游业的组成部分，旅游景点是由某一组织或企业对其行使管理的旅游地点，即有明确的界限同外界相隔并有固定的出入口，对游人的出入行使有效控制的游览点或参观点。所谓明确的界限，是指该景点的区域范围或围以围墙,或设以栅栏,或借助某种天然条件(如河流、山沟等难以逾越的自然屏障)形成的边界,从而使人们不能随便出入。

(3)《中华人民共和国旅游法》指出:景区是指为旅游者提供游览服务、有明确的管理界限的场所或者区域。这是我国在国家法律层面第一次对景区给予的权威定义。据此,定义景区的空间范围,无论是封闭式还是开放式景区,都要取决于"明确的管理界限",遵循这个原则,景区管理者和旅游者都必须关注这个界限,它既是旅游者被允许到达、安全和权益受景区保护的界限,也是景区管理者实施管理和对旅游者承担义务的界限。从此,"驴友"在景区范围之外的各类探险行为及其引发的后续问题的仲裁也有了明确的判定依据。

3. 本书对旅游景区概念的界定

本书借鉴《中华人民共和国旅游法》中关于景区的定义,把旅游景区定义为:由具有某种或多种价值,能够吸引游客前来观光、游览、休闲、度假的自然景物、人文景观以及能够满足游客需要的旅游设施构成的,具有明确具体的空间界限的多元环境空间和经营实体,有明确的管理界限的场所或者区域,并通过对游客进出的管理和提供服务,达到盈利或保护目的的旅行游览场所。

旅游景区一般由以下要素构成。

(1)具有明确的环境空间界限:形成固定的、范围确定的经营服务场所,有明确的管理界限的场所或者区域。服务空间一般表现为门票范围。

(2)固定的出入口:旅游者不能随意进出,通过对旅游者出入的管理达到盈利和保护的目的。

(3)旅游吸引物:能够供人们欣赏、游览或从事娱乐活动。

(4)旅游接待条件:接待基础设施,旅游配套服务和辅助设施;必要的安全设施及制度,经过安全风险评估,满足安全条件;有必要的环境保护设施和生态保护措施。

(5)旅游景区经营管理机构:负责景区正常运转和外部联系。

(6)管理与服务人员:管理景区,服务游客。

江山如此多娇——晒中国美丽景区

中国是一个旅游资源十分丰富的国家,拥有壮丽的山,秀丽的江、泉、瀑,雄伟的古代建筑艺术,奇特的动植物和数不尽的名胜古迹,可谓自然景观与人文景观交映生辉。众多的世界自然与文化遗产更是闪烁着中国人民的智慧和勤劳的光芒。身临其境,置身其中,您将感受到从未有过的身心陶醉。欢迎来到中国,您可以从气吞山河的万里长城、气势磅礴的秦始皇陵兵马俑、如诗如画的桂林山水、充满东方神秘的故宫等独具特色的旅游胜景中,领略探索中国的古老与文明。每年的国庆长假,人们戏称"游假"。早在假期开始前,就已认真谋划,"去哪里,看什么",每个旅游者都想寻找到旅游目的地最美的风景区,都想找品牌景区,来达到愉悦身心、享受服务的目的。去故宫吧,品味北京600年的人和事;去九寨沟吧,愉悦在童话世界里;去漓江吧,感悟桂林山水甲天下的神奇。心中总是晒出中国那些美丽的景区。我和亿万个旅游者的心情一样,想找一个景色美丽的景区,找一个管理规范、服务完善的景区,来填充自己的精神世界。

九寨沟景区

九寨沟位于四川省阿坝藏族羌族自治州内,是白水沟上游白河的支沟,据说主管草木万物之神比央朵明热巴有九个聪明勇敢、美丽善良的女儿,来自九座雪峰上空,见蛇魔在水中投毒,人畜倒毙。她们打败了蛇魔,留下来与九个藏族男子结婚,一起重建家园,以后形成九个部落,分居九个寨寮,因此这里就被称为"九寨沟"。

九寨沟有"童话世界"之称,它与乌镇、丽江古城、水墨婺源、凤凰古城、平遥、敦煌和新疆布尔津白哈巴村共同被评为蜜月必去的中国最美小镇。它的雪峰、彩林、翠海、叠瀑和藏情被称为"五绝"。作为"五绝"之一的雪峰,在蓝天的映衬下放射出耀眼的光辉,像英勇的武士守候在九寨沟的身旁。站在远处凝望,巍巍雪峰玉柱直指蓝天。茂密的原始森林,主要种有红松、云杉、冷杉、赤桦、领春木、连香树等。森林中栖息着珍贵的大熊猫、白唇鹿、苏门羚、扭角羚、金猫等动物。海子中野鸭成群,天鹅、鸳鸯也常来嬉戏。九寨沟因其独有的原始景观、丰富的动植物资源而被誉为"人间仙境"。

资料来源:http://www.cthy.com。

1.1.2 旅游景区的相关概念

旅游景区的相关概念包括旅游地、旅游区、风景名胜区。

1. 旅游地

1)旅游地的概念

旅游地就是旅游者前往的目的地,如七彩云南、浪漫海南、文化河南、好客山东、多彩贵州、燕赵河北。旅游地是由旅游资源、旅游服务设施及其他相关旅游条件结合形成的吸引游客前往旅游的区域。它由若干个旅游区组成,各个旅游区之间组成一个地域上不一定相连成片,但服务接待设施配套、管理统一、交通方便、旅游服务条件相对独立的地域。

2)旅游地需具备的基本要素

(1)旅游业是其所在地区的重要支撑产业,并依靠它获得较好的经济收入和社会效益。

(2)对旅游者具有吸引力,可供游人观光、度假、休闲、健身、娱乐、科学考察等。

(3)接待条件优越,具有现代性、时尚性和科学性。

小资料

冰雪旅游圣地——哈尔滨

2024年2月10日至17日,哈尔滨累计接待游客1009.3万人次,日均同比去年增长81.7%;实现旅游总收入164.2亿元,同比增长235.4%。游客接待量与旅游总收入均达到历史峰值。这个冬季,哈尔滨,成为一个充满生机活力的"梦工厂"、一个创造旅游奇迹的"魔幻屋"、一个激活城市魅力的"升级舱"。

哈尔滨以冰雪旅游为突破口擘画新时代壮美蓝图——聚焦世界级冰雪旅游度假胜

地、冰雪经济高地和国际冰雪合作示范区核心定位,对全市旅游资源一体化规划、市场化整合、系统性重构,让哈尔滨冰雪走向世界,让世界走进哈尔滨。

哈尔滨冰雪旅游的现象级"爆红"引发文化和旅游部的持续关注并给予高度评价:哈尔滨等地的旅游先后火爆出圈,以极具特色的文旅产品、优质高效的政府服务、放心舒心的消费环境、全体市民的温暖热情擦亮了城市的"金字招牌",也由此引发了南北双向奔赴、交换冬天,既带动了区域间的文旅交流与互动,也推动各地扎实练好内功,提升文旅供给质量和服务水平,有力提振了市场信心。

资料来源:哈尔滨日报,2024-02-02.

2. 旅游区

1)旅游区的概念

中华人民共和国国家标准 GB/T 17775—2003《旅游区(点)质量等级的划分与评定》中指出:旅游区是以旅游及其相关活动为主要功能或主要功能之一的空间或地域。本标准中,旅游区是指具有参观游览、休闲度假、康乐健身等功能,具备相应旅游服务设施并提供相应旅游服务的独立管理区。该管理区应有统一的经营管理机构和明确的地域范围,包括风景区、文博院馆、寺庙观堂、旅游度假区、自然保护区、主题公园、森林公园、地质公园、游乐园、动物园、植物园及工业、农业、经贸、科教、军事、体育、文化艺术等各类旅游景区。旅游区是旅游活动的客体,是客观存在的事物,是旅游活动不可或缺的三大要素之一。

2)旅游区的特征

(1)具有供游客参观游览的旅游吸引物,一般分为自然旅游资源和人文旅游资源两大类。

(2)完善的旅游交通服务设施,即具有通往旅游区的交通道路,具有停车(船)场所,具有可供游人参观游览的步道或航道。

(3)游览服务设施齐备,具有明显的各种引导标志(入口游览导游图、标牌、景点介绍牌等),能提供导游服务。

(4)旅游安全保障有力,即消防、防盗、救护设备齐全,功能完好,管理机制健全,能及时提供安全保卫工作。

(5)良好的环境卫生,即景区环境优美、干净卫生。有健全的环卫管理机制,各种卫生设施设备齐全,标示明显。

(6)完善的公共设施,如完善的数字旅游系统、完善的购物环境。

3. 风景名胜区

1)风景名胜区的概念

1985年国务院颁布的《风景名胜区管理暂行条例》规定:风景名胜区是指具有观赏、文化或者科学价值,自然景观、人文景观比较集中,环境优美,可供人们游览或者进行科学、文化活动的区域。风景名胜包括具有观赏、文化或科学价值的山河、湖海、地貌、森林、动植物、化石、特殊地质、天文气象等自然景物和文物古迹、革命纪念地、历史遗址、园林、建筑、工程设施等人文景物和它们所处的环境以及风土人情等。2006年9月国务院公布的《风景名胜区条例》规定:国家对风景名胜区实行科学规划、统一管理、严格保护、永续利用的原则。

中国地大物博,旅游资源丰富,风景名胜众多。国务院分别于1982年、1988年、1994年、

2002年和2004年先后公布了五批国家级风景名胜区,截至2018年10月17日,中国国家级风景名胜区已达258处,其中22处被列入联合国教科文组织《世界遗产名录》。

2)风景名胜区需具备的基本要素

(1) 有法定的范围和空间。

(2) 有优美奇特的自然景观,代表性强,并且比较集中。

(3) 有历史悠久的人文景观,代表性强,并且比较集中。

(4) 有观赏、文化、科学以及生态价值。

(5) 有可供游客游览、休息或进行科学、文化活动的环境空间。

小资料

黄山风景名胜区

黄山位于安徽省南部黄山市境内,南北长约40千米,东西宽约30千米,山脉面积1200平方千米,1985年入选全国十大风景名胜区(图1-1),1990年12月被联合国教科文组织列入《世界遗产名录》,2006年2月入选世界地质公园。黄山是以自然景观为特色的山岳旅游风景区,奇松、怪石、云海、温泉并称黄山"四绝",令海内外游人叹为观止。黄山有名可数的有72峰,其中天都峰、莲花峰、光明顶是黄山的三大主峰,海拔高度皆在1800米以上,并以三大主峰为中心向四周铺展,跌落为深壑幽谷,隆起成峰峦峭壁,呈现出典型的峰林地貌。

图1-1 中国国家级风景名胜区标识

黄山旅游地由12个旅游区构成,即黄山世界遗产风景名胜区、九华山佛教文化名胜区、齐云山道教文化名胜区、歙县古建筑游览区、黟县古民居游览区、太平湖风景区、屯溪古城游览点、石台溶洞游览区、泾县新四军贵池游览点、清凉山自然保护区、牯牛降保护区、绩溪游览区。

资料来源:http://www.chinahuangshan.gov.cn.

任务实施

全班分为若干小组,每组6~8人,通过参观当地著名旅游景区,明确旅游景区、旅游地、旅游区、风景名胜区的概念。参观后要求每个小组完成一份书面调研报告。

任务1.2 明确旅游景区基本分类

任务引入

梵净山的"多栖型"景区建设

梵净山旅游景区位于有"黔东门户"之称的贵州省铜仁市,其旅游资源种类丰富,品位较高,主要表现在以下两方面。

1. 梵净山旅游资源状况

(1) 丰富的生态自然旅游资源。梵净山是中国黄河以南最早从海洋中抬升为陆地的古老地区,拥有14亿年前至10亿年前形成的奇特地貌景观,有"武陵正源,天下众名岳之宗"的美誉,1978年被确定为国家级自然保护区。梵净山的高峻山势形成了"一山有四季,上下不同天"的垂直气候特点和动植物分布带,保存了世界上少有的亚热带原生态系统,并遗存着7000万年前至200万年前的古老珍稀物种。此外,这里古老而特有的植物种类繁多,有国家级保护植物21种,是中国少有的亚热带动植物基因库。

(2) 历史悠久的佛教文化旅游资源。梵净山得名于"梵天净土",是全国著名的弥勒道场。梵净山明清时期最为繁荣,建有四大皇庵、四十八脚庵和金顶古庙群,有近百座寺庙,其中以六寺六殿最为著名:承恩寺(俗称上茶殿)、天庆寺、朝天寺(后称镇国寺)、天林寺(又名坝梅寺、承恩堂)、天池寺(又名天池院,清代改称护国寺)、天马寺、九皇殿(又名九皇洞)、三清殿、圆通殿、弥勒殿、释迦殿、通明殿(又名报恩寺)。如今,虽然其中不少庙宇遭到破坏,但还是极具旅游开发潜力。

(3) 多样化的民族文化旅游资源。梵净山旅游景区还包括梵净山周围的三县八乡镇,即江口县太平乡、闵孝镇、德望乡,印江土家族苗族自治县的木黄镇、新业乡、永义乡和松桃苗族自治县的乌罗镇和寨英镇。梵净山旅游景区的民族文化旅游资源具有多样化和珍稀性,为发展文化旅游提供了巨大资源,便于形成多类型、深内涵的旅游产品。

(4) 其他旅游资源。梵净山旅游景区还是古建筑文化、红色文化等文化资源的重要载体,至今保存有以院道摩崖为代表的摩崖字画,以敕赐碑为代表的碑碣等。同时,梵净山地区是贵州省革命老区、黔东革命根据地,周逸群、旷继勋、贺龙等老一辈无产阶级革命家当年在这里从事革命活动,遗留下不少革命纪念资源。

2. "多栖型"旅游景区的概念塑造

以梵净山旅游景区为代表,这种具有多样旅游资源,且至少有两个子类旅游资源的品质较高、具有市场开发潜力的旅游景区,应该被称为"多栖型"旅游景区。

"多栖型"旅游景区的概念是建立在旅游资源的概念基础之上的。旅游景区的旅游资源的品质和市场接轨性,决定了一个旅游景区是否是"多栖型"旅游景区。若一个旅游景区旅游资源种类丰富,但是仅有一个子类旅游资源,品质较高、具有市场开发潜力,则该景区是"单栖型(单一性)"旅游景区。

"多栖型"旅游景区的概念是建立在旅游市场的实践基础之上的。旅游者进行旅游选择与行动的一个重要原则是追求"利益"最大化,这种利益是指以最少的时间、经济成本获得更多的旅游体验,而"多栖型"旅游景区必然更好地满足了旅游者的这一需求原则。当然,在"单栖型(单一性)"旅游景区中,如果其中突出的一类旅游资源开发得当,且与其他旅游资源搭配恰当,也能在空间距离、旅游促销等主客观条件的作用下,在一定程度上成为"多栖型"旅游景区的替代品。

资料来源:陶静.梵净山的"多栖型"景区建设[N].中国旅游报,2013-05-13.

任务分析

作为未来的旅游工作者,应努力做到我欲无所不知,我欲无所不至,读万卷书,行万里路。我国旅游资源丰富多样,旅游景区类型多样,大家应该了解旅游景区的分类,为以后的学习和工作奠定良好的知识基础。本部分需要完成的任务有掌握旅游景区的分类,了解旅游景区的性质。

1.2.1 旅游景区的类型

1. 按照旅游吸引物的要素分类

按照旅游吸引物的要素不同,可以将旅游景区分为天然景观类景区、人文景观类景区和人工建造景观类景区三类。

1)天然景观类景区

天然景观类景区也可称为自然景观类景区。它是在自然环境下天然产生的景区,具有美的欣赏价值和参观乐趣,如有特色的山体景观、水体景观、动植物景观、气象气候景观。通常情况下,天然景区拥有怡人的自然环境,山水相映,鸟语花香,展现了一个地区的气候或地貌特点。游客可以在其中深刻感受到大自然的独特魅力,流连忘返。天然景观类景区包括名山、江河、湖泊、森林、草原、峡谷、瀑布、海岛等,这类景区的特征如下:

微课:旅游景区的类型
(按旅游要素分类)

(1)景区的吸引力主要是自然风光。

(2)景区自然环境优美,空间范围较大。

(3)游客的主要活动是观光游览和休闲度假。

(4)该类景区注重生态保护,生态环境是景区赖以生存的基础。生态环境一旦遭到破坏,该类景区将无法得到游客的认可。

小资料

河南焦作云台山风景区

云台山位于河南省省会郑州西北70千米的焦作市修武县境内,总面积240平方千米,拥有十一大景点,是一处以太行山岳丰富的山水景观为特色,以峡谷类地质地貌景观和悠久的历史文化为内涵,集科学价值和美学价值于一身的科普生态旅游精品景区,因山势险峻,峰峦之间常年云锁雾绕而得名。

云台山以山称奇,以水叫绝,因峰冠雄,因峡显幽,历史文化积淀深厚。这里四季分明,景色各异:春来冰消雪融,万物复苏,小溪流水,山花烂漫;夏日郁郁葱葱的原始次生林,丰富独特的飞瀑流泉,造就了云台山奇特壮美,如诗如画的山水景观;秋季来临,层林尽染,红叶似火,登高山之巅,观云台之秋色,插茱萸、赏红叶,遥寄情怀;冬季到来,云台山银装素裹,冰清玉洁,但见群山莽莽苍苍,雄浑奇劲。

景区内有单级落差314米的亚洲第一高瀑——云台天瀑；有被誉为"华夏第一奇峡"的红石峡；有"华夏第一秀水"之称的潭瀑峡；有唐代大诗人王维写下千古名句"遥知兄弟登高处，遍插茱萸少一人"的茱萸峰；有融山的隽秀、水的神韵为一体，被赞为"人间天上一湖水，万千景象在其中"的云台天池——峰林峡；有生态旅游最佳去处"云台第一大峡谷"——青龙峡。

资料来源：http://www.yuntaishan.net/help/profile.asp.

2）人文景观类景区

人文景观类景区是人类生产、生活活动的艺术成就和文化结晶，是指由以社会文化事物为主要吸引力的建筑物和场所以及其中的活动构成的景区。古人类遗址、古代建筑物、名人故居、古镇、革命圣地等都属于人文景观类景区，这类景区的特征如下。

（1）这些景观起初并不是为了吸引游客而建造的，其中的活动也不是专门为游客的体验而开展的。

（2）这类景区年代较为久远，知识、文化内涵丰富。

（3）这类景区的吸引力源泉是其中蕴含的文化因素。

（4）这类景区的管理注重保护和传承一个民族和国家的精神力量。

小资料

曲阜"三孔"

曲阜的孔庙、孔府、孔林统称"三孔"，是中国历代纪念孔子，推崇儒学的表征，以丰厚的文化积淀、悠久的历史、宏大的规模、丰富的文物珍藏，以及其科学艺术价值而著称。1994年，孔庙、孔府、孔林被联合国列入《世界遗产名录》。

1. 孔庙

孔庙是我国历代封建王朝祭祀春秋时期思想家、政治家、教育家孔子的庙宇，位于曲阜城中央。它是一组具有东方建筑特色、规模宏大、气势雄伟的古代建筑群。初建于公元前478年，以孔子的故居为庙。孔庙的规模是在明清两代完成的。建筑仿皇宫之制，共分九进庭院，贯穿在一条南北中轴线上，左右作对称排列。整个建筑群包括五殿、一阁、一坛、两庑、两堂、17座碑亭，共466间，分别建于金、元、明、清和民国时期。孔庙占地约200亩，南北长达1千米多。四周围以高墙，配以门坊、角楼。黄瓦红垣，雕梁画栋，碑碣如林，古树参天。

2. 孔府

孔府本名衍圣公府。位于孔庙东侧，为孔子嫡长孙的衙署。汉高祖刘邦以太牢之礼祭孔子墓并封孔子九世孙世为奉祀君，代表国家祭祀孔子。后历代不断加封，至宋代封为衍圣公。明洪武十年建立独立的衍圣公府。现有楼、厅、堂480余间，前为官衙，后为内宅。府内存有著名的孔子档案和大量文物。

3．孔林

孔林位于曲阜城北，是孔子及其家族的专用墓地，也是目前世界上延时最久、面积最大的氏族墓地。其后代从冢而葬，形成今天的孔林。从子贡为孔子庐墓植树起，孔林内古树已达万余株。自汉代以后，历代统治者对孔林重修、增修过13次，以至形成现在规模，总面积约2平方千米，周围林墙5.6千米，墙高3米多，厚1米。

资料来源：http://baike.baidu.com/view/7643.htm?subLemmaId=7065539&fromId=144006.

3) 人工建造景观类景区

人工建造景观类景区是专门为吸引游客并满足其要求而修筑建造的景区。随着旅游业的快速发展，各个地区为了满足游客多样化需求而专门建造了一些景区。主题公园、游乐园等都属于人工建造景观类景区，这类景区的特征如下。

（1）这些景观是专门为了吸引游客，获取经济收入而建立的，这类景区建设往往依赖一定的自然景观和人文景观。

（2）这类景区主要是现代建造的房屋或者建筑群。

（3）这类景区的吸引力源泉是能为游客提供康体、休闲娱乐、文化消费等活动。

2．按照旅游活动的功能分类

按照旅游活动的功能不同，结合旅游资源特色，可以将旅游景区分为以下几类。

微课：旅游景区的类型
（按旅游功能分类）

1) 观光游览类景区

观光游览类景区的依托要素是独特、优美的自然景观，以及根据景区特色规划的人工景观，美学价值丰富。主要景观有山、林、海、江、湖、河、瀑布、岩溶、气候、气象变化等，如童话世界四川九寨沟、东岳泰山、海南天涯海角等。

2) 历史古迹类景区

历史古迹类景区的依托要素是历史文化旅游资源。历史古迹是人类留下的遗迹和遗物，形象地记录着人类的历史，能引发人们对历史的回顾，是人类宝贵的文化遗产。从美学角度来说，这类景区是旅游审美客体的主要内容，积淀了前人的智慧、情感、理想和愿望，具有强烈的吸引力和感染力。历史古迹种类繁多，包括早期人类遗址-北京人遗址、古坛庙-北京天坛、古皇陵-清东陵和清西陵、古都城-平遥古城、古园林-苏州园林、古佛塔-云南大理三塔、古宗教寺庙-少林寺、古皇城-北京故宫等。

3) 民俗风情类景区

民俗风情类景区的依托要素是民俗风情类旅游资源。这类景区具有体验价值，能满足人们休闲旅游的需要。民俗风情类旅游资源指的是民族聚居地、民族独特的生活习惯及生活方式，包括民族的服饰、民居建筑、特色饮食、娱乐方式、婚恋习俗、节日节庆、礼仪、生产交通、丧葬习俗、村落村貌等方面特有的风情、风尚、传统和禁忌，结合当地的自然景观，形成独特的人文景观。如深圳锦绣中华民俗文化村、西双版纳的傣族村寨、贵州苗族村寨、吉林查干湖祭鱼仪式、内蒙古草原的那达慕大会。

小资料

福建土楼（永定·南靖）旅游区

福建土楼是东方文明的一颗明珠，因其大多数为福建客家人所建，故又称"客家土楼"。它以历史悠久、种类繁多、规模宏大、结构奇巧、功能齐全、内涵丰富著称，具有极高的历史、艺术和科学价值，被誉为"东方古城堡""世界建筑奇葩""世界上独一无二的、神话般的山区建筑模式"。

风格奇异的土楼民宅散布在闽西南的南靖、平和、华安、漳浦，以及闽西的永定、武平、上杭。最为著名的就是南靖的田螺坑土楼群，其造型、装饰和建造工艺世所罕见。土楼俗称"生土楼"，它是以生土作为主要建筑材料，掺上细沙、石灰、竹片、木条等，经过反复揉、舂、压建造而成。楼顶覆以火烧瓦盖，经久不损。土楼高可达五六层，可供三代或四代人同楼聚居。

成为世界文化遗产的46座福建土楼由六群四楼组成，土楼故里南靖县和华安县占三群楼，永定县占三群两楼，包括分布在土楼故里南靖县的田螺坑土楼群、河坑土楼群、华安县的大地土楼群，永定县的初溪土楼群、洪坑土楼群、高北土楼群等，覆盖了完整的土楼群建筑样式。福建土楼产生于宋元，成熟于明末、清代和民国时期。世遗土楼中最古老和最年轻的均在南靖田螺坑土楼群。福建土楼的形成与历史上中原汉人几次著名大迁徙相关。西晋永嘉年间即公元4世纪，北方战祸频发，天灾肆虐，当地民众大举南迁，拉开了千百年来中原汉人不断举族迁徙入闽的序幕。进入闽南的中原移民与当地居民相互融合，形成了以闽南话为特征的福佬民系；辗转迁徙后经江西赣州进入闽西山区的中原汉人则构成福建另一支重要民系——以客家话为特征的客家民系。

福建土楼所在的闽西南山区，正是福佬与客家民系的交汇处，地势险峻，人烟稀少，一度野兽出没，盗匪四起。聚族而居既是根深蒂固的中原儒家传统观念要求，更是聚集力量、共御外敌的现实需要使然。福建土楼依山就势，布局合理，这些独一无二的山区民居建筑，将源远流长的生土夯筑技术推向极致。

资料来源：http://fujiantulou.gov.cn/tlgk/200807/t20080727_47456.htm.

4）文学艺术类景区

文学艺术类景区的依托要素是文学艺术类旅游资源。这类景区为旅游者创造了一定的文化氛围，让游客增加学识和艺术修养，具有教育意义。如美国好莱坞、无锡影视城、中国国家历史博物馆。

5）娱乐休闲类景区

娱乐休闲类景区的依托要素是现代时尚的娱乐休闲环境和休闲设施。这类景区主要是以优美的旅游度假环境或以人造景观为背景建设的现代娱乐休闲设施为主的旅游景区。旅游者在这里可以进行观赏、康体疗养、运动健身、娱乐和休闲等旅游项目。如温泉疗养地——陕西骊山温泉、避暑疗养地——河北北戴河、滑雪运动地——黑龙江亚布力滑雪度假区、娱乐休闲旅游区——迪士尼乐园。

6) 科考探险类景区

科考探险类景区的依托要素是独特稀缺的自然资源。这类景区科学价值较大。如雅鲁藏布江大峡谷、浙江金华水洞、湖北神农架。

7) 综合类旅游景区

综合类旅游景区的依托要素具有综合性,包括自然风光、名胜古迹、民俗风情、休闲娱乐以及科学考察等。如北京风景名胜区、大理风景名胜区。

3. 按照旅游景区质量等级分类

风景景区质量等级的划分是根据旅游景区质量等级划分条件确定旅游景区质量等级,按照《服务质量与环境质量评分细则》《景观质量评分细则》的评价得分,并结合《游客意见评分细则》的得分综合进行的。经评定合格的各质量等级旅游景区,由全国旅游景区质量等级评定机构向社会统一公告。

旅游景区质量等级划分为五级,从高到低依次为 AAAAA、AAAA、AAA、AA、A 级旅游景区。旅游景区质量等级的标牌、证书由全国旅游景区质量等级评定机构统一规定。

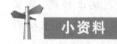

"有进有出"旅游景区动态管理常态化

2022 年 11 月 3 日,山东省文化和旅游厅发布公告称,为加强旅游景区质量管理,提升旅游景区品质,净化旅游消费环境,依照国家标准《旅游景区质量等级的划分与评定》和《山东省旅游景区质量等级管理办法》,根据 4A 级旅游景区年度复核结果,山东省文化和旅游厅决定,对复核检查严重不达标或存在严重问题的 17 家 4A 级旅游景区进行处理。其中,给予东营龙居黄河森林旅游区、威海大乳山滨海旅游度假区 2 家景区取消旅游景区质量等级处理;给予济南灵岩寺旅游区、济南红叶谷生态文化旅游区、青岛石老人观光园等 13 家景区责令整改处理,限期 3 个月。

2022 年 10 月 24 日,天津市旅游景区质量等级评定委员会发布公告,对和平区金街文化旅游区、蓟州区智利风情园、河北区曹家花园景区给予警告处理,限期 3 个月整改;对河北区宁园景区给予降为 3A 级旅游景区处理;对蓟州区紫云水岸景区给予取消 3A 级旅游景区质量等级处理。

2020 年,文化和旅游部资源开发司印发了《关于对旅游景区质量等级管理工作中若干问题的解释》(以下简称《解释》)。《解释》提到,旅游景区动态管理已经常态化,复核检查中发现 A 级旅游景区存在问题的,视情节轻重,给予通报批评、降低等级、取消等级处理。

5A 级旅游景区常态化退出机制持续实施,对一些经营不善、各项指标不再符合国家 5A 级旅游景区标准的景区进行整改和摘牌处理。2015 年,河北山海关景区因指标达不到 5A 级旅游景区标准,首次被摘牌。2019 年 7 月,因过度商业化等原因,文化和旅游部对山西乔家大院景区予以取消等级处理。

《解释》还提到,除因不可抗力影响或者资源保护需外,A 级旅游景区有终止经营、丧失旅游功能或者停业1年以上等情形的,原评定部门应当取消其质量等级。

2022年10月27日,北京市文化和旅游局官网发布消息,北京市朝阳区蟹岛绿色生态农庄景区已停业,旅游景区相关设施设备缺失,已无法为游客提供服务。依据《旅游景区质量等级的划分与评定》《旅游景区质量等级管理办法》的规定,经北京市旅游景区质量等级评定委员会研究,批准撤销朝阳区蟹岛绿色生态农庄景区国家4A级旅游景区资质。

《解释》称,4A级及以下旅游景区受到降低或取消等级处理申请恢复原等级的,由省级文化和旅游行政部门制定相关细则。另外,受到取消等级、降低等级处理的旅游景区,应当交回或者申请更换证书和标牌,不得以原等级名义从事宣传和经营等活动。

近年来,各地旅游主管部门积极实行"有进有出"的动态管理制度,给予警告、通报批评甚至是降级的处理,核心目的就是从游客体验感出发,要求A级旅游景区的服务质量不降低,也倒逼景区不断提质增效和转型升级。

资料来源:曹燕."有进有出"旅游景区动态管理常态化[N].中国旅游报,2022-11-08.

国家5A景区名单

截至2024年2月6日,文旅部共确定了339家国家5A级旅游景区(表1-1)。其中,江苏省数量最多,达到了26个。按数量多少排列如下:江苏(26)、浙江(21)、新疆(17)、四川(17)、河南(16)、湖北(15)、山东(15)、广东(15)、江西(14)、安徽(13)、陕西(13)、河北(12)、湖南(12)、重庆(12)、福建(11)、山西(10)、云南(10)、广西(10)、北京(9)、贵州(9)、吉林(8)、辽宁(7)、甘肃(7)、海南(7)、内蒙古(7)、黑龙江(6)、西藏(5)、宁夏(5)、上海(5)、青海(4)、天津(2)。

说明:2022年确定的黄河壶口瀑布旅游区为陕西省延安市和山西省临汾市联合申报,所以分别计入陕西省和山西省。

表1-1 国家5A景区名单(截至2024年2月6日)

省　市	景　　区	确定年份
北京市 (9家)	北京(通州)大运河文化旅游景区	2024年
	海淀区圆明园景区	2020年
	北京奥林匹克公园	2012年
	恭王府景区	2012年
	明十三陵景区	2011年
	八达岭—慕田峪长城旅游区	2007年
	颐和园	2007年
	天坛公园	2007年
	故宫博物院	2007年
上海市 (5家)	西沙明珠湖景区	2024年
	上海科技馆	2010年
	上海东方明珠广播电视塔	2007年
	上海野生动物园	2007年
	上海市中国共产党一大·二大·四大纪念馆景区	2021年

续表

省　市	景　区	确定年份
重庆市 (12家)	涪陵区武陵山大裂谷景区	2024年
	奉节县白帝城·瞿塘峡景区	2022年
	黔江区濯水景区	2020年
	彭水县阿依河景区	2019年
	云阳龙缸景区	2017年
	江津四面山景区	2015年
	南川金佛山	2013年
	万盛经开区黑山谷景区	2012年
	酉阳桃花源旅游景区	2012年
	武隆喀斯特旅游区(天生三桥·仙女山·芙蓉洞)	2011年
	巫山小三峡·小小三峡	2007年
	大足石刻景区	2007年
天津市 (2家)	天津盘山风景名胜区	2007年
	天津古文化街旅游区(津门故里)	2007年
河北省 (12家)	唐山市南湖·开滦旅游景区	2024年
	承德市金山岭长城景区	2020年
	保定市清西陵景区	2019年
	秦皇岛市山海关景区	2018年
	邯郸市广府古城景区	2017年
	保定市白石山景区	2017年
	邯郸市娲皇宫景区	2015年
	唐山市清东陵景区	2015年
	石家庄市西柏坡景区	2011年
	保定市野三坡景区	2011年
	承德市避暑山庄及周围寺庙景区	2007年
	保定市安新白洋淀景区	2007年
山西省 (10家)	黄河壶口瀑布旅游区(陕西省延安市·山西省临汾市)	2022年
	临汾市云丘山景区	2020年
	长治市壶关太行山大峡谷八泉峡景区	2019年
	临汾市洪洞县洪洞大槐树寻根祭祖园景区	2018年
	忻州市雁门关景区	2017年
	晋中市平遥古城景区	2015年
	晋中市介休绵山景区	2013年
	晋城市皇城相府生态文化旅游区	2011年
	忻州市五台山风景名胜区	2007年
	大同市云冈石窟	2007年
内蒙古 自治区 (7家)	呼伦贝尔市呼伦贝尔大草原·莫尔格勒河景区	2024年
	阿拉善盟胡杨林旅游区	2019年
	赤峰市阿斯哈图石阵旅游区	2018年
	阿尔山·柴河旅游景区	2017年

续表

省　　市	景　　区	确定年份
内蒙古自治区（7家）	满洲里市中俄边境旅游区	2016年
	鄂尔多斯市成吉思汗陵旅游区	2011年
	鄂尔多斯市响沙湾旅游景区	2011年
辽宁省（7家）	本溪市五女山景区	2024年
	盘锦市红海滩风景廊道景区	2019年
	鞍山市千山景区	2017年
	本溪市本溪水洞景区	2015年
	大连市金石滩景区	2011年
	大连老虎滩海洋公园·老虎滩极地馆	2007年
	沈阳市植物园	2007年
吉林省（8家）	松原市前郭查干湖景区	2024年
	通化市高句丽文物古迹旅游景区	2019年
	长春市世界雕塑公园旅游景区	2017年
	敦化市六鼎山文化旅游区	2015年
	长春市长影世纪城旅游区	2015年
	长春市净月潭景区	2011年
	长白山景区	2007年
	长春市伪满皇宫博物院	2007年
黑龙江省（6家）	虎林市虎头旅游景区	2019年
	漠河北极村旅游区	2015年
	伊春市汤旺河林海奇石景区	2013年
	牡丹江市镜泊湖景区	2011年
	黑河市五大连池景区	2011年
	哈尔滨市太阳岛景区	2007年
江苏省（26家）	连云港市连岛景区	2024年
	宿迁市洪泽湖湿地景区	2020年
	无锡市惠山古镇景区	2019年
	常州市中国春秋淹城旅游区	2017年
	连云港市花果山景区	2016年
	徐州市云龙湖景区	2016年
	大丰中华麋鹿园景区	2015年
	周恩来故里旅游景区	2015年
	镇江市句容茅山景区	2014年
	苏州市沙家浜·虞山尚湖旅游区	2013年
	常州市天目湖景区	2013年
	苏州市吴中太湖旅游区	2013年
	无锡市鼋头渚景区	2012年
	镇江市金山·焦山·北固山旅游景区	2012年
	南通市濠河景区	2012年
	苏州市金鸡湖景区	2012年
	姜堰市溱湖旅游景区	2012年

续表

省　市	景　区	确定年份
江苏省 (26家)	常州市环球恐龙城休闲旅游区	2010年
	扬州市瘦西湖风景区	2010年
	南京市夫子庙—秦淮风光带景区	2010年
	无锡市灵山景区	2010年
	苏州市同里古镇景区	2010年
	苏州市周庄古镇景区	2007年
	苏州园林（拙政园、虎丘山、留园）	2007年
	中央电视台无锡影视基地三国水浒景区	2007年
	南京市钟山风景名胜区—中山陵园风景区	2007年
浙江省 (21家)	丽水市云和梯田景区	2024年
	台州市台州府城文化旅游区	2022年
	温州市刘伯温故里景区	2020年
	丽水市缙云仙都景区	2020年
	宁波市天一阁·月湖景区	2018年
	嘉兴市西塘古镇旅游景区	2017年
	衢州市江郎山·廿八都景区	2017年
	台州市神仙居景区	2015年
	台州市天台山景区	2015年
	湖州市南浔古镇景区	2015年
	衢州市开化根宫佛国文化旅游景区	2013年
	绍兴市鲁迅故里沈园景区	2012年
	杭州市西溪湿地旅游区	2011年
	嘉兴市南湖旅游区	2011年
	金华市东阳横店影视城景区	2011年
	嘉兴市桐乡乌镇古镇旅游区	2010年
	宁波市奉化溪口—滕头旅游景区	2010年
	杭州市千岛湖风景名胜区	2010年
	舟山市普陀山风景名胜区	2007年
	温州市雁荡山风景名胜区	2007年
	杭州市西湖风景名胜区	2007年
安徽省 (13家)	滁州市琅琊山景区	2024年
	马鞍山市长江采石矶文化生态旅游区	2020年
	六安市万佛湖景区	2016年
	芜湖市方特旅游区	2016年
	合肥市三河古镇景区	2015年
	黄山市古徽州文化旅游区	2014年
	阜阳市颍上八里河景区	2013年
	宣城市绩溪龙川景区	2012年
	六安市天堂寨旅游景区	2012年
	安庆市天柱山风景区	2011年
	黄山市皖南古村落—西递宏村	2011年
	池州市九华山风景区	2007年
	黄山市黄山风景区	2007年

续表

省　市	景　区	确定年份
福建省 （11家）	厦门市厦门园林植物园景区	2024年
	莆田市湄洲岛妈祖文化旅游区	2020年
	龙岩市古田旅游区	2015年
	福州市三坊七巷景区	2015年
	宁德市福鼎太姥山旅游区	2013年
	泉州市清源山景区	2012年
	宁德市白水洋—鸳鸯溪旅游区	2013年
	福建省土楼（永定·南靖）旅游景区	2011年
	三明市泰宁风景旅游区	2011年
	南平市武夷山风景名胜区	2007年
	厦门市鼓浪屿风景名胜区	2007年
江西省 （14家）	赣州市三百山景区	2022年
	九江市庐山西海景区	2020年
	萍乡市武功山景区	2020年
	南昌市滕王阁旅游区	2018年
	抚州市大觉山景区	2017年
	上饶市龟峰景区	2017年
	瑞金市共和国摇篮旅游区	2015年
	宜春市明月山旅游区	2015年
	景德镇市古窑民俗博览区	2013年
	上饶市婺源江湾景区	2013年
	鹰潭市龙虎山旅游景区	2012年
	上饶市三清山旅游景区	2011年
	吉安市井冈山风景旅游区	2007年
	庐山风景名胜区	2007年
山东省 （15家）	青岛市奥帆海洋文化旅游区	2024年
	济宁市微山湖旅游区	2022年
	临沂市萤火虫水洞·地下大峡谷旅游区	2020年
	东营市黄河口生态旅游区	2019年
	潍坊市青州古城旅游区	2017年
	威海市华夏城旅游景区	2017年
	沂蒙山旅游区	2013年
	济南市天下第一泉景区	2013年
	枣庄市台儿庄古城景区	2013年
	威海市刘公岛景区	2011年
	烟台市龙口南山景区	2011年
	青岛市崂山景区	2011年
	泰安市泰山景区	2007年
	济宁市曲阜明故城（三孔）旅游区	2007年
	烟台市蓬莱阁旅游区（三仙山—八仙过海）	2007年

续表

省　市	景　区	确定年份
河南省 （16家）	周口市太昊伏羲陵文化旅游区	2024年
	信阳市鸡公山景区	2022年
	新乡市八里沟景区	2019年
	永城市芒砀山旅游景区	2017年
	红旗渠·太行大峡谷	2016年
	驻马店市嵖岈山旅游景区	2015年
	南阳市西峡伏牛山老界岭·恐龙遗址园旅游区	2014年
	洛阳市龙潭大峡谷景区	2013年
	洛阳栾川老君山·鸡冠洞旅游区	2012年
	平顶山市尧山—中原大佛景区	2011年
	安阳市殷墟景区	2011年
	洛阳市白云山景区	2011年
	开封市清明上河园	2011年
	焦作市云台山—神农山·青天河景区	2007年
	洛阳市龙门石窟景区	2007年
	登封市嵩山少林景区	2007年
湖北省 （15家）	荆门市明显陵文化旅游景区	2024年
	宜昌市三峡大瀑布景区	2022年
	恩施州腾龙洞景区	2020年
	襄阳市古隆中景区	2019年
	咸宁市赤壁市三国赤壁古战场景区	2018年
	恩施州恩施大峡谷景区	2015年
	武汉市黄陂木兰文化生态旅游区	2014年
	武汉市东湖景区	2013年
	宜昌市长阳清江画廊景区	2013年
	神农架林区神农架旅游区	2012年
	恩施州神龙溪纤夫文化旅游区	2011年
	宜昌市三峡人家风景区	2011年
	十堰市武当山风景区	2011年
	宜昌市三峡大坝—屈原故里旅游区	2007年
	武汉市黄鹤楼公园	2007年
湖南省 （12家）	湘西土家族苗族自治州凤凰古城旅游区	2024年
	湘西土家族苗族自治州矮寨·十八洞·德夯大峡谷景区	2021年
	常德市桃花源旅游区	2020年
	株洲市炎帝陵景区	2019年
	邵阳市良山景区	2016年
	郴州市东江湖旅游区	2015年
	长沙市花明楼景区	2014年
	长沙市岳麓山·橘子洲旅游区	2012年
	湘潭市韶山旅游区	2011年
	岳阳市岳阳楼—君山岛景区	2011年
	张家界市武陵源—天门山旅游区	2007年
	衡阳市南岳衡山旅游区	2007年

续表

省　市	景　区	确定年份
广东省 （15家）	江门市开平碉楼文化旅游区	2020年
	肇庆市星湖旅游景区	2019年
	惠州市惠州西湖旅游景区	2018年
	中山市孙中山故里旅游区	2016年
	阳江市海陵岛大角湾海上丝路旅游区	2015年
	惠州市罗浮山景区	2014年
	佛山市长鹿旅游休博园	2014年
	佛山市西樵山景区	2013年
	韶关市丹霞山景区	2012年
	清远市连州地下河旅游景区	2011年
	广州市白云山风景区	2011年
	梅州市雁南飞茶田景区	2011年
	深圳市观澜湖休闲旅游区	2011年
	深圳市华侨城旅游度假区	2007年
	广州市长隆旅游度假区	2007年
广西壮族 自治区 （10家）	柳州市程阳八寨景区	2024年
	贺州市黄姚古镇景区	2022年
	百色市百色起义纪念园景区	2020年
	北海市涠洲岛南湾鳄鱼山景区	2020年
	崇左市德天跨国瀑布景区	2018年
	桂林市两江四湖·象山景区	2017年
	南宁市青秀山旅游区	2014年
	桂林市独秀峰·王城景区	2012年
	桂林市乐满地度假世界	2007年
	桂林市漓江景区	2007年
海南省 （7家）	三亚市天涯海角游览区	2024年
	三亚市蜈支洲岛旅游区	2016年
	海南槟榔谷黎苗文化旅游区	2015年
	分界洲岛旅游区	2013年
	海南呀诺达雨林文化旅游区	2012年
	三亚市南山大小洞天旅游区	2007年
	三亚市南山文化旅游区	2007年
四川省 （17家）	阿坝藏族羌族自治州四姑娘山景区	2024年
	成都市安仁古镇景区	2022年
	甘孜州稻城亚丁旅游景区	2020年
	巴中市光雾山旅游景区	2020年
	四川省雅安市碧峰峡旅游景区	2019年
	四川省甘孜州海螺沟景区	2017年
	南充市仪陇朱德故里景区	2016年
	广元市剑门蜀道剑门关旅游区	2015年
	阿坝州汶川特别旅游区	2013年

续表

省　市	景　区	确定年份
四川省 （17家）	绵阳市北川羌城旅游区	2013年
	南充市阆中古城旅游区	2013年
	广安市邓小平故里旅游区	2013年
	阿坝州黄龙景区	2012年
	乐山市乐山大佛景区	2011年
	阿坝藏族羌族自治州九寨沟旅游景区	2007年
	乐山市峨眉山景区	2007年
	成都市青城山·都江堰旅游景区	2007年
贵州省 （9家）	毕节市织金洞景区	2022年
	遵义市赤水丹霞旅游区	2020年
	黔东南州镇远古城旅游景区	2019年
	铜仁市梵净山旅游区	2018年
	贵阳市花溪青岩古镇景区	2017年
	黔南州荔波樟江景区	2015年
	毕节市百里杜鹃景区	2013年
	安顺市龙宫景区	2007年
	安顺市黄果树大瀑布景区	2007年
云南省 （10家）	腾冲市和顺古镇景区	2024年
	文山州普者黑旅游景区	2020年
	保山市腾冲火山热海旅游区	2016年
	昆明市昆明世博园景区	2016年
	迪庆州香格里拉普拉措景区	2012年
	大理市崇圣寺三塔文化旅游区	2011年
	丽江市丽江古城景区	2011年
	中国科学院西双版纳热带植物园	2011年
	丽江市玉龙雪山景区	2007年
	昆明市石林风景区	2007年
西藏自治区 （5家）	林芝市雅鲁藏布大峡谷旅游景区	2020年
	林芝巴松措景区	2017年
	日喀则市扎什伦布寺景区	2017年
	拉萨市大昭寺	2013年
	拉萨布达拉宫景区	2013年
陕西省 （13家）	延安市延川黄河乾坤湾景区	2024年
	黄河壶口瀑布旅游区（陕西省延安市·山西省临汾市）	2022年
	西安市大明宫旅游景区	2020年
	延安市延安革命纪念地景区	2019年
	西安市城墙·碑林历史文化景区	2018年
	宝鸡市太白山旅游景区	2016年
	商洛市金丝峡景区	2015年
	宝鸡市法门寺佛文化景区	2014年
	西安市大雁塔·大唐芙蓉园景区	2011年

续表

省　市	景　区	确定年份
陕西省 (13家)	渭南市华山景区	2011年
	延安市黄帝陵景区	2007年
	西安市华清池景区	2007年
	西安市秦始皇兵马俑博物馆	2007年
甘肃省 (7家)	陇南市官鹅沟景区	2022年
	临夏州炳灵寺世界文化遗产旅游区	2020年
	张掖市七彩丹霞景区	2019年
	酒泉市敦煌鸣沙山月牙泉景区	2015年
	天水市麦积山景区	2011年
	平凉市崆峒山风景名胜区	2007年
	嘉峪关市嘉峪关文物景区	2007年
青海省 (4家)	海北州阿咪东索景区	2020年
	海东市互助土族故土园旅游区	2017年
	西宁市塔尔寺景区	2012年
	青海湖景区	2011年
宁夏回族 自治区 (5家)	吴忠市青铜峡黄河大峡谷旅游区	2024年
	银川市灵武水洞沟旅游区	2015年
	银川市镇北堡西部影视城	2011年
	中卫市沙坡头旅游景区	2007年
	石嘴山市沙湖旅游景区	2007年
新疆维吾尔 自治区 (15家)	昌吉回族自治州江布拉克景区	2022年
	博尔塔拉蒙古自治州赛里木湖景区	2021年
	克拉玛依市世界魔鬼城景区	2020年
	喀什地区帕米尔旅游区	2019年
	伊犁哈萨克自治州喀拉峻景区	2016年
	巴音郭楞蒙古自治州和静县巴音布鲁克景区	2016年
	喀什地区喀什噶尔老城景区	2015年
	乌鲁木齐市天山大峡谷景区	2014年
	巴音郭楞蒙古自治州博斯腾湖景区	2014年
	喀什地区泽普金湖杨景区	2013年
	伊犁哈萨克自治州阿勒泰地区富蕴可可托海景区	2012年
	伊犁哈萨克自治州那拉提旅游风景区	2011年
	伊犁哈萨克自治州阿勒泰地区喀纳斯景区	2007年
	吐鲁番市葡萄沟风景区	2007年
	昌吉回族自治州阜康市天山天池风景名胜区	2007年
新疆生产 建设兵团 (2家)	阿拉尔市塔克拉玛干·三五九旅文化旅游区	2021年
	新疆生产建设兵团第十师白沙湖景区	2017年

1.2.2 特殊类景区——世界遗产

1. 世界遗产简介

《保护世界文化和自然遗产公约》是联合国教科文组织于1972年1月16日在第17届大会上正式通过的。1976年,隶属于联合国教科文组织的世界遗产委员会成立,并建立《世界遗产名录》。每年举行的世界文化遗产委员会会议对申请加入遗产组织的各国文化和自然遗产进行审批,合格者列入《世界遗产名录》。世界遗产的标识如图1-2所示。

2. 世界遗产的分类

世界遗产,分为文化遗产、自然遗产、自然与文化双遗产三种类型。世界遗产具有明确的定义和供会员国提名及遗产委员会审批遵循的标准。

1)文化遗产

1972年11月16日,联合国教科文组织大会第17届会议通过的《保护世界文化和自然遗产公约》规定,属于下列各类内容之一者,可列为文化遗产。

图1-2 世界遗产的标识

(1)文物:从历史、艺术或科学角度看,具有突出、普遍价值的建筑物、雕刻和绘画,具有考古意义的成分或结构,铭文、洞穴、住区及各类文物的综合体。

(2)建筑群:从历史、艺术或科学角度看,因其建筑形式、同一性及其在景观中的地位,具有突出、普遍价值的单独或相互联系的建筑群。

(3)遗址:从历史、美学、人种学或人类学角度看,具有突出、普遍价值的人工或人与自然的共同杰作以及考古遗址地带。

2)自然遗产

《保护世界文化和自然遗产公约》给自然遗产的定义是符合下列规定之一者。

(1)从美学或科学角度看,具有突出、普遍价值的地质和生物结构或这类结构群组成的自然面貌。

(2)从科学或保护角度看,具有突出、普遍价值的地质和自然地理结构以及明确划定的濒危动植物物种保护区。

(3)从科学、保护或自然美角度看,具有突出、普遍价值的天然名胜或明确划定的自然地带。

3)自然与文化双遗产

《保护世界文化和自然遗产公约》规定,同时符合文化和自然遗产的可认定为世界文化与自然遗产,即双重遗产,如我国泰山、黄山、武夷山、峨眉山、乐山大佛等就属于此类型。

 小资料

世界文化与自然遗产——峨眉山和乐山大佛

1. 概况

峨眉山又称"大光明山",位于中国西部四川省的中南部,四川盆地向青藏高原过渡地带,主峰金顶的最高峰万佛顶,海拔3099米。峨眉山以优美的自然风光和神话般的佛国仙山而驰名中外,美丽的自然景观与悠久的历史文化内涵完美结合,相得益彰,享有"峨眉天下秀"的赞誉。

乐山大佛位于峨眉山东麓的栖鸾峰,古称"弥勒大像""嘉定大佛",始凿于唐代开元初年(713年),历时90年才得以完成。佛像依山临江开凿而成,是世界现存最大的一尊摩崖石像,有"山是一尊佛,佛是一座山"的称誉。大佛为弥勒倚坐像,坐东向西,面相端庄,通高71米。雕刻细致,线条流畅,身躯比例匀称,气势恢宏,体现了盛唐文化的宏大气派。佛座南北的两壁上,还有唐代石刻造像90余龛,其中亦不乏佳作。

2. 申请加入《世界遗产名录》的理由

峨眉山(包括乐山大佛)以其特殊的地理位置,雄秀神奇的自然景观,典型的地质地貌,保护完好的生态环境,特别是地处世界生物区系的结合和过渡地带,拥有丰富的动植物资源,具有明显的区域性特点,珍稀濒危物种繁多。近两千年来,创造和积累了以佛教为主要特征的丰富文化遗产。峨眉山的自然和文化遗产具有很高的历史、美学、科研、科普和游览观光价值,是全人类的共同财富。

3. 世界遗产委员会评价

公元1世纪,在四川省峨眉山景色秀丽的山巅上,落成了中国第一座佛教寺院。随着四周其他寺庙的建立,该地成为佛教的主要圣地之一。许多世纪以来,文化财富大量积淀。其中最著名的要属乐山大佛,它是8世纪时人们在一座山岩上雕凿出来的,仿佛俯瞰着三江交汇之所。佛像身高71米,堪称世界之最。峨眉山还以其物种繁多、种类丰富的植物而闻名天下,从亚热带植物到亚高山针叶林可谓应有尽有,有些树木树龄已逾千年。

资料来源:http://www.sach.gov.cn/art/2012/8/29/art_250_21694.html.

世界遗产庐山

1. 世界遗产委员会评价

江西庐山是中华文明的发祥地之一。这里的佛教和道教庙观,代表理学观念的白鹿洞书院,以其独特的方式融汇在具有突出价值的自然美之中,形成了具有极高美学价值的、与中华民族精神和文化生活紧密联系的文化景观。

2. 庐山概况

庐山位于中国中部江西省九江市南,北濒长江,东接鄱阳湖。山体总面积302平方千米,南北长、东西窄。全山共90多座山峰,最高峰为大汉阳峰,海拔1473.4米。群峰间散布有许多壑谷、岩洞、瀑布、溪涧,地形地貌复杂多样。

庐山风光以"奇、秀、险、雄"闻名于世,素有"匡庐奇秀甲天下"的美誉,现主要有12个景区、37个景点、230个景物景观。庐山早有"神仙之庐"的传说,水汽缭绕的万顷江湖,使庐山夏日清凉,雨水充沛,云雾弥漫。庐山的年平均雾日多达191天,弥漫的云气为庐山平添了许多迷人秀色和神秘色彩。

庐山是一座集风景、文化、宗教、教育、政治为一体的千古名山。这里是中国山水诗的摇篮,古往今来,无数文人墨客慕名登临庐山,为其留下4000余首诗词歌赋。晋代高僧慧远(334—416年)在山中建立东林寺,开创了佛教中的"净土宗",使庐山成为中国封建时代重要的宗教圣地。遗存至今的白鹿洞书院,是中国古代教育和理学的中心学府。庐山上还荟萃了各种风格迥异的建筑杰作,包括罗马式与哥特式的教堂、融合东西方艺术形式的拜占庭式建筑,以及日本式建筑和伊斯兰教清真寺等,堪称庐山风景名胜区的精华部分。庐山不但拥有"秀甲天下"的自然风光,更有着丰厚灿烂的文化内涵。

资料来源:http://www.sach.gov.cn/art/2012/8/28/art_248_21657.html.

3. 世界遗产在中国

我国自1985年加入《保护世界文化和自然遗产公约》以来,截至2024年8月,我国世界遗产数量达59项,其中文化遗产40项、自然遗产15项、自然与文化双遗产4项。世界文化遗产见表1-2～表1-4。

链接:我国59项世界遗产

表1-2 世界文化遗产(40项)

序号	项目	入选时间
1	长城	1987年
2	莫高窟	1987年
3	明清故宫(北京故宫、沈阳故宫)	1987年(北京故宫) 2004年(沈阳故宫)
4	秦始皇陵及兵马俑坑	1987年
5	周口店北京人遗址	1987年
6	布达拉宫历史建筑群	1994年(布达拉宫) 2000年(大昭寺) 2001年(罗布林卡)
7	武当山古建筑群	1994年
8	曲阜孔庙、孔林和孔府	1994年
9	承德避暑山庄及其周围寺庙	1994年
10	庐山国家公园	1996年
11	平遥古城	1997年
12	苏州古典园林	1997年(拙政园、留园、网师园、环秀山庄) 2000年(沧浪亭、狮子林、艺圃、耦园、退思园)
13	丽江古城	1997年
14	北京皇家园林-颐和园	1998年
15	北京皇家祭坛-天坛	1998年
16	大足石刻	1999年
17	皖南古村落-西递、宏村	2000年
18	青城山-都江堰	2000年
19	龙门石窟	2000年

续表

序号	项目	入选时间
20	明清皇家陵寝	2000年(明显陵、清东陵、清西陵) 2003年(明孝陵、明十三陵) 2004年(清永陵、清福陵、清昭陵)
21	云冈石窟	2001年
22	高句丽王城、王陵及贵族墓葬	2004年
23	澳门历史城区	2005年
24	殷墟	2006年
25	开平碉楼与村落	2007年
26	福建土楼	2008年
27	五台山	2009年
28	登封"天地之中"历史建筑群	2010年
29	杭州西湖文化景观	2011年
30	元上都遗址	2012年
31	红河哈尼梯田文化景观	2013年
32	大运河	2014年
33	丝绸之路：长安-天山廊道的路网	2014年
34	土司遗址	2015年
35	左江花山岩画文化景观	2016年
36	鼓浪屿：历史国际社区	2017年
37	良渚古城遗址	2019年
38	泉州：宋元中国的世界海洋商贸中心	2021年
39	普洱景迈山古茶林文化景观	2023年
40	北京中轴线——中国理想都城秩序的杰作	2024年

表1-3 世界自然遗产(15项)

序号	项目	入选时间
1	武陵源风景名胜区	1992年
2	九寨沟风景名胜区	1992年
3	黄龙风景名胜区	1992年
4	云南三江并流保护区	2003年
5	四川大熊猫栖息地	2006年
6	中国南方喀斯特	2007年；2014年(二期)
7	三清山国家公园	2008年
8	中国丹霞	2010年
9	澄江化石遗址	2012年
10	新疆天山	2013年
11	湖北神农架	2016年
12	青海可可西里	2017年
13	贵州梵净山	2018年
14	黄(渤)海候鸟栖息地	2019年；2024年(二期)
15	巴丹吉林沙漠-沙山湖泊群	2024年

表 1-4　世界自然与文化双遗产（4 项）

序号	项　　目	入选时间
1	泰山	1987 年
2	黄山	1990 年
3	峨眉山—乐山大佛	1996 年
4	武夷山	1999 年

任务实施

全班分成若干小组，每组 6～8 人，采取实地调研、网络调研等方式了解旅游景区的基本类型，及中国的世界遗产状况。最后要求每个小组完成一份调研书面报告，以 PPT 形式进行汇报。

任务 1.3　认知景区服务与管理

任务引入

优化景区管理服务　提升消费供给质量

国务院办公厅 2023 年 9 月 27 日印发《关于释放旅游消费潜力推动旅游业高质量发展的若干措施》（以下简称《若干措施》），从 5 个方面提出了推动旅游业高质量发展的 30 条措施。在激发旅游消费需求方面，《若干措施》提出，调整优化景区管理，完善预约措施，简化预约程序，尽可能减少采集游客个人信息。在游客量未达到景区最大承载量之前，为运用智能技术困难人群提供购票预约服务。在旅游旺季，通过延长景区开放时间、增加弹性供给等措施，提升景区接待能力。

景区是旅游产业链的核心元素之一。截至 2022 年年末，全国 A 级旅游景区数量为 1.4917 万家，2019 年游客接待量达 64.75 亿人次。经过 40 多年的发展，旅游景区完成了由"接待和服务外宾"到"生活奢侈品"，再到"美好生活必需品"的转变，在行业转型和区域经济社会发展中发挥了重要作用。

面对品质化和多样化游览需求和适游季节、游客容量等刚性约束，旅游景区既要保护好旅游资源环境，也要不断丰富旅游产品功能；既要不断加大投入、更新设施，也要保证经营产出效率、持续发展；既要保障适游季节最大限度地满足大众游览需求，也要承受"排浪式"消费之后的长时间冷清。

《若干措施》回应了新时代旅游景区高质量发展面临的多重挑战。针对近年来旅游旺季、节假日期间出现的景区拥挤现象，提出了详细的容量调控措施。这就要求旅游景区必须强化精细化管理，科学调控游客容量，提升旅游消费供给质量，进一步促进旅游消费。

一是要从布局优化入手，精细配置产品设施。旅游景区，特别是高等级旅游景区建设发展时间较长，随着游客数量的不断增长以及游客高品质游览需求的增长，景区的游览空间和各类设施需要扩大规模、提升品质。这就需要旅游景区适应新的需求，不断优化咨询、交通、游览、餐饮、住宿、购物等设施和空间布局，根据游客量的变化拓展游览服务空间,更新和完善各类设施。同时,政府要在用地、基础设施增容等政策上给予配套,指导和支持旅游景区精细配置产品设施,夯实高质量游览服务基础。

二是要从游线设计入手,精细疏解游览堵点。旅游景区应加强游客园内游览监测,综合历史监测数据、游客个性化、多样性需求和景区空间布局、交通设施规模等,利用大数据模型优化景区游线设计。对于传统游览堵点,要从扩大游览面积、增设局部游览复线、发布游客分布热力图、加强疏导管理等方面综合施策、精细管理,引导游客做好游程和游线选择。

三是要从延长景区开放时间入手,精细调节容量分布。延长入园游览时间是解决旺季和高峰期景区容量不足的有效手段。要通过延长游览时间,调节游客游览时间、扩大游客基础容量;实行多日有效门票、多景点套票、多服务项目套票等优惠措施,促使游客调整游程;通过单日分时段的门票价格优惠和预约措施,引导游客自觉错峰调整入园时间;精细调节游客容量的时间分布,增加弹性供给,最大程度规避游客扎堆参观游览,最大限度满足游客参观游览需求。

四是要从服务细节入手,精细改善体验质量。为满足高品质旅游需求,旅游景区既要完善游览、标识、休息设施,也要做好门票预约、信息咨询、排队等候、交通疏导、讲解导览、环境卫生等服务,从遮阳防暑、防雨防寒、老年、母婴、残障人士特殊服务设施设备配置等服务细节入手,大力推行人性化和精细化服务,全面提升游客体验。

资料来源:宁志中,胡新均.优化景区管理服务 提升消费供给质量[N].中国旅游报,2023-11-30.

任务分析

国务院办公厅印发《关于促进全域旅游发展的指导意见》(以下简称《意见》),就加快推动旅游业转型升级、提质增效,全面优化旅游发展环境,走全域旅游发展的新路子作出部署。景区服务与管理要着眼大局,服务于全域旅游发展,铸就景区品牌建设,让游客真正感受到诗与远方。

微课:旅游景区管理的背景

1.3.1 景区管理的概念和构成要素

1. 景区管理的概念

景区管理,是指管理者通过有效运用景区的人力、物力、财力、信息等资源,达到景区的工作目标的活动。其内涵如下。

(1) 管理的目的是实现景区的目标。

(2) 管理工作是通过综合运用景区中各种资源并使之优化来实现的。

(3) 管理工作的过程是由一系列相互关联、连续进行的活动所构成的,这些活动包括计划、组织、领导和控制等基本职能。

(4) 管理工作是在一定的环境条件下进行的,有效的管理必须考虑景区内外的特定环境条件。

2. 景区管理的构成要素

1) 景区管理的主体和客体

景区管理的主体是景区的管理机构和管理者,通常由四部分组成:决策者、执行者、监督者和参与者。

景区管理的客体是景区的人力、物力、财力、信息、形象、景区的市场和业务,以及与景区业务和效益相关的方面。

(1) 人力:旅游景区工作人员的职业能力、职业素养、教育培训、绩效评价等。

(2) 物力:旅游景区内的旅游资源、硬件设施设备等。

(3) 财力:旅游景区的资金流转、物资、财产等。

(4) 信息:政府政策、市场信息、竞争环境、营销信息等。

(5) 形象:旅游景区的视觉形象、品牌定位、业内口碑、群众口碑等。

2) 景区管理的背景

景区管理的背景是指对景区管理有影响的各种因素。景区行业是一个受背景条件影响较大的行业,各种内部因素和外部因素的变化都会对景区的发展产生影响。旅游景区管理的背景主要有外部环境和内部环境两方面。

(1) 外部环境包括国家的综合形势、政策、社会环境、区域经济情况、城市情况、风俗民情、游客消费习惯、市场状况、景区当地政府对景区的政策、景区和当地政府各部门的关系、景区和客源单位的关系等。

(2) 内部环境包括体制、投资者、景区性质、景区经济实力、景区管理者素质、景区设施设备条件、景区员工素质、景区地理位置、景区的品牌、知名度和社会形象等。

1.3.2 景区管理的目标和方向

1. 景区管理的目标

1) 为游客提供全心全意的服务

景区是一个展示窗口,旅游景区能较好地满足人们希望通过旅游活动增长知识、追求美丽的愿望。通过旅游景区的管理,游客能够按需消费,完成一段全新的旅游体验。景区管理可以使旅游景区的发展更加法制化和人性化,为游客提供适需对路的旅游产品。景区管理可以提高景区人力资源的职业素养,使其全新全意为游客提供服务,展示景区的形象,树立口碑。游客满意度的提升,可为景区的品牌化发展奠定群众基础。

2) 实现景区的经济效益

景区是一个独立的经营实体,具有企业性质。实现景区经济效益是景区存在和发展的根本。通过对旅游景区的开发、旅游景区产品的升级、旅游景区的营销活动,可以促进经济效益的提升,为景区的可持续发展奠定经济基础,也可以提高景区周边居民的收入。

3) 保护景区资源,实现旅游景区经济效益、社会效益和生态效益的统一

景区资源的过度开发和景区旅游环境的破坏已经成为景区长远发展的瓶颈。1993年国际生态旅游协会把旅游景区管理的目标定义为:具有保护自然环境和维护当地人民生活双重责任的旅游活动。生态旅游的内涵更强调的是对自然景观的保护,是可持续发展的旅游。旅游景区的发展应走经济效益与生态效益平衡发展之路。景区管理的重要目标是培育景区的生态环境,优化生态环境,积极采取措施保护景区环境。

2. 景区管理的方向

1) 景区管理的法制化

《旅游法》的颁布是旅游业的一件大事,作为旅游法规建设一直比较薄弱的景区行业,

应该积极实现对接。《旅游法》进一步提出了景区的开放条件及旅游部门对景区开放具有前置性意义的准入审核职能。《旅游法》还明确"旅游经营者取得相关质量标准等级的,其设施和服务不得低于相应标准;未取得质量标准等级的,不得使用相关质量等级的称谓和标识"。这实际上是对A级等级的评定加以法律规范和品牌保护。《旅游法》对政府加强景区公共服务设施建设有了较多明确的要求,明确"无偿向旅游者提供旅游景区等必要信息和咨询服务,在景区和通往主要景区的道路设置旅游指示标识"。这些本是在旅游景区质量等级中的技术性要求,再加以法律界定,可以督促各地政府严格执行法律、加强旅游景区公共服务建设。

2) 景区管理的标准化

在景区的标准化管理方面,我国于1995年成立了旅游标准化技术委员会,全面开展了旅游业服务标准化的工作。自旅游标准化技术委员会成立以来,我国借鉴国际标准化组织的ISO 90000系列和ISO 14000系列标准,陆续制定、发布了《旅游区(点)质量等级的划分和评定标准》《导游服务质量标准》《游乐园(场)安全和服务质量标准》《旅游景区服务指南》等。

旅游景区实施标准化管理,对内可以提高管理水平、提升服务品质、提高工作效率、降低经营风险;对外则意味着景区品牌、信誉和实力的提升,是景区生存和发展的需要。

3) 景区管理的人性化

景区的管理要重视人性化的需求,提供人性化的服务,给游客以舒适、宜人之感,体现对人本性的关怀,如无障碍设施的规划建设,无障碍服务体系的建立,安全服务体系的建立。此外,还要根据游客的行为规律和心理需求特点来合理布局景区的各种设施,比如游客等待设施、休息设施等。这些服务和设施都是下一步应该深化的,相当于景观管理在不断地深入,从宽泛的管理慢慢走向精细化和人性化,各种服务设施都应该人性化。

4) 景区管理的精细化

国家5A级景区建设有严格的标准。如景区对母婴休息室、厕所、停车场、游客中心、景区交通等每一个细节都进行了升级改造,景区的一草一木、一亭一楼,每个景观小品和周围环境的和谐统一,这是景区管理走向精细化很重要的方面。

5) 景区管理的智慧化

智慧旅游也被称为智能旅游,就是利用云计算、物联网等新技术,通过互联网,借助便携式的终端上网设备,主动感知旅游资源、旅游经济、旅游活动、旅游者等方面的信息,及时发布,让人们能够及时了解这些信息,及时安排和调整工作与旅游计划,从而达到对各类旅游信息的智能感知、方便利用的效果。

智慧旅游的发展要求旅游景区服务的智慧化。智慧旅游从游客出发,通过信息技术提升旅游体验和旅游品质。在旅游信息获取、旅游计划决策、旅游产品预订支付、享受旅游和回顾评价旅游的整个过程中,游客都能感受到智慧旅游带来的全新服务体验。智慧旅游通过科学的信息组织和呈现形式让游客方便、快捷地获取旅游信息,帮助游客更好地安排旅游计划并形成旅游决策。

 小资料

陕西西安：数字科技让传统文化"活"起来

全息影像《霓裳羽衣舞》、"盛唐天团"IP形象的裸眼3D大屏、"无人机＋VR"沉浸式游览古城……新技术的多维赋能不断创造着古城西安的文旅新场景，丰富着文旅的新业态、新模式、新消费。作为文化旅游"热搜城市"，西安文旅之所以频频出圈，一方面是源于丰富的历史文化资源禀赋，另一方面，则是源于西安文旅在数字化建设方面作出的努力。

现在去秦始皇帝陵博物院，兵马俑已经不再是"只可远观"，VR技术让游客化身兵马俑，近距离感受千年前的威严秦俑。2019年，西安可视可觉网络科技有限公司与秦始皇帝陵博物院合作建成国内文博行业首家VR影院，将数字多媒体化的智慧旅游沉浸式体验新模式与历史场馆公共文化空间的创意创新相结合，用"博物院＋科技＋创意"实现游客与两千多年前秦军并肩作战的心愿。为满足博物馆全球游客的多元性，影片包含中、英、韩、日四国语言，便于国内外游客全方位体验和了解兵马俑与大秦文化。

沉浸式场景的打造离不开沉浸式设施的运用，在大明宫国家遗址公园，以全息影像"复活"的《霓裳羽衣舞》揭开绝世歌舞的神秘面纱，AI全息影像之下"复活"的李世民亲自向游客讲述大明宫的辉煌历史，四季全景图通过多媒体动画手段还原大明宫的四季更迭……通过科技赋能，给游客震撼而逼真的视觉体验。而在含元殿遗址处，遗址复原的展示方式也增添了"科技味"，通过固定装置设施与特定观察角度、距离点位，含元殿、宣政殿等遗址的3D复原彩图以等比例视觉呈现在游客眼中，为游客打造出一个盛唐的沉浸式场景新体验。

数字科技不仅能为遗址保护提供新机会、赋予新生命，让遗址保持源远流长的生命力和吸引力，数字技术的应用，也将智慧服务的理念深融于西安文旅行业，同步提升着游客的游览和娱乐体验。旅游出行，用手机完成景点、门票、导航、餐饮、住宿等需求看似简单平常，其背后却有一个复杂系统的科学应用作为支撑。2023年5月19日，西安丝路智慧科技有限公司正式上线"畅游西安"小程序，将西安优质文旅资源服务盘活汇聚到一个平台，为游客提供"吃、住、行、游、购、娱"一站式文旅体验，通过云计算、大数据、视频互动、文旅数字化、虚拟现实等技术智慧服务游客出行全程。该公司基于5G应用打造的智慧文旅产业运行平台，目前已服务陕西省内外多家景区的日常管理。

在数字化发展新时代，让陈列在广阔大地上的遗址、收藏在博物馆里的文物、书写在典籍中的文化"活"起来，需要数字科技的创新赋能，而数字文旅所具有的资源无限、时空无界等新特点，将会使文旅产业的形式更丰富、业态更多元、服务更便捷，实现西安文旅产业的高质量融合发展。

资料来源：李洁，张哲浩.数字科技让传统文化"活"起来[N].光明日报，2023-07-11.

任务实施

全班分成若干小组，每组6～8人，采取实地调研方式去当地知名景区进行调研，了解景区整体管理状况。以网络调研的方式了解著名景区的管理文化，搜集典型案例。每小组形成一份书面调研报告，以PPT形式进行汇报。

项目实训

苏州园林

中国东部江苏省的苏州是中国著名的历史文化名城,这里素来以山水秀丽、园林典雅而闻名天下,有"江南园林甲天下,苏州园林甲江南"的美称。根据记载,苏州城内有大小园林近200处。其中沧浪亭、狮子林、留园和拙政园分别代表着宋、元、明、清四个朝代的艺术风格,被称为苏州"四大名园"。

沧浪亭,世界文化遗产,位于苏州市城南三元坊附近,在苏州现存诸园中历史最为悠久。沧浪亭占地面积1.08公顷。"沧浪亭"始为五代时吴越国广陵王钱元璙近戚中吴军节度使孙承祐的池馆。宋代著名诗人苏舜钦以四万贯钱买下废园,进行修筑,傍水造亭,因感于"沧浪之水清兮,可以濯吾缨;沧浪之水浊兮,可以濯吾足",题名"沧浪亭",自号沧浪翁,并作《沧浪亭记》。欧阳修应邀作《沧浪亭》长诗,诗中以"清风明月本无价,可惜只卖四万钱"题咏此事。自此,"沧浪亭"名声大振。沧浪亭主要景区以山林为核心,四周环列建筑,亭及依山起伏的长廊又利用园外的水面,通过复廊上的漏窗的渗透作用,沟通园内、外的山、水,使水面、池岸、假山、亭榭融成一体。园中山上石径盘旋,古树葱茏,箸竹被覆,藤萝蔓挂,野卉丛生,朴素自然,景色苍润如真山野林。

狮子林至今已有650多年的历史,因园内"林有竹万笥,竹下多怪石,状如狻猊(狮子)者";又因中峰禅师曾倡道天目山狮子岩,取佛书"狮子吼"之意,易名为狮子林。狮子林平面成东西稍宽的长方形,占地1.1公顷,开放面积0.88公顷。东南多山,西北多水,四周高墙深宅,曲廊环抱。以中部水池为中心,叠山造屋,移花栽木,架桥设亭,使得全园布局紧凑,富有"咫足山林"意境。狮子林既有苏州古典园林亭、台、楼、阁、厅、堂、轩、廊之人文景观,更以湖山奇石,洞壑深邃而盛名于世,素有"假山王国"之美誉。狮子林的湖石假山既多且精美,湖石玲珑,洞壑宛转,曲折盘旋,如入迷阵,有"桃源十八景"之称。洞顶奇峰怪石林立,均似狮子起舞之状。有含晖、吐月、玄玉、昂霞等名峰,而以狮子峰为诸峰之首。

留园坐落在苏州市阊(音:chāng)门外,始建于明嘉靖年间(1522—1566年),留园全园分为四个部分,在一个园林中能领略到山水、田园、山林、庭园四种不同景色:中部以水景见长,是全园的精华所在;东部以曲院回廊的建筑取胜,园的东部有著名的佳晴喜雨快雪之亭、林泉耆硕之馆、还我读书处、冠云台、冠云楼等十数处斋、轩,院内池后立有三座石峰,居中者为名石冠云峰,两旁为瑞云、岫云两峰;北部具田园风光,并有新辟盆景园;西区则是全园最高处,有野趣,以假山为奇,土石相间,堆砌自然。池南涵碧山房与明瑟楼为留园的主要观景建筑。

拙政园是江南园林的代表,也是苏州园林中面积最大的古典山水园林,被誉为"中国园林之母"。拙政园中现有的建筑,大多是清咸丰九年(1850年)拙政园成为太平天国忠王府花园时重建,至清末形成了东、中、西三个相对独立的小园。中部是拙政园的主景区,为精华所在,面积约18.5亩。其总体布局以水池为中心,亭台楼榭皆临水而建,有的亭榭则直出水中,具有江南水乡的特色。池水面积占全园面积的3/5(另一资料:1/3)。主要景点有远香堂、枇杷园、梧竹幽居、小飞虹、见山楼、海棠春坞、听松风处、香洲、荷风四面亭、绣绮亭、雪香云蔚亭等；西部原为"补园"，面积约12.5亩，其水面迂回，布局紧凑，依山傍水建以亭阁。因是清代末年所改建，有一定的晚清风貌，主要景点有卅六鸳鸯馆、宜两亭、倒影楼、留听阁、与谁同坐轩、笠亭、浮翠阁、塔影亭、贴水长廊等；东部原称"归田园居"，是因明崇祯四年(1631年)园东部归侍郎王心一而得名，约31亩，因归园早已荒芜，全部为新建，布局以平冈远山、松林草坪、竹坞曲水为主。

实训要求：

(1) 本案例中介绍的苏州园林属于哪一类型的旅游景区？结合案例调研此类型景区管理的主要目标。

(2) 5人一个小组，考察当地一家旅游景区，了解景区管理活动是如何开展的，其管理的原则和目标是什么。制作PPT，由一名学生代表进行讲解，教师和学生做点评。

项目2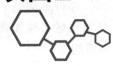

景区部门管理

> **项目摘要**
>
> 景区内部经营管理项目多,管理范围广,分工细,而且人员构成复杂,要将这样一个企业管理好,必须建立合理有效的组织网络,科学分工,明确职责,使景区内多个部门、多个环节组成综合性服务体。本项目主要介绍景区部门管理的含义、特征和类型,阐述景区的职能管理。

任务 2.1 认知景区部门管理

任务引入

黔灵山公园的"三权分置"改革

自2024年1月1日起,贵阳市黔灵山公园将正式向公众免费开放。贵阳市黔灵山公园管理处2023年12月28日发布的这一消息表明,黔灵山公园已转为公益性公园,贵阳市A级旅游景区"三权分置"改革迈出了关键一步。

黔灵山公园建于1957年,园内古木参天,鸟猴成群,文脉绵延,森林覆盖率达88%,拥有弘福寺、瞰筑亭、黔灵湖等知名景点,年接待游客量超过1000万人次,实现年旅游收入2000万元左右。

相关部门表示,在黔灵山公园"三权分置"改革中,将以坚持所有权、强化管理权、放活经营权为目标,充分利用公园现有资源,系统谋划公园产业业态布局,优化公园管理运营模式,打造文商旅体产业集群,提升黔灵山公园的品牌影响力。

资料来源:胡丽华,谌思宇.黔灵山公园转为公益性!贵阳市旅游景区改革迈出"关键一步"[N].贵州日报,2023-12-31.

任务分析

景区的管理职能类型多,业务复杂,因此,景区管理机构包括多个部门。景区内各部门都具有各自的特点,但从管理的角度看,每个子部门又纳入景区的全面发展计划之中,服从整个景区的工作安排,部门间也需要协调,任何一个部门的工作失误,都将影响整个景区的工作计划,势必会影响整个景区的声誉、服务质量和工作效率。旅游景区必须加强部门管理并使各部门间积极配合,这样才能形成一个完整的、高效的服务系统。

2.1.1 景区部门管理的概念

景区部门管理的含义可以表述为:在景区主管部门的领导下,通过建立一系列专门的管理部门,全面执行景区各项工作计划,完成景区工作任务,对部门内各项资源进行最高效的整合与配置,执行管理职能,实现景区组织目标的过程。

2.1.2 景区部门管理的特征

1. 高度的协调性

景区的每一项管理职能、每一次管理决策都要在各部门间进行协调。通过协调使每个部门的目标与集体的预期目标相一致。

景区各部门存在工作内容的差别,但礼貌待客、微笑服务是每个部门都应该做到的,也是景区服务质量、管理水平的体现。所以,旅游景区在服务上具有一致性的特点,主要表现在接待服务对象上,即对客服务要求的一致性。旅游景区是提供旅游者进行旅游活动的场所,旅游者进入景区进行旅游活动,他们希望得到满意的服务,留下永久的美好记忆。景区各部门在接待服务过程中,服务对象都是旅游者,无论哪个部门,对旅游者都应提供主动热情、细致周到的服务,任何一个环节失误,管理不到位,都将会影响整个景区的利益。

因此,景区部门管理的本质就是通过协调使景区内各部门高效运转以满足旅游者的各种需求。

2. 行业分工的复杂性

任何组织活动,都需要有计划与目标。管理就是通过制订计划,确定目标,引导组织成员实现目标,达到组织成员协作的整体效果。

景区各部门在景区的统一领导下,按景区工作计划完成工作任务,各部门间既有分工又有协作,相互配合,构成景区完整的服务管理系统。

发展成熟的景区,一般都配备多个部门,涉及吃、住、行、游、购、娱等方面。但每一个部门都具有相对独立性,部门分工复杂多样。比如,江苏天目湖风景旅游区,设有导游、对外宣传、外联、商贸、展览、园林绿化、娱乐、科技、动感电影、景区电瓶车、演出、餐饮、客房以及诸如会计、保卫、人事、办公室等众多的分工不同、行业不同、工作内容差异较大的部门。

景区内各部门由于工作内容不同,行业不同,各部门形成相对独立的工作实体,因此景区管理上存在一定的难度,工作方法因行业而有所不同。

3. 管理的主动性

景区部门管理的本质是通过协调使景区内各部门高效运转以满足旅游者的各种需求。每个到景区的旅游者都希望景区能够满足各种各样的愿望和要求,所以景区的管理应该是主动的、超前的管理。为更好地服务于旅游者,景区管理着众多的子部门,因此面对的问题就更加复杂,只有主动和超前的管理才能使景区的各项工作更加顺利地进行。

4. 上下级沟通的纽带

景区部门管理,处于管理层的中层,对上级负责,执行上级指示精神,落实景区总体规划和工作安排;对下则是具体工作的组织者与落实者,直接面对游客,处于工作的第一线。

景区部门管理决定着上级指示精神落实的好坏,也决定着员工工作的积极性,是上级领导层和员工进行沟通的关键一环。

高素质的部门领导者,能很好地起到纽带作用,完成景区的各项工作目标。低素质、低效率、低水平的部门领导者,会使上级领导不得不放下手中的工作,直接参加到部门管理,指挥每一位员工,使部门管理变得低效。另外,各部门之间相互摩擦,员工之间关系紧张,麻烦不断,应该注意是不是因为部门管理不善,造成沟通困难,部门管理的作用未发挥到位。

从景区部门管理的特征来看,部门管理的作用十分重要,必须给予高度重视。

任务实施

全班分成若干小组,每组6~8人,采取实地考察方式去当地知名景区调研,了解景区部门设置和景区部门管理特征,每小组形成一份书面调研报告,并以PPT形式进行汇报。

任务2.2 景区部门管理的形式和手段

任务引入

景区承包制,关键在监管

2024年8月,在辽宁盖州市白沙湾海滨公园,有游客在海滩支了一个小遮阳伞,一女子竟然要收取50元费用。游客索要营业执照、发票、收据等,女子却拿不出。白沙湾景区工作人员回应称,在海滩承包者的区域打伞确实要收费,但具体承包区域并未明确划线。

近年来,随着旅游业的蓬勃发展,景区承包经营成为一种常见模式。然而,一些承包者在追求经济效益的同时,却忽视了消费者权益,乱收费现象频发。这不仅损害了游客权益,也严重影响了景区的声誉和可持续发展。

承包景区并不意味着可以随心所欲地收费。根据《中华人民共和国消费者权益保护法》和《中华人民共和国旅游法》等相关法律、法规,承包者在提供商品或服务时,必须遵循公平、公正、合理的原则,明码标价,不得进行价格欺诈或强制消费。景区管理方有责任对承包者的收费行为进行监管,确保游客权益不受侵害。

然而,现实中一些景区承包者却置法律、法规于不顾,巧立名目设置各种不合理收费项目,模糊标价让游客不知不觉多付钱。更有甚者,以暴力、胁迫等手段强迫游客消费。一些承包景区存在的乱象败了游客的游兴,让游客避之唯恐不及。

资料来源:https://baijiahao.baidu.com/s?id=1807802830892033283&wfr=spider&for=pc。

任务分析

景区部门管理形式多样,管理手段灵活,基于景区体制机制不同,领导方式不同,而需要采用不同的管理形式与手段。

2.2.1 景区部门管理的形式

1. 职能式

景区按专业分工的原则,以工作或任务的性质为依据,把景区各项管理工作划分成几类密切相关的职能,再以这些职能为依据划分部门,如餐饮部、娱乐部、客房部、财务部、人事培训部等。按照这种组织模式,景区可以分为多个部门,各部门相互联系,互有分工,符合专业分工原则,员工被安排去完成各自职能部门的工作目标,这样能够充分发挥各专业职能,有效利用各种专业人才,提高工作效率。

职能式部门主要按专业进行管理,内部建立各自的核算考核体系,工作集中在执行景区工作任务,管理下属员工。这种管理方式容易使景区各部门员工只关心自己的本职工作,对其他部门缺乏了解,各自为政,与其他职能部门之间没有正式的项目沟通渠道,较难取得其他职能部门的支持,因而影响各部门之间的协调配合,难以集中指挥,最终可能削弱景区实现整体目标的能力。

2. 责任制

景区部门管理是在景区统一指挥与权力制约下的分工负责。一般由景区统一规划决策,制定各部门工作目标、任务,经协商后由部门与景区签订协议,明确各方面、各部门的权利和义务,部门以此为依据,对景区负责。

责任制部门管理,最重要的是责、权、利的结合。责任、权力、利益三者之间不可分割,必须协商、平衡和统一,部门管理才能有效。

权力是责任的基础,有了权力才可能负起责任;责任是权力的约束,有了责任,权力拥有者在运用权力时就必须考虑可能产生的后果,不至于滥用权力。利益的大小决定景区部门管理者是否愿意担负责任以及接受权力的程度,利益大责任小的事谁都愿意做,利益小责任大的事谁都不愿意去做,工作积极性也会受到影响。有责无权、有权无责,或责权不对等;责任权力不协调、不统一,景区工作很难安排,各部门也无法完成自己的工作任务。

3. 家长制

家长制领导是一种传统的领导体制。老板作为企业的领导者,是企业的所有者,也是企业的经营管理者,一切由老板说了算,一切凭老板个人的经验办事。因此,家长制是以个人经验、资历、财力为决策依据,围绕管理者意图实施管理的管理方式。

家长制下的部门管理,其成功与否取决于集权者的管理水平、管理制度的执行情况,部门管理更多地依赖个人能力。由于不符合时代要求,旅游市场变幻莫测,这种管理方式存在严重缺陷,个人设岗现象严重,容易使员工产生离心力,内部不团结,工作积极性大打折扣,部门管理者无责任心和决断力,事无大小,必须请示汇报才能得到解决。

4. 承包制

承包制又称承包经营责任制,是指在景区划定几个部门,规定完成上交的利润数额、达到的相关指标,由内部人员或外部人员进行承包,单独核算,自负盈亏的管理方式。景区与部门以承包合同的形式确立责权利关系,部门实行自主经营的经营方式。

实行承包制的多数景区一般把餐饮部、娱乐部、园艺部等对外承包。这样做能使景区经济利益得到保证,充分利用所有经济资源,效益明显,节约编制内的人员。但部门承包者往往着重于自己的利益,不考虑景区的整体利益,承包就意味着部门独立,在他们的承包范围内、承包期内,景区管理目标很难按质按量完成。

部门管理采用承包制,关键问题是承包的内容要求,承包到哪一层,核算到哪一层,承包者对景区总体计划如何落实。如果不解决这几个问题,承包往往会变成个人谋私利的合法手段,用公家的资本,赚自己的钱,特别是当出现事故、发生问题时,受损的必然是整个景区。

2.2.2 景区部门管理的手段

1. 目标管理

目标管理是一种综合的以工作为中心和以人为中心的管理方法,它由各级各部门管理人员与员工一起制定工作目标,明确规定每个部门和个人的职责范围;再根据这些目标进行管理、评价和决定对每个部门与员工的奖惩。

一个具有目标的组织,才有可能是生气勃勃的、有发展潜力的组织。景区部门管理中,运用目标管理进行管理,能从宏观上、总体上为员工树立努力发展的方向,有利于调动员工的积极性和主动性,使员工参与管理,在管理中体验到自己的利益同景区的利益及景区的发展密切相关而产生的责任感,从而调动员工的工作欲望。

景区计划是围绕一定时期的工作目标进行的,景区各部门必须保证计划的各项工作得到落实,实现景区的最佳管理目标。由于景区各部门分工不同,工作目标不同,景区各部门执行计划时,应充分注意到各部门的管理特点,在不影响景区综合计划、工作目标的前提下,根据各部门的特点,灵活主动地执行。

2. 激励

激励是激发人的动机,使人有一股内在的动力,朝着期待的目标努力的心理活动过程。

景区是以服务为主的系统,景区员工服务态度和工作热情直接影响游客的旅游感受,因此景区部门管理应坚持人是第一因素的思想,注意引导和激励下属。

激励员工的办法很多,然而方法是否有效,取决于是否找到了能够引导员工工作并较好地完成工作的因素,同时还取决于员工的觉悟。这些因素是按照员工的需要和认知来制定的,而员工的需要又是不断变化的,因素在变,激励的方法也就多种多样。以下是常用的激励方法。

(1) 物质激励。在所有的激励措施中,金钱无疑是运用最广泛的激励形式,满足金钱的需要不能简单地看成满足员工低层次的生理需要。事实上,许多较高层次需要的实现都离不开金钱,有时工资的高低也代表着地位、成就以及组织的评价。因此,金钱不仅具有经济价值,也附加有心理价值,这是金钱作为激励手段的基础。对员工取得的工作成效给予物质激励,会对员工的动机起到强化作用。

物质激励包括工资、红利、福利三种基本形式,工资通常是根据员工所付出的劳动按周或月支付的。红利是景区根据一定时期(通常是按季、半年、一年)的盈利水平,拿出部分利润让员工分享。福利通常是员工额外获得的具有一定附加条件的收益,福利项目的时间与内容往往是不确定的,如带薪假期、医疗人寿保险、退休金、自助餐、优先权、免费交通工具等。

(2)精神激励。精神激励是对员工工作成就的一种肯定,往往能收到以下几个方面的效果:①来自组织的认可与评价能让员工获得工作满足感。②能够提高员工的知名度及工作中的威信。③有利于提高员工的工作责任感,克服员工单纯追求金钱所产生的一些负面影响。精神激励主要是满足员工较高层次的需要,其形式多种多样,如让工作内容更有丰富性、娱乐性和挑战性;员工参与管理;还有诸如表扬、评先进、晋升、学习机会、提案制度、调岗调职、弹性工作时间、工作丰富化、改善工作环境、上下级之间的沟通、特定的权力等。

小资料

重庆涪陵红酒小镇景区设立"委屈奖"

2021年五一假期结束,重庆涪陵红酒小镇景区对在服务游客过程中受到委屈的员工,颁发了"委屈奖"及奖金,以示支持及鼓励。

景区相关负责人表示,五一假期期间景区迎来客流高峰。为了以更好地服务游客,景区要求员工在服务过程中要尽到协调、疏导、劝解、帮助的职责。在员工正常维持秩序的情况下,因天气炎热加上排队等原因,会有些游客将烦躁情绪发泄到员工身上,但游客其实本身并没有恶意。景区希望可以借此鼓励员工"退一步海阔天空",打不还手,骂不还口,防止事态扩大从而影响其他游客的游览体验。事后,公司会查明事件的真相,对确实受到委屈的员工进行关怀慰问。

资料来源:https://baijiahao.baidu.com/s?id=16991066091796231678&wfr=spider&for=pc。

3. 氛围营造

工作环境和工作氛围的好坏对提高员工工作效率与调动员工积极性起着非常重要的作用。景区部门如果缺乏良好的工作环境和心理氛围,人际关系紧张,会使员工无法安心工作,人心思离。宽松的环境,员工间相互尊重、相互关心和信任的景区部门,人际关系融洽,能激励员工安心工作,积极进取。

有些景区,工作岗位很好,相应的报酬也不错,但压抑的工作环境和紧张的人际氛围,往往使员工随时处于紧张和烦闷状态,心理压力较大,有可能会跳槽。相反,那些工作量大、报酬一般的景区,由于工作环境和谐,充满人情味,上自领导下至员工,相互尊重,人际关系融洽,员工把景区当作自己的家,工作踏实,乐于奉献,积极进取。

因此,在景区部门管理的过程中,要善于营造一个宽松的工作环境和心理氛围,从而使员工安心工作,把注意力全部集中到工作上,提高工作效率,避免人为的内耗。

4. 机会平等

社会主义收入分配政策是效率优先、兼顾公平。公平主要是机会平等,平等的机会对每一个员工都能产生巨大的影响。平等竞争,优胜劣汰,给每一个员工提供公平的机会,部门管理才能使员工信服。员工提升、培训学习、业务考核、劳动报酬都应给员工平等的机会,根据员工的实际工作成果提供相应的待遇,多劳多得,使景区各部门形成一个公平合理的有效环境。

5. 继续教育

适时培训是继续教育的最好方式,也是员工最好的福利,员工需要不断增长知识,以适应旅游环境的不断发展变化。培训是景区部门管理的一个有效手段。培训使学校教育与社会工作相衔接;培训使员工不断更新专业知识和技能,从而提升自己的素质,更好地服务于景区的发展目标、经营理念和成长需求。

任务实施

全班分成若干小组,每组6~8人,采取实地考察方式去当地知名景区调研,了解景区部门管理形式与手段,每小组形成一份书面调研报告,并以PPT形式进行汇报。

任务2.3 景区的职能管理

任务引入

文化和旅游部制定《文化和旅游规划管理办法》

为推进文化和旅游规划工作科学化、规范化、制度化,充分发挥规划在文化和旅游发展中的重要作用,2019年5月7日,文化和旅游部印发《文化和旅游规划管理办法》(以下简称《办法》),从总则、立项和编制、衔接和论证、报批和发布、实施和责任等方面对文化和旅游规划体系进行统一,对规划管理进行完善,以提高规划质量。

《办法》指出,文化和旅游规划是指文化和旅游行政部门编制的中长期规划,主要包括文化和旅游部相关司局或单位编制的以文化和旅游部名义发布的总体规划、专项规划、区域规划,地方文化和旅游行政部门编制的地方文化和旅游发展规划。文化和旅游部规划工作由政策法规司归口管理。地方文化和旅游行政部门依据相关法律、法规的规定或本地人民政府赋予的职责和要求,开展规划编制和实施工作。

资料来源:https://www.mct.gov.cn/whzx/whyw/201907/t20190704_844812.htm。

任务分析

景区的职能管理是指景区管理所具有的本质及其发挥的基本功效。它既体现一种管理思想,也体现管理文化,一般包括计划职能、组织职能、决策与督导、沟通与协调等职能。

2.3.1 景区的计划管理

制订旅游景区经营、管理计划是景区管理工作者的重要工作之一。因为通过计划可以全面、合理、有序地安排好景区各部门直至每个员工的工作。对于管理工作来讲,没有计划就不存在管理。

微课:景区的计划管理

1. 景区计划的含义和作用

景区计划是景区管理者事先设计做什么、怎么做、谁来做的工作。在计划中将明确景区的工作目标和任务。景区总体计划是通过各个下属部门来完成的,所以各个部门要根据景区的总体计划要求做好各自的计划。

制订计划主要可以促使管理者思考为实现目标需要做一些什么事情,以及会遇到一些什么样的事情,能有助于管理者预测可能发生的问题,有助于管理者选择有效的经营管理方案,计划提供了评价下级和部门业绩的标准,有利于控制。

2. 计划的类型

计划的种类很多,依据不同的标准,可将计划分为不同的类型。

1) 按计划的时间分类

(1) 长期计划:计划期为5～10年的计划。

(2) 中期计划:计划期为1～5年的计划。

(3) 短期计划:计划期为1年内的计划。

2) 按计划的内容分类

(1) 综合计划:景区总体计划。

(2) 分类计划:各部门及各部门主管的工作计划,如人事部计划、财务部计划、接待部计划等。

3) 按计划的综合性程度分类

(1) 战略性计划:指导或决定景区全局的长期性计划。

(2) 战术性计划:为达到全局战略目标而制订的具体的计划。

4) 按计划的明确性分类

(1) 具体性计划。

(2) 指导性计划。

5) 按计划的程序化程度分类

(1) 程序性计划。

(2) 非程序性计划。

3. 景区计划的制订人员

在景区负责制订和实施计划的人员为景区的各级管理人员,但不同的管理层制订与实施的计划有不同的特点。

(1) 景区总经理(行政副总经理)制订的计划,是直接关系到整个景区全面发展的长期目标和任务。由于计划时间长、外部环境变化很大、有较大的不确定因素,一般总经理至少要制订为期一年的工作计划。

(2) 景区部门经理主要制订以景区目标为指导的本部门业务计划。部门计划主要是内部事务,而与外部环境联系较少,所以具有一定的不确定性,一般部门经理至少要制订一个月以上的工作计划。

(3) 景区主管的计划主要是制订期限较短、内容更专业和具体化的计划。这类计划一般是在任务既定的情况下做出作业计划,主要是员工的工作分工以及员工的工作时间安排等。因此,主管一般至少要制订一周的工作计划。

4. 计划制订的程序

一项计划必须包括目标、措施、实施时间、各步骤负责人以及评价控制等内容。

(1) 确立目标。首先高层管理人员必须制定整个景区的经营目标,景区各部门经理必须根据总体的目标制定部门目标。景区各部门的目标必须与总体的目标保持一致。主管的工作目标又必须根据部门目标来制定,并保持一致。

(2) 制订实施计划。实施计划是目标得以实现的根本所在,因为实施计划解决了谁完成和如何完成的问题。

(3) 编制计划预算。预算是对实施一项计划产生的收入与支出的损益估计。

(4) 评估控制。在计划实施中,要有评估控制才能对各项实施措施进行有效监控和做好及时调整,以便使实施措施更符合实际情况。

2.3.2 景区的组织管理

组织职能是景区管理的一个重要的职能。景区的组织职能是指在特定环境下,为了有效地实现共同目标和任务,合理确定组织成员、任务及各项活动之间关系,对资源进行合理配置的过程。

为了保证景区目标的顺利实现,景区必须进行组织结构设计和职权配置,明确制度规范,使组织能够协调运转。

1. 景区组织结构

景区组织结构是对景区组织框架体系的描述,是景区实现其目标的手段。一般而言,景区组织结构表明景区组织内各部分的排列顺序、空间位置、聚散状态、联系方式以及各要素之间的关系。

景区组织结构在组织中具体应用为组织的部门化,它是指按照一定的方式将相关的工作活动加以细分和组合形成若干易于管理的组织单位,如处、科、班组等,统称为部门。部门的划分可以有不同的方式,所以形成了不同的组织结构。

2. 景区组织结构的设计原则

为了保证景区各项业务的顺利进行,达到预期目标,必须建立科学的组织结构。景区组织结构设置的主要原则如下。

1) 结合实际原则

景区组织结构的设置应结合景区的企业性质、规模、地理位置、管理方式和经营特色等实际情况而定。也就是必须从景区所要实现的目标和任务出发,并为有效实现景区目标和任务服务。

对于规模较小的景区,如果没有餐饮、住宿等营业网点,且经理的事务不多,不需要设置总经理办公室等机构和岗位,相反大中型规模的景区有餐饮、住宿、娱乐、购物等多个营业网点,这些服务就需要设立相应机构和岗位来实现。

2) 命令统一原则

要保证景区经营活动的正常进行,必须建立有效的自上而下的业务指挥系统。命令统一,就是要求每一职位均是权、责、利的有机统一体,下一层次必须服从上一层次的命令与指挥,每一个员工原则上只接受一个上级的命令和指挥,部门员工对本部门直接领导负责,不可令出多门。

3) 分工协作原则

坚持分工协作原则,关键是尽可能按照专业化的要求来设置组织机构。在工作中,要严格分工,分清各自的职责,在此基础上,要把相关的协作关系通过制度加以规定,使部门内外的协作关系实现规范化、标准化和程序化。

4) 有效管理跨度原则

管理跨度是指一名上级领导所能直接、有效地领导的下级人数。一般情况下,层次越高、业务越复杂,下属越少。一般认为,一个景区管理者直接管辖的下属人数通常为6～7人,最多不超过10人。这是因为一个人的能力和精力是有限的。同时,管理跨度与景区的管理层次是一个反比关系,也就是说,管理跨度如果加大,那么层次就会适当减少;反之管理跨度缩小,那么管理层次就会增多。

5) 精简高效原则

所谓精简高效原则,就是在保证完成目标,达成高质量的前提下,设置最少的机构,以最少的人完成组织管理的工作量。遵循"因事设岗、因岗定人、因人定责"的劳动组织编制原则。真正做到人人有事干,事事有人管,保质又保量,负荷都饱满。

6) 权责一致原则

有权力的地方,就有责任。责任是权力的孪生物,是权力的当然结果和必要补充。在景区管理过程中,要逐级授权,分层负责,权责分明。只有职责没有权力,管理者就不能承担责任。相反,只有权力没有责任,就会滥用权力。

7) 集中化决策与分散化决策灵活结合

(1) 集中化决策是指一切景区的目标和行动方案都由景区总部做出。需要注意的是,这种决策方式主要是在上层管理者的管理能力(包括知识、经验、信息沟通能力等)很强时,才主要采用的决策方式。

(2) 分散化决策是指按直线把决策权授予下属经营部门。这种方式可以使每个管理者根据本部门的目标做出决策,同时也锻炼他们独立管理的能力。如某景区对一些经营性部门采取承包经营策略,这样可以根据自身的经营发展策略来决策自身的事务。

3. 景区组织结构设计的程序

(1) 制定景区组织目标。景区组织结构设计的第一步就是要在综合分析组织的外部环境和内部条件的基础上,合理确定组织的总目标以及各种具体的目标。

(2) 确定景区业务内容。根据景区目标的要求,确定为实现景区目标所必须进行的业务管理工作项目,并按其性质适当分类,如景区经营组织的市场研究、经营决策、产品开发、质量管理、营销管理等;代表政府管理景区所有权,包括行政、治安、环境保护、景区规划等。

(3) 确定景区组织机构。根据景区的性质、上级主管部门、规模、技术特点、业务工作量的大小确定应采用的形式、应设计的部门,并形成组织的部门化、层次化的结构。

(4) 配备景区工作人员。根据各部门所分管的业务工作的性质、特点和对员工素质的要求,挑选和配备称职的人员,并明确其职务和职权。

(5) 规定景区职责权限。根据景区目标的要求,明确规定景区各部门及其负责人对管理业务工作应负的责任和评价工作成绩的标准,同时对各部门适当授权。

(6) 形成景区管理组织系统。通过职权关系和信息系统,将所划分的景区部门纵横交错地连在一起,形成一个能协调运转、有效地实现组织目标的景区管理组织系统。

4. 景区组织结构的类型

景区组织结构的类型主要有直线制、直线—职能制以及事业部制等多种类型。

1)直线制组织结构

直线制组织结构(图2-1)是最古老的一种组织结构,是一种集权式的组织结构。直线制组织结构是按直线垂直领导的组织形式。它的特点是组织中各个层次按垂直系统排列,景区的命令和信息是从景区的最高层到最低层垂直下达和传递的,各级管理人员对所属下级拥有直接的一切职权,统一指挥各种业务。

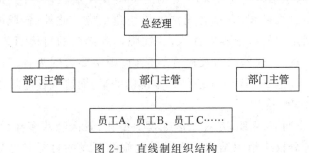

图2-1 直线制组织结构

这种组织模式隶属关系简单,信息流畅,责任明确,管理效率高。但没有职能人员和管理部门,大小事务均由主管躬亲,因此只适用于小型旅游景区。

2)直线—职能制组织结构

直线—职能制组织结构(图2-2)是目前我国大多数景区普遍采用的组织形式,这种形式是在"直线制"和"职能制"的基础上发展而来的。它的特点是把景区所有的机构和部门分为两大类:一类是业务部门,有自身特定的接待和供应业务内容,如导游服务部、客房部。业务部门按等级链的原则进行组织,形成垂直系统,实行直线指挥,因而称直线制。业务部门按直线形式组织,结构简单、责权分明、效率较高,但不利于横向的多维联系。另一类是职能部门,职能部门不直接从事接待和供应业务,而是为业务部门服务,执行自身管理职能的部门。职能部门按分工和专业化的原则执行某一项管理职能,这种形式称为职能制。职能部门执行专业管理职能,发挥职能机构的专业管理作用,发挥专业管理人员的专长。景区人事部、安全部、财务部等都属职能部门。直线制和职能制相结合形成了直线—职能制组织结构。

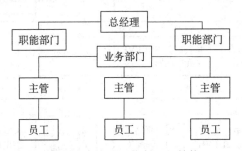

图2-2 直线—职能制组织结构

采用直线—职能制组织结构,具有以下特点。

(1)整个景区实行总经理责任制,并把经营管理划分为业务和职能两大部分,分工明确,脉络清晰,便于集中统一领导。

(2)业务部门按直线制组织形式,责任明确,结构简单;职能部门的各项工作由专业人员开展，可保证相应的工作质量，且不会造成多头领导现象。

（3）业务和职能两个部分可通过总经理加以协调，业务副总经理和职能管理副总经理间便于相互协作，整个景区的组织形式像一座金字塔，上小下大，既可保证管理信息传递的有效性，也适应现代企业管理的需要。目前我国多数景区采用的是这种组织结构形式。

直线—职能制组织结构的主要缺点是对外界变化反应较慢，并且这种反应常常需要跨部门协调，易产生决策堆积，管理者无法做出快速反应。此外，各职能部门间交流协调较少，使每个成员对组织的认识不够深入，往往强调各部门的目标而忽视组织整体目标，各级管理人员创新较少。这些缺点反映在景区内，则主要表现为各部门在服务过程中需要其他部门配合时，其他部门只立足于做好本部门的事，而造成各部门之间协调困难。

3）事业部制组织结构

事业部制组织也叫 M 组织，是在景区规模大型化、景区经营多样化、市场竞争激烈的条件下，出现的一种分权式组织结构。它以景区旅游开发的目标和结果为基准来进行部门的划分和组合。这种组织结构是在景区集团总部的领导下设立几个事业部。各事业部是为特定的产品而设立的。各事业部内部在经营管理上拥有自主权和独立性。它的特点是景区集中决策，事业部分散经营，每个事业部实行独立核算。事业部组织形式是一种适用于大型旅游景区、跨国和跨地区管理的旅游景区集团公司。其特点是突出分权管理。

事业部制组织结构的优点是可以减轻高层管理人员的负担，集中精力考虑企业的重大经营决策和发展战略，成为真正的决策层；有利于发挥各事业部的积极性和主动性；有利于将联合化和专业化结合起来。缺点是不利于事业部之间的横向联系，容易产生本位主义，影响各部门之间的合作，忽视长远的整体利益；容易造成机构重叠，经营管理人员增多，经营管理费用增高。

美国迪士尼集团的事业部制组织结构框架如图 2-3 所示。

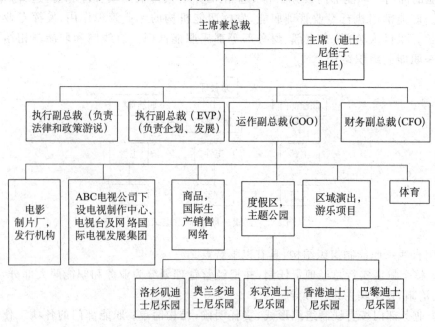

图 2-3　美国迪士尼集团的事业部制组织结构框架

2.3.3 景区的决策与督导管理

1. 景区的决策

1) 景区决策的定义

景区决策是为实现景区的经营目标,在两个以上的备选方案中选择一个方案的分析判断过程。包括在做出最后选择之前必须进行的一切活动,即从提出问题、收集信息、确定目标、拟订方案、评选方案、确定方案到组织实施、信息反馈等一个完整的过程。

2) 景区决策的类型

(1) 经营决策、管理决策和业务决策。景区经营决策又称战略决策,是指景区着眼于未来,为了满足未来旅游市场的需求和适应动态变化的外部经营环境而对景区经营方向及投资导向的一种宏观性决策,具有全局性、长期性和战略性的特点。如景区为适应现代都市居民健身娱乐的需要开发各种高技术娱乐项目和健身设施,改变原有的静态休闲概念的决策。景区管理决策是指对景区的人力资源、财产、信息资源等各种经营要素进行合理配置以及经营组织机构加以改变的一种决策活动,具有局部性、中期性和战术性的特点。如景区为了实现开发方向的调整,对内部组织机构和人事安排做出相应的调整,对资金和使用方向及结构做出新的安排等决策。景区业务决策是指处理景区内部日常具体事务,保证景区各项活动正常进行的管理活动,具有短期性和日常性的特点。如对景区内部引导标识系统的设计风格、标配材料选取、制作规格、文字内容与图示方法等内容的决策活动。

不同层次的决策活动应由不同层次的管理者完成,决策活动对应的管理层次关系如表 2-1 所示。

表 2-1 决策活动对应的管理层次关系

景区决策类型	对应的管理者
景区经营决策	高层管理者
景区管理决策	中层管理者
景区业务决策	基层管理者

(2) 确定性决策和风险决策。确定性决策是指景区决策者在经营环境条件明确,每一种备选方案只有一种确定的执行结果,决策过程中只需对各种备选方案进行比较即可得出执行结果的一般性决策,如对景区销售利润目标的确定。风险决策是指景区决策者整个决策活动是在一种不确定的环境条件下进行的,由于各种方案产生的具体环境条件、景区的经营条件变化的不确定性,每个备选方案都可能出现不同的执行结果,具有危险性的特点。

 小资料

清明上河园打造景区云生态大数据平台赋能景区决策经营

智慧旅游新时代,数据正在成为新的生产力,发挥着连接与赋能的驱动价值。2017 年

12月29日,开封清明上河园强力首推景区云生态大数据平台,标志着景区全面进入"云+"大数据经营新阶段。清明上河园景区云生态大数据平台的正式上线,将告别过去景区信息沟通不畅和无法共融、共享的痛点,通过打破信息壁垒、接入海量数据,进而赋能景区管理决策,实现景区云生态大数据动能的激发活化与创新应用。

资料来源:http://www.sohu.com/a/213538021_119389. 2017-12-29.

3)景区决策的过程

景区决策是一个系统复杂的过程,按照这个过程的内在规律性,可以把景区决策划分成若干个既相互独立、又相互联系的环节,按照这些环节进行决策就形成了决策的流程,景区科学的决策过程应包括以下五个环节。

(1)综合分析景区外部环境、景区现状、未来旅游发展趋势,确定景区新的目标。

(2)根据拟选定的目标,确定达到目标的路径和各种可行的备选方案。

(3)对各种备选方案进行分析、比较,从中选出最适合的方案。

(4)采取有效的手段和方法执行最合适的方案。

(5)检查方案的执行情况并反馈。

五个环节可以表述为如图2-4所示流程。

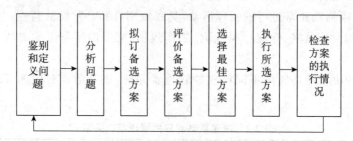

图2-4 景区决策的过程

2. 景区的督导管理

景区的督导管理是指景区各层次管理者对下属的指挥与指导管理。指挥就是景区各级管理者对下属进行工作安排。这种安排具有强制性,下属必须服从。指导就是景区管理者实际指导下级怎样完成好所分配的工作。

一个景区管理者只有从整体利益出发,以组织管理制度为依托,并采用合理可行的督导管理方法,才能较好地履行督导管理的职责。

景区督导管理的方法,简单来说就是指挥下级服从命令,努力去完成任务的管理方法。景区常见的督导管理方法主要有以下几种。

(1)规章制度法。规章制度法是指通过制定景区各部门及各岗位的规章制度对下级进行管理的方法。景区主要是利用景区编制的《员工手册》《岗位职责》《服务标准》等规章制度对员工进行管理。这一方法的主要特点:强制性,规章制度是每个员工必须遵守的规定;稳定性,规章制度制定后,就要坚持执行;预先性,规章制度可使每个员工判断自己的行为是否符合要求。

规章制度法一般适用于管理景区内有章可循的日常性事务,如门票销售服务、游客接待中心服务、景区导游服务、景区娱乐服务、停车服务等。这种方法的优点是每一个员工可根据景区的规章制度指导和调整自己的行为。这种方法的缺点是比较死板,缺乏灵活性,限制了员工的个性化服务。例如,某景区游览电瓶车司机按照规章制度要求只能在景区内规定的地点停车,而不能中途停车,但某司机在途中正好看到一对老年游客招手要求上车,他若停车则违反规定,不停又会使游客对景区服务产生不好的印象。如何处理这类问题呢?景区一般可采用两种方法:一种是确立一定的规章制度,同时在使游客满意的宗旨原则下,员工可根据实际情况调整工作;另一种是请示管理人员,根据管理人员的指令来调整作业以满足游客的需求。

(2)经济效益法。经济效益法是指在遵循客观经济规律的基础上,运用各种经济手段对经营活动进行有效管理的方法。具体来说,经济效益法是运用价格、成本、利息、工资、奖金、经济合同、经济罚款等经济杠杆,用物质利益来影响、诱导景区员工行为的一种方法。

经济效益法的特点是利用经济杠杆,影响管理对象的切身利益,产生一种间接的强制力量,迫使管理对象按经济规律办事,采取与管理目标相一致的行动,而不是直接规定其任务或限制其活动范围。经济效益法的实质是通过工资晋级、奖励、福利提高或者相应的经济处罚来贯彻物质利益原则,从而有效地调动员工多方面的积极性。

经济效益法是以价值规律为基础的。如果滥用经济手段,也会带来一定的盲目性和矛盾,从而阻碍生产协调、顺利进行,导致经营活动失去控制。

(3)行政命令法。行政命令法是指依靠景区各级行政管理机构和管理者的权力,借助命令、指示、规章、规程已经具有约束性的计划等行政手段来管理景区的方法。行政命令法的主要特点是针对一定的情况做出意义明确和内容具体的决定,传达给执行者。这种决定对执行者具有强制力,通过权威和服从的关系,直接对其产生影响。如景区园务部门以每周例会的形式,根据景区园务工作任务情况布置每位员工的工作。在景区管理中,行政命令法有助于建立一种集中、统一的管理系统,从而保障景区各项经营管理活动有条不紊地进行。

行政命令法具有一定的强制性,它是管理景区必不可少的方法,也是实现管理职能的一个重要手段。运用行政命令法管理景区,具有快速、灵活、有效的特点。但行政命令法绝不是强迫命令、个人专断、官僚主义和瞎指挥,行政命令法运用不当,就会违背客观规律,变成唯个人意志、为个人服务的负面行为。

(4)文化教育法。现代景区管理从一定意义上来说,是一种文化管理。它以实现人的全面发展为最终目标,通过对人的文化教育和培训,提高人的文化素质,让每位员工在充分认识自己对企业和社会责任的基础上,将个人的兴趣、爱好与企业目标融为一体,在实现自身价值的同时对企业和社会作出相应的贡献。

文化教育法是目前我国景区大力提倡的一种管理方法。景区的企业文化一旦形成,就可以部分地替代命令发布,以非正式的规则对员工实施行为控制。采用文化教育法管理景区还可以增强景区内聚力,树立良好的景区形象。

(5)社会学、心理学方法。社会学方法是指根据管理过程中人们的行为活动规律及特点,采取有针对性的策略方法,以更好地调动景区员工的积极性和主动性的管理方法。这种方法是一种协调处理人与人之间的关系,调整改善景区与社会之间关系的方法。

运用心理学方法进行管理,就是通过研究不同人的心理活动,运用各种思想工作方法去影响和改变人们的行为动机,使之符合景区目标的要求,把实现景区目标变成景区员工的自觉行动。

社会学、心理学方法在景区管理中的应用,要结合景区、员工以及工作业务的特点,因地制宜、因时制宜、因人制宜地加以运用。由于景区的各项经营活动均是以人为中心展开的,"以人为本"的管理方法正在成为景区管理中普遍采用的方法。

2.3.4 景区的沟通与协调管理

1. 景区的沟通管理

沟通是管理者的一项非常重要的工作。沟通能正确地将景区的方针、工作目标传递给员工;能增加管理者与员工的相互了解,增进合作,汇集员工的智慧;能促进景区良好人际关系的形成。

微课:景区的沟通与协调管理

1) 沟通的定义

一个人将事实、意见、意图传达给他人就是沟通。无论是陈述事实、表达意见,还是明示意图等,都在影响对方的思考,因此沟通的出发点是沟通者与接受者进行思想的相互交流。沟通包含以下要素。

(1) 沟通者,就是沟通过程中信息的发出者,可以是个人,也可以是一个团体。如总经理召开各部门经理会议,部署景区全年工作,总经理就是个人沟通者。又如,景区对旅游者做营销宣传沟通,这时景区就是一个团体沟通者。

(2) 接受者,就是沟通信息的接受者,同样可以是一个人也可以是一个团体。

(3) 信息,是沟通者向接受者讲述事实、表达意见、明确意图等。信息传递形式一般有非语言形式,如身体语言和图像;书面文字形式,如员工手册、工作计划等;语言表达形式,如会议、谈话等。

(4) 反馈,即在沟通过程中沟通者为了检查所传递信息是否被接受者理解,需从信息接受者那里获得反馈信息,这样沟通者才知道他发出的沟通信息是否被接受者正确接收,也就是检查沟通是否有效。

(5) 沟通的参照系,即沟通者与接受者各自的兴趣、经验、知识、观点、对问题的态度及情感等。由于沟通双方各自的参照系有差异,这样就会有意识或无意识地影响到沟通的效果。

2) 沟通的方法与技巧

有效沟通是指能有效地向他人表达自己的思想、看法和情感,并能够得到积极的回应的交流。要做到有效沟通需要注意以下方法和技巧。

(1) 听。注意倾听对方的意图、表达意见及陈述事实,良好的倾听是有效沟通的前提。

(2) 说。通过会议、面谈、汇报以及形式说明图表达意见、下达指令等,与对方沟通。

(3) 写。通过书面报告、意见建议表、工作月报等书面方式与对方沟通。

(4) 看。通过检查、观察等方式与对方进行沟通。

(5) 自信的态度。一般经营事业相当成功的人士,他们不随波逐流或唯唯诺诺,有自己的想法与作风,但却很少对别人吼叫、谩骂,甚至连争辩都极为罕见。他们对自己了解得相当清楚,并且肯定自己,他们的共同点是自信,有自信的人常常是最会沟通的人。

(6) 体谅他人的行为。这其中包含"体谅对方"与"表达自我"两方面。所谓体谅,是指设身处地为别人着想,并且体会对方的感受与需要。唯有我们自己设身处地为对方着想,对方才会相对体谅你的立场与好意,因而做出积极而合适的回应。

(7) 有效地直接告诉对方。直言不讳地告诉对方我们的要求与感受,若能有效地直接告诉你所想要表达的对象,将会有效帮助我们建立良好的人际网络。但要切记"三不谈":时间不恰当不谈;气氛不恰当不谈;对象不恰当不谈。

(8) 善于询问与倾听。询问与倾听的行为,是用来控制自己,让自己不要为了维护权力而侵犯他人。尤其是在对方行为退缩、默不作声或欲言又止的时候,可用询问行为引出对方真正的想法,了解对方的立场以及对方的需求、愿望、意见与感受,并且运用积极倾听的方式,来引导对方发表意见,进而对自己产生好感。一位优秀的沟通好手,绝对善于询问以及积极倾听他人的意见与感受。

3) 景区沟通的渠道

在景区内部有以下四种沟通渠道。

(1) 管理者自上而下的沟通。自上而下的沟通就是管理者通过会议、面谈、公布、下达命令、听取汇报、检查等方式与员工进行沟通,向员工宣传景区的工作方针、政策、部门的工作计划、管理思想及安排,做到上情下达。管理者必须想好哪些事情必须和员工进行沟通,通过什么沟通,在什么时候沟通。

(2) 员工自下而上的沟通。员工自下而上的沟通渠道有员工汇报、总经理与员工开对话会议、员工通过电话及意见箱与上级沟通。需要注意的是,与上级沟通要选择适当的机会与时间。

(3) 部门之间的平行沟通。景区的许多工作是通过景区部门之间的分工与合作来完成的。各部门之间需加强沟通,才能加强各部门之间的理解,并创造出部门合作的良好气氛。

(4) 与游客沟通。游客是景区服务的核心,所有部门的一切工作都是为游客服务。要使游客在景区旅游时高兴而来,满意而归,就需要与游客沟通,通过游客问卷、问答等形式,了解他们的游览需求与期望,这样才能改进和完善各部门工作,使游客满意。

4) 沟通的管理

要实现团队的有效沟通,必须把握好沟通方法和技巧,消除沟通障碍。在实际工作中,可以从以下几个方面来努力。

(1) 团队领导者的责任。景区领导要认识到沟通的重要性,并把这种思想付诸行动。景区的领导者必须真正地认识到与员工进行沟通对实现组织目标十分重要。如果领导者通过自己的言行认可了沟通,这种观念会逐渐渗透到组织的各个环节中。

(2) 沟通双方要提高沟通的心理水平。必须注意以下心理因素:在沟通过程中要认真感知,集中注意力,以便信息准确而又及时地传递和接收,避免信息错传和接收时减少信息的损失;增强记忆的准确性是消除沟通障碍的有效心理措施,记忆准确性水平高的人,传递信息可靠,接收信息也准确;提高思维能力和水平是提高沟通效果的重要心理因素,较高的思维能力和水平对于正确地传递、接收和理解信息,起着重要的作用;创造一个相互信任、有利于沟通的小环境,有助于人们真实地传递信息和正确地判断信息,避免因偏激而歪曲信息。

(3) 正确地使用语言文字。语言文字运用得是否恰当直接影响沟通的效果。使用语言文字时要简洁、明确,叙事说理要言之有据,条理清楚,富于逻辑性;措辞得当,通俗易懂,不要滥用辞藻,不要讲空话、套话。非专业性沟通时,少用专业性术语。可以借助手势语言和表情动作,以增强沟通的生动性和形象性,使对方容易接受。

(4) 缩减信息传递链,拓宽沟通渠道,保证信息的双向沟通。信息传递链过长,会减慢流通速度并造成信息失真。因此,要减少组织机构重叠,拓宽信息渠道。同时,团队管理者应激发团队成员自下而上地沟通。例如,如果是在一个景区,景区内部刊物应设立有问必答栏目,鼓励所有员工提出自己的疑问。此外,在利用正式沟通渠道的同时,可以开辟非正式的沟通渠道,领导者应走出办公室,亲自和员工们交流信息。坦诚、开放、面对面的沟通会使员工觉得领导者理解自己的需要和关注,取得事半功倍的效果。

总之,有效的沟通在景区的运作中起着非常重要的作用。成功的景区领导把沟通作为一种管理的手段,通过有效的沟通来实现对景区成员的控制和激励,为景区的发展创造良好的心理环境。

 小资料

迪士尼公司员工的内部沟通网络

迪士尼公司员工多而且工作领域分散,公司采取了各种方法以保持内部的有效交流,及时准确地传达相关信息。公司所采用的沟通工具有:各种电子公告板、电子邮件、计算机网络中心、内部电视台等,并且公司每周都要发放4万多份内部报——《视与听》,传播公司内部信息。各部门主管将分别在早、中、晚时间向相应班次的员工传达最新信息。他们坚信能够让员工在既定的时间内分享到公司的最新消息,是保持员工积极参与的一个重要方法。因此,大多数部门的经理都会每周定期召开会议,进行有关工作总结及信息通报。对经理们来说,他们主要通过会议、口头传达、电子邮件三种方法来与下属员工进行沟通。公司还坚信,尽管有各种各样的沟通工具,但部门领导的直接参与是最好的沟通方式。因为每个员工都希望从他的上级那里直接得到消息。

每年公司都会聘请专业咨询公司,帮助调查员工对公司的企业文化、领导模式、工作流程等方面的满意度,并将结果公布。找出其中需要改进的地方,用来指导下一年的工作。

公司还在通道的交接地摆放一个大型的公告板,以公布近期顾客的满意度调查结果。同时罗列顾客对迪士尼其他下属娱乐公园的满意度,以增进企业内部的有效竞争。有效的内部沟通,大大提高了迪士尼公司的工作效率,保证了公司的正常高效营运。

2. 景区的协调管理

景区内各部门之间、员工之间、员工与游客之间经常发生矛盾和冲突,怎样协调好这些矛盾和冲突,也是景区管理者的重要工作内容。

景区的协调管理就是指景区管理者对景区部门之间、员工之间、游客与员工之间冲突的协调和处理。

比如,景区客房部的卫生设施近期出现了故障,客房部抱怨工程部没有及时维修,工程部责怪客房部操作不当,因此两个部门产生了争执。

在景区的实际工作中,部门之间、员工之间、游客与员工之间在工作或利益上发生矛盾的现象无法避免。管理者要根据矛盾的性质和程度来选择合理的处理方法。

任务实施

班级分成若干小组,每组 6~8 人,通过在实训基地参观、考察与实践,熟悉景区部门设置,参与景区计划制订、组织活动、协调沟通等项目。实训教师对学生的任务完成情况进行全面的评价。每个小组形成一份书面实训总结。

项目实训

两个景区总经理的结局

一位旅游集团董事长到下属的两个景区检查工作,来到第一个景区,他看到旅游景区总经理在办公室跷着二郎腿,一副悠闲自得的样子;董事长检查了整个景区,发现景区工作井然有序,经营状况良好。董事长来到第二个景区,看到景区总经理一会儿去帮助门票销售员销售门票,一会儿又到园务部帮忙抬花、打扫卫生,忙得满头大汗;董事长检查景区工作,发现各部门管理混乱,经营状况非常糟糕。

结果第一个景区的总经理被评为优秀总经理,第二个景区的总经理被评为不合格总经理,并被降职。

实训要求:

(1) 本案例中为什么悠闲的总经理被评为优秀总经理,而忙得满头大汗的总经理却被降职?如果让你管理一个部门,你会怎么做?

(2) 全班分为若干小组,每组 6~8 人,考察当地一个旅游景区,了解其部门设置与职能管理活动开展情况,并制作 PPT,由一名学生代表讲解,教师和学生做点评。

项目3

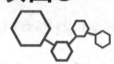

景区门区接待服务与管理

项目摘要

景区门区接待服务是一项难度很大的工作,也是较难管理和控制的环节之一。游客形成的最初印象和最后印象都在此过程中产生,因而门区接待在整个景区的服务接待中占有非常重要的地位。景区门区接待服务主要包括票务服务、排队服务、咨询和投诉受理服务以及景区解说服务。

任务 3.1 景区票务服务与管理

任务引入

调整优化景区门票预约,提升接待能力

2023年9月,国务院办公厅印发《关于释放旅游消费潜力推动旅游业高质量发展的若干措施》(以下简称《若干措施》),其中提到调整优化景区管理。要求完善预约措施,简化预约程序,尽可能减少采集游客个人信息,科学设置线上、线下购票预约渠道,最大限度满足游客参观游览需求。

科学管理不搞"一刀切"

2023年以来,旅游市场持续升温,不少热门旅游景区和博物馆客流爆满,门票预约难、购票难等问题开始凸显。有游客不断刷手机抢票,一些旅行社工作人员蹲点抢票,"手慢无,几乎都是秒售罄";也有游客并不知道需要提前在网上预约买票,到了景区门口才发现没有当日票,"大老远来了,却只能遗憾而归"。

过去三年积压的大量旅游需求集中释放,加上文博热兴起,"黄牛"乘机抢囤票,以及疫情期间预约机制、限流措施的限制是导致门票预约难的主要原因。2023年暑期,在北京、西安、上海、成都等城市,热门景区和博物馆更是一票难求。

预约旅游的发展有迹可循。2019年8月,国务院办公厅发布《关于进一步激发文化和旅游消费潜力的意见》提出,推广景区门票预约制度,合理确定并严格执行最高日接待游

客人数规模。到2022年,5A级国有景区全面实行门票预约制度。

但2023年旅游市场持续回暖,特别是暑期市场火爆,对景区管理和服务提出了更高的要求。一些旅游从业者纷纷呼吁景区调整门票预约制度,增加门票供给。

2023年暑期,文化和旅游部印发《关于进一步提升暑期旅游景区开放管理水平的通知》,要求各地优化预约管理,强化弹性供给,推动旅游景区及时应对市场需求变化,实施科学管理,不搞"一刀切",积极采用新技术、新手段,畅通预约渠道。

原则性和灵活性的平衡

2023年中秋国庆假期,各大景区严格落实"限量、预约、错峰"要求,特别是知名山岳型景区对日游客接待量都有严格的管理。多个景区发出了限流公告并启动预警措施。

最大承载量这个原则性的底线不能触碰,灵活的人性化管理方法也不可或缺。

针对2023年旅游旺季出现的预约难问题。景区从业者普遍认为,要完善预约机制,通过增加预约名额、分时段预约、动态投放门票等形式优化预约系统,让预约机制更加灵活、精细。通过管理优化来释放景区可承载的容量,比如,优化景区重要点位的游览动线,增加景区的开放空间等。根据参观游览的时间对门票预约进行动态调整,比如,当日较早入园的游客离开景区后,门票可以重新投入票池,开放给有候补预约需求的游客。

高质量供给满足新需求

景区接待能力是景区综合素质的反映,景区管理和服务密不可分。中秋国庆假期,黄山景区对于莲花峰、鳌鱼峰等部分狭窄、陡峭路段及时增派执勤力量,视情采取"远端截留、近端疏导、间歇放行"措施,保障游客旅游安全,缓解排队压力,提高通行能力。峨眉山景区处处活跃着"红马甲"的身影,设立老弱病残候车区,解决特殊人群排队难问题。

《若干措施》中还提到,景区应保留人工窗口,在游客量未达到景区最大承载量之前,为运用智能技术困难人群提供购票预约服务。多位景区从业者介绍,尽管预约旅游已成为公众出游的新常态,但景区一般都保留售票窗口,有工作人员为有需要的游客提供服务保障。

《若干措施》中还提到,在旅游旺季,通过延长景区开放时间、增加弹性供给等措施,提升景区接待能力。这也是呼吁景区推出更丰富、更多样化的旅游产品供给。

资料来源:https://finance.sina.com.cn/jjxw/2023-10-24/doc-imzsczhv3773504.shtml。

任务分析

票务工作是景区实现收入的直接环节,其责任重大,一旦发生差错,会对景区、游客及员工产生消极影响。票务服务的工作流程包括售票及验票。

2010年,江苏省镇江市在全国率先创造性提出"智慧旅游"的概念。2014年,国家旅游局将2014年确定为"智慧旅游年"。2015年,国家旅游局印发的《关于促进智慧旅游发展的指导意见》提出,到2016年,建设一批智慧旅游景区、智慧旅游企业和智慧旅游城市,建成国家智慧旅游公共服务网络和平台。2020年11月,文化和旅游部、国家发展改革委等十部门联合印发《关于深化"互联网+旅游"推动旅游业高质量发展的意见》,意见提出要加快建设智慧旅游景区,制定出台智慧旅游景区建设指南和相关要求,明确在线预约预订、分时段预约游览、流量监测监控、科学引导分流、非接触式服务、智能导游导览等建设规范,落实"限量、预约、错峰"要求。到2025年,国家4A级及以上旅游景区、省级及以上旅游度假区基本实现智慧化转型升级。

中国各地景区建设也掀起了"智慧热",体现在售票环节就是建设景区电子门票系统,实现线上线下售票一体化,为游客提供多种购票方式[现场窗口购票、OTA(online travel agency,在线旅行社)购票、微信购票],分散景区售票压力、提升购票效率,为用户提供良好的购票体验。

3.1.1 线上售票

景区线上售票的渠道一般有以下几种方式。

(1) 景区和 OTA 合作,进行分销。例如,与包括携程、去哪儿、同程、途牛、驴妈妈等 OTA 网站进行分销合作。

微课:景区线上售票

(2) 景区选择旅行社、票务公司、OTA 等第三方代理商作为分销商在线销售景区门票。

(3) 景区建设专门的电子商务网站。比如故宫(图 3-1)、乌镇、九寨沟等景区,景区建设的网站除了具有产品预订功能外,更为重要的是提供宣传展示功能、咨询服务以及游客的分享反馈等。

图 3-1 故宫电子商务网站

(4) 景区自主开发移动 App,进行 O2O 营销。如峨眉山旅游、上海迪士尼、深圳世界之窗等,这些 App 上可以实现实时查看景点预计等待时间、娱乐演出时间安排,浏览交互式地图及其他事项。部分景区门口也开设了购票二维码,直接扫一扫就可购票。

(5) 景区设立自助售票终端机。由于人流量的增大,尤其节假日的人流量,给景区管理的票务管理带来严峻的考验,所以,越来越多的景区管理便引入自助售票终端机来代替人工售票,缓解售票压力。

中山陵售票员 11 种门票,10 种证件,1 秒内算清价格

"两个成人票,一个学生票",一名中年男游客拿着钱在明孝陵景区售票处买票,只听这位游客的话音刚落,售票员周建娣就报出了"总共 175 元",反应速度快到一秒不到;然后周建娣又熟练地沾了下湿水海绵,抽出两张明孝陵全票以及一张半价票,递给游客清点,整个过程一分钟都不到。

在这个小小的售票岗位上,工作量却不小,由于景区对不同的人群实行不同的票价政策,比如全日制大学生、研究生等可以享受半价优惠,这就导致门票有全价和半价之分,再加上景点不同,售票员要销售的一共有11种门票。比如,明孝陵景区全价票为70元,半价票为35元;还有明孝陵、灵谷寺、音乐台通票全价为90元;还有旅行社团队票价……由于人群不同,这就需要售票员要鉴别多种证件,包括学生证、研究生证、残疾证、皈依证等,通过比对照片和真人,通过看证件的有效期,才能确定游客是否能享受票价优惠。

周建娣介绍,和银行柜员相比,除了要会清算,辨别各种证件之外,售票员还充当了一个提供咨询的角色,"很多人第一次来中山陵,对中山陵的各种景区也不够了解,所以就会问门票包含了哪些景点",对于周建娣来说,明孝陵门票包括了大金门等景点,可以说是如数家珍,非常娴熟。

3.1.2 窗口售票

1. 售票前准备工作

售票前应做好以下准备工作。

(1) 做好班前工作,按规定着装,佩戴工作牌,仪容整齐,化妆得体。

(2) 查看票房门窗、保险柜、验钞机、话筒等设备是否正常。

(3) 搞好票房内及售票窗外的清洁卫生工作。

(4) 根据前日票房门票的结余数量及当日游客的预测量填写门票申领表,到财务部票库领取当日所需的各种门票,票种、数量点清无误后领出门票。

(5) 根据需要到财务部兑换钱币,保证每日所需的零钞。

(6) 若当日由于特殊原因票价有变,应及时挂出价格牌并明示变动原因。

2. 售票工作流程及注意事项

1) 工作流程

(1) 客人走近窗口,售票员向客人礼貌问候"欢迎光临",并向客人询问需要购买的票数。

微课:景区售验票——优惠票

(2) 售票员根据《门票价格及优惠办法》向客人出售门票,主动向客人解释优惠票价的享受条件,售票时做到热情礼貌、唱收唱付。

(3) 售票结束时,售票员向客人说"谢谢"或"欢迎下次光临"等用语。

(4) 交接班时要认真核对票、款数量,核对门票编号。

2) 注意事项

(1) 向闭园前一小时内购票的游客提醒景区的闭园时间及景区内仍有的主要活动。

(2) 游客购错票或多购票,在售票处办理手续,售票员应根据实际情况办理,并填写退票通知单,以便清点时核对。

(3) 根据游客需要,实事求是地为客人开具售票发票。

(4) 售票过程中,票、款出现差错的,应及时向上一级领导反映,长款上交,短款自补。

(5) 如发现有问题的钞票,应与游客礼貌协商,请其重新换一张。

（6）热情待客，耐心回答客人的提问。游客出现冲动或失礼时，应保持克制态度，不能恶语相向。

（7）耐心听取游客批评，注意收集游客的建议，及时向上一级领导反映。

（8）发现窗口有炒卖门票的现象要及时制止，并报告安保部门。

3）交款及统计

（1）做好每日每月盘点工作，保证账、票、款相符，做到准确无误，并认真填写相应的售票日报表。

（2）结束营业后，将当日售票日报表及钱款交景区财务部门。

（3）做好工作日记，搞好卫生，关闭门窗、保险箱等，切断电源，检查无误后方可下班。

小资料

多地景区探索摆脱"门票依赖"：催生新业态 延伸产业链 提升体验感

2022年以来，福建武夷山、山东崂山、陕西华山、湖南张家界大峡谷和七星山等景区纷纷出台免门票政策，推动旅游市场复苏，提振市场信心和活力。这些探索为旅游业打破"门票经济"、提升旅游产品供给质量提供了思路。

多地推出免门票政策，吸引大量客流

自2022年6月18日免门票政策实施以来，截至2022年9月30日，武夷山主景区已接待游客118.26万人次，较2021年同比增长109.38%。在免门票政策带动下，国庆长假期间，武夷山市旅游市场强劲复苏，累计接待游客23.22万人次，同比增长209.6%；累计实现旅游收入3.02亿元，同比增长265.45%。

自2022年6月1日至12月31日，崂山风景区面向游客实行免景区门票政策。免门票政策实施以来，景区预约火爆，节假日期间更是"一票难求"。

华山景区有关负责人表示，景区于2022年6月1日至6月30日面向全国游客免门票。政策实施后，客流迅速回升。景区进一步将政策延长至7月底，同时将每日最大接待量增加至2万人次，步行登山限流调整为6000人次。免门票的两个月，华山景区接待游客量57.53万人次，占2022年前7个月游客接待量的83%；旅游直接收入约2.1亿元，占2022年前7个月景区旅游直接收入的85%。

加速旅游业高质量转型升级

"多家景区免门票的尝试，为我国传统景区探索旅游业态和经营模式转型升级、摆脱'门票依赖'提供了具体案例。"陕西省社会科学院文化旅游研究中心主任张燕说。

在多位景区负责人和文旅行业从业者看来，景区是否应该实施、如何实施免门票政策，需要经过全面分析和研判。武夷山市文化体育和旅游局局长王晓军表示，武夷山市正在着手研判免门票政策对景区自身运营和周边县市社会经济发展的影响，研究进一步优化免门票政策、调整景区发展思路，从而实现社会效益与经济效益的协同发展。

免门票政策的成本如何消化、能否丰富旅游产品提高游客二次消费欲望等问题成为判断政策实效的关键。

一些景区已经在积极探索。例如，为催生新业态、延伸产业链，华山景区推出数字藏品、文创产品、休闲旅游项目,提升旅游体验感,让游客在山巅之上"变装"大侠、喝华山咖啡、吃文创雪糕;以华山为核心,辐射周边打造康养中心、冰雪世界、潼关古城等多个重点项目,推进旅游与养生、体育、文化等产业深度融合。

此外,多位受访者提出,景区门票政策应公开透明,坚守诚信,防止免门票沦为消费套路。有游客反映,有景区在免门票的同时悄然将旅游车费上调,还有部分景区在免除景区门票后设立"二道门""园中园"等收费项目,引发游客不满。

福州大学经济与管理学院副教授杨宏云分析表示,旅游业往往承担着拉动地方经济发展和塑造地方品牌影响力的作用。让旅游业产生更大的经济效益,需要从整个产业体系中去进一步挖掘潜在价值。未来旅游业要与农业、工业、餐饮业等行业实现深度融合,实现绿色、可持续的高质量发展。

资料来源:https://m.gmw.cn/baijia/2022-10/12/1303170445.html.

3.1.3 验票服务

在景区门禁处,游客排队依次将购买的纸质门票出示给景区工作人员,工作人员根据门票信息核查旅客身份,确认后方可进入景区,如图 3-2 所示。随着信息技术在景区中的应用,部分景区可以实现通过多种验票设备(智能闸机通道、手持验票机、手机验票终端),支持多种验票方式(二维码、指纹、身份证、IC 卡)进行检票,方便游客快速检票入园,避免景区入口通道拥堵,如图 3-3 所示。

微课:智慧验票服务

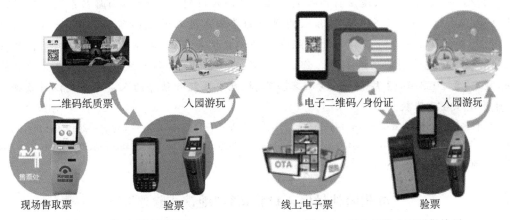

图 3-2　线下现场售检票　　　　图 3-3　线上网络电子票售检票

无论采用哪种方式验票,都要遵守以下工作流程。

1. 验票服务工作流程

(1) 做好班前工作,按规定着装,佩戴工作牌,仪容整齐,妆容得体。

(2) 做好卫生工作,备好导游图,站好位置,精神饱满地做好开园准备。

(3) 游客入闸时,验票员应要求客人人手一票,并认真查验。如设有自动验票机的验票员应监督、帮助游客通过电子验票,当自动验票机出现故障时,应进行人工验票。不得出现漏票、逃票、无票放人的现象。

（4）熟悉旅行团导游、领队带团入园的查验方法及相应入园规定。团队入园参观时，需登记游客人数、来自国家或地区、旅行社名称等信息。另外，为残疾人或老人以及孕期妇女和婴幼儿等提供相应的帮助。

（5）控制客流量，维持出入口秩序，避免出现混乱现象。对持无效门票入园的游客，说明无效的原因，要求游客重新购票。同时对闹事滋事者，应及时礼貌制止、耐心说服，如无法控制的立即报告安保主管。切忌在众多游客面前争执，应引到一边进行处理。

（6）游客提出问题应耐心解答，当游客需要帮助时应予以协助。

（7）下班前打扫卫生，检查各种设备，填写工作日记。

2．验票服务工作难点

（1）识别假票、过期票。有些游客怀有图方便、便宜的心理，在景区附近或网上购买到了假票或过期票，这些门票和真票很相似，增加了验票工作的难度。

（2）无票入园。作为景区验票人员要以身作则，坚决杜绝自己的亲朋好友或其他社会关系人员无票入园。当发现类似事件时，应以景区的规章制度做劝说工作，礼貌地向游客做解释，维护景区形象。

（3）遇到身份特殊的客人，验票工作难度也会增加。

小资料

私自带游客进入青城山景区被行政拘留5日

2023年11月29日，违法行为人毛某在青城山镇白鹤居附近（环山路与东软大道交汇路口）喊客拉客，招揽诱导6名游客未按规定购票方式进入青城山前山景区，并从中获利人民币480元，扰乱青城山前山景区经营秩序。经调查取证，毛某对其喊客拉客、扰乱景区经营秩序的违法事实供认不讳。都江堰市公安局依据《中华人民共和国治安管理处罚法》规定，于2023年12月14日，对喊客拉客、扰乱景区经营秩序的人员毛某处以行政拘留5日并处500元罚款。

资料来源：https：//mp.weixin.qq.com/s?__biz=MzAxOTc1MTEzOA==&mid=2649999816&idx=3&sn=7b3b17d6246e37b501b18d4903d3d8c1&chksm=83c52045b4b2a95343d246da382c6b74ff20d3270aceea0748cd06063b19704e929768c2aa09&scene=27.

苏州园林景区入口将试行"地铁式验票"

在上海坐地铁，一张磁卡方便进出，这种类似地铁出入口的验票机2010年年初将在苏州园林景区入口处"现身"，作为"二维电子门票"率先试点的拙政园、虎丘景区已启动这套电子智能验票门禁系统的安装调试。以后不用手撕票了，入口处常设敞开状态的"验码门"与"指纹按钮"，新式纸质票被系统"验明正身"后即放行，游客因特殊原因需出园然后再入园的只需验证一下自己的指纹即可。据景区工作人员介绍，告别撕票入园，电子门票将是苏州游客入园方式上的一次"革命"，电子门票方便、安全，还便于游客收藏。

能快速识别真伪，是电子门票最安全有效之处。电子智能门票系统样张初稿呈长方形，先进的"二维条码"位于票面下方，是一个由25个黑白相间的小方块拼成的"正方形"，每个小方块均有一个"翻白"或"翻黑"的图形或符号。据介绍,区别于传统条形码,这种"二维码"具有自主知识产权,兼具信息容量大、信息密度高(能同时兼容数字、英文、汉字、指纹、声音和图片)、信息采集速度快、识别纠错能力强等许多优点,误码率仅为千万分之一,而传统一维码误码率则高达2%,"这种二维码即便图案破损程度达到48%,验票机仍能准确识别"。

快速方便是园林电子门票的又一功能。该系统样张初稿正面印有"售票员""有效期""票种名称""票价"等多种信息,同样是纸质票,票面上不含副券,游客入园时将无须检票员手撕,只需轻松一刷。这套电子门票管理系统还具备"多人一票"的功能。比如,一个旅游团10名游客,入园只需购一张票,只要在"票种名称"后注明"团体票"及单价、总价等信息即可。此外,符合半价优惠的游客入园时,也只需购买票种名称为"半价"票,验票机同样能准确识别。景区介绍,电子门票还能缓解入园拥挤,园林景区安装这套智能系统后,遇到黄金周或大型节庆活动游客高峰时,入口处工作人员能同时加用系统配套的"手持检票机"验票,缓解客流压力。

还有一个凭"指纹"二次入园的功能也颇为先进。传统上,检票员撕票后,入园游客如突然需要出园接人或者办急事的话,按有关规定再次入园须重新购买门票。这一被市民称为不合理也不方便的做法,将在"二维电子门票"的逐步推广中解决。在园林景区入口处的配套装置上,设有一个"指纹按钮",每名游客入园时均需留下自己的指纹,"二次入园"时只需重新按一下"指纹按钮",无须重新验票即可入园。

3.1.4 售验票服务与游客流量管理

售验票服务不仅仅是实现景区的旅游收入,还是控制游客流量的一个重要环节。

国家旅游局2017年12月17日发布,2018年5月1日正式实施的《景区游客高峰时段应对规范》中对于景区售验票环节的要求如下。

(1)景区应根据实际需要调整售(检)票窗口数量和售(检)票时间,适当控制游客等候时间。

(2)景区应采取网络预约、电话预约等多种售票方式有效控制景区接待的游客数量和接待时间。

(3)景区宜开设(增设)旅游在线咨询服务,提前发布门票预订(售)、出游提示、游览预警、票价调整等信息。

(4)景区宜采用票务门禁系统、景区一卡通联动系统、景点实时监控系统等技术手段,做好景区游客分布监测。

(5)景区内游客数量达到日最大承载量时,应立即停止售票,向游客发布告示,做好解释和疏导等相关工作。

在旅游旺季时,景区可以通过门票预售来调控景区流量,我国现在有很多景区已经实行了此项措施。如西藏布达拉宫景区(5月1日至10月31日实行门票预订制);甘肃莫高窟实行实名制网络预约参观制度,并执行莫高窟单日游客承载量(6000张/日),旅游旺季期间,应急门票执行单日限额发售制度(12000张/日);九寨沟风景区单日接待游客限量为41000人,景区限网上及手机客户端预订,不接受电话预订,且实行实名制预订。

> **小资料**
>
> **老君山打下欠条:"我欠您一次旅行,十年有效"**
>
> "为表达我们的歉意,我们为您准备了奶茶鸡腿简餐一份,并为您出具一份有效期十年的旅行欠条。"2023年5月1日,洛阳栾川老君山景区因达到最大承载量,许多未预约却慕名而来的游客遭遇限流。为抚慰游客失落的心情,景区在售票处门口为上千游客送上歉意"简餐",并打下一张欠条,上面这样写着:"我欠您一次旅行。凭此欠条可免门票入园一次,有效期十年。"
>
> 为保证良好的游览秩序,老君山景区在五一期间实行入园预约措施,4月29日至5月1日,连续三天入园名额全部约满,老君山景区发出多条"限流提醒",但仍有一些游客未预约直接到达景区却陷入遭遇限流窘迫。
>
> "很多游客没有提前预约,跑了几百公里甚至上千公里来到老君山,到了现场又恰好遇到景区游客高峰需限流,到了景区门口又进不去的心情肯定很不爽。所以,咱更不能让人家心寒,因此临时决定给这些未能入园游客打个欠条,希望他们能够感受到我们满满的诚意,当天发了有993份。"河南省老君山文旅集团副总经理周向毅说。
>
> 老君山景区为游客打下欠条的消息传出后,赢得网友怒赞:"这才是有温情的旅行""唯有真诚最无敌""格局大了,路就宽了""这波操作可以有,这样人性化服务,值得推广"……
>
> 资料来源:https://baijiahao.baidu.com/s?id=1764801579906006153&wfr=spider&for=pc.

任务实施

全班分为若干小组,每组6~8人,根据课堂所讲内容,每个小组自行设计情境进行情境模拟,之后进行讨论,讨论主题:景区售票员的工作职责是什么?售票和验票工作的难点在哪儿?怎样才能为游客提供优质高效的售验票服务?最后由实训教师对学生的讨论结果进行全面评价。

任务3.2 景区排队服务与管理

任务引入

排队服务是景区入口导入服务的一个重要环节,在旅游旺季,景点入口处、景区热点旅游娱乐项目游玩等候处、特色景点摄影处、餐饮场所,甚至在景区内各旅游活动主要场所和旅游集散地的公共厕所门前,都有可能排起长队。如果管理措施不当,会降低游客满意度,损害景区声誉。

任务分析

掌握队列类型,熟悉顾客排队心理;掌握景区排队管理措施。

3.2.1 队列类型

排队现象在景区内随时随处可见。排队现象之所以产生,原因在于服务现场抵达者的数量或服务需求量超过服务系统的处理能力。在不同的旅游景区或景区的不同区域内,根据项目特点、排队区地形及游客规律要采取不同的队形和接待方式。一般队形可分为以下五种。

1. 单列单人行

单列单人行的队形如图 3-4 所示。

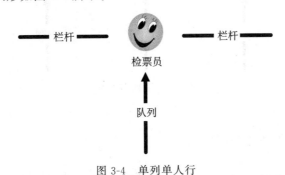

图 3-4 单列单人行

(1) 特点：一名服务员。
(2) 优点：成本低。
(3) 缺点：等候时间难以确定，游客进入景区的视野有障碍。
(4) 改进措施：设置座位或护栏，标明等候时间。

2. 单列多人行

单列多人行的队形如图 3-5 所示。

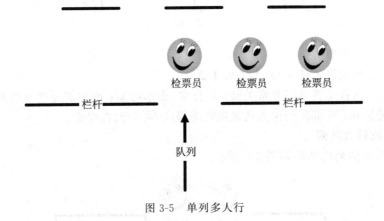

图 3-5 单列多人行

(1) 特点：多名服务员。
(2) 优点：接待速度较快，较适用于游客数集中的场合。
(3) 缺点：人工成本增加，队列后面的人仍然感觉视线较差。
(4) 改进措施：设置座位或护栏，队列从纵向改为横向。

3. 多列多人行

多列多人行的队形如图 3-6 所示。
(1) 特点：多名服务员。
(2) 优点：接待速度较快，视觉进入感缓和，适用于游客流量较大的场合。
(3) 缺点：成本增加，队列速度可能不一。
(4) 改进措施：不设栏杆可以改善游客视觉进入感。

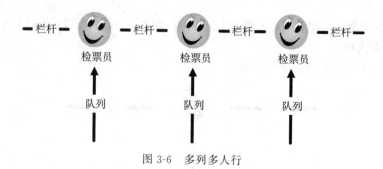

图 3-6 多列多人行

4. 多列单人行

多列单人行的队形如图 3-7 所示。

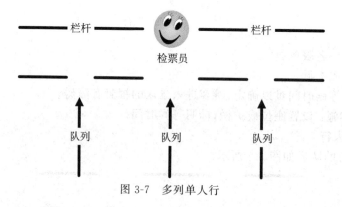

图 3-7 多列单人行

（1）特点：一名服务员。
（2）优点：视觉进入感缓和，人工成本低。
（3）缺点：队首是否排好非常关键；栏杆多，成本增加；游客需要选择进入哪一队列。
（4）改进措施：外部队列位置从纵向改为横向，可以改善视觉。

5. 主题或综合队列

主题或综合队列的队形如图 3-8 所示。

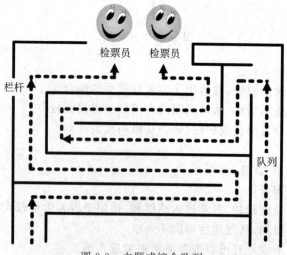

图 3-8 主题或综合队列

(1) 特点：队列迂回曲折，一般为单列队，超过两名服务员。
(2) 优点：视觉及等候时间改善，有信息展示，排队硬件舒适。
(3) 缺点：增加硬件建设成本。
(4) 改进措施：单列变双列。

小资料

深圳欢乐谷主题公园的主题队列让等待不再难熬

深圳欢乐谷主题公园在许多重点游乐项目中都采取了主题队列的接待方式，最典型的是"雪山飞龙"。

Z小朋友再度来到欢乐谷主题公园很兴奋。园区各种各样的游乐项目中，最吸引他的就是"雪山飞龙"。所以，他迫不及待地央求爸爸妈妈赶快带他奔赴"雪山飞龙"景点。

还没到"雪山飞龙"景点，就发现那里是人山人海。好多小游客都是冲着这个主题项目来的，队伍排得很长。爸爸妈妈原本很担心Z小朋友的耐心，要知道，小孩子可是最不喜欢排队等待的，而且，看起来在所有游乐项目的等待队伍中这支队伍是最长的，可令他们意外的是，Z小朋友却出奇的安静，原来，还没有上"雪山飞龙"前，他已经被吸引住了！

"雪山飞龙"的排队区很特别，是一个主题场景，外围是阴森神秘的老宅和古庙，在老宅和古庙之间通过曲折幽暗的通道连接，通道两侧是各种怪异装饰。爸爸和妈妈还没看懂这些装饰是什么，Z小朋友便自告奋勇地做起了介绍："看，这是小红龙！"

"小红龙？小红龙是什么？"爸爸问。

儿子骄傲地说："小红龙是勇敢的小英雄，'雪山飞龙'就是小红龙呀！"

"哦，原来如此。"爸爸果真是第一次听说，"那么和它战斗的这个是什么？"

"那是长麻鬼，是坏蛋！看他们正在做准备呢！"

爸爸妈妈仔细观察起墙壁上的绘画，果然是一幅精彩绝伦的连环画，介绍的是中国西北大山深处"小红龙"与"长麻鬼"殊死搏斗的故事背景。正看着，又听到儿子大声叫唤："爸爸妈妈，快看、快看！开始讲故事了！"抬头一看，果然，VCD中正在放映"小红龙"和"红毛鬼"大战的故事。故事里的形象可爱逼真，故事情节离奇曲折，别说Z小朋友了，就连爸爸妈妈都被它吸引住了！

时间在不知不觉中溜走，老宅、古庙、曲折幽暗的通道、怪异的装饰等景致，以及区内循环播放的故事片，共同营造了神秘和等待大战一刻来临的气氛，使Z小朋友一家在排队过程中不知不觉地进入故事角色，在不断的环境渲染和情感积累后，最终轮到了他们，当乘上"雪山飞龙"后，排队等候过程中积累起来的情绪和期待终于化作红龙大战的痛快体验。Z小朋友的爸爸在结束了游戏后，对这种排队等待大加赞赏："这样的等待恍若幻境，真是太美妙了！"

资料来源：王昆欣.旅游景区服务与管理案例[M].北京：旅游教育出版社，2008.

3.2.2 排队心理

对等待心理的实验主义研究最早可以追溯到1955年。其中，大卫·迈斯特尔在1984年对排队心理作了比较全面的总结和研究,他提出了被广泛认可和采用的等待心理八条原则。在此基础上,M.戴维斯及 J.海尼克在 1994 年和 P.琼斯及 E.佩皮亚特在 1996 年分别对顾客排队等待心理理论又加了两条补充。

(1) 无所事事的等待比有事可干的等待感觉要长。

(2) 过程前、过程后等待的时间比过程中等待的时间感觉要长。

(3) 焦虑使等待看起来比实际时间更长。

(4) 不确定的等待比已知的、有限的等待时间更长。

(5) 没有说明理由的等待比说明理由的等待时间更长。

(6) 不公平的等待比平等的等待时间要长。

(7) 服务的价值越高,人们愿意等待的时间越长。

(8) 单个人等待比许多人一起等待感觉时间要长。

(9) 令人身体不舒适的等待比舒适的等待感觉时间要长。

(10) 不熟悉的等待比熟悉的等待时间要长。

微课:景区排队背后的奇妙心理战术

3.2.3 景区排队管理

了解排队心理之后,景区可以采取措施对游客关于等待的认知施加正面影响。

首先,景区在排队管理时要遵循以下几项原则:①公平性原则,杜绝插队现象;②重要性原则,如果是 VIP 或老主顾,可以考虑单独开辟售票点;③紧迫性原则,如果游客确实有急事,可以考虑优先放行。

在遵循以上原则的基础上,景区可以采取一些具体措施使得游客对排队等待更有耐心。

1. 游前购票排队

随着智慧景区建设的深入,诸多景区采用的智能门禁系统可以实现网上预约、对接互联网支付手段、游客直接用二维码扫码入园(不用排队验票,也不用去售票窗口换取纸质门票)等功能,旅游旺季时还为工作人员配备手持刷卡机,当某个时间段游客人数较多时,增设售票窗口、增开服务通道,让游客快速获得他们所需要的服务。这些措施基本解决了游前购票排队问题。

2. 游时排队

1) 对游客的队列进行科学的管理

不同的景区应根据游客流量、游客集中度、热门参观点、排队项目点、排队区地形等特点采取不同的队形和接待服务方式。例如,丽江玉龙雪山索道,乐山大佛通过九曲栈道到大佛脚下的排队区,由于索道和九曲栈道的瞬时容量的限制、排队游客较多的原因,采用的是单列多人行队列;昆明世博园入口采用多列多人行队列,队列多达 12 条,根据入园游客数量多少,开启部分队列,确保游客不至于在入口滞留。排队服务可在不同的地方根据游客流动规律采取不同的队形和接待方式。

2) 采取措施进行游客分流

例如乐山大佛的栈道,景区特别强化了分时排队制度,每日当售票达到 1.5 万张后,景区将停止出售印有栈道排号的门票,持该票游客仍然可以游览景区,但当日可能无法进入栈道游览。乐山大佛周边的东方佛都、乌尤寺、麻浩崖墓等景区景点,都成了错峰游览的选择。除此之外,景区管委会还在景区部分景点安排了古筝演奏、民俗文化表演等。也可以从游玩开始时就推荐路线将游客错峰排开,不同路线的设计尽量科学排布,避免不同路线的人群在同一时间参观同一景点造成拥挤。再如,深圳世界之窗游玩有默认路线、亲子路线、情侣路线及单身路线。

3)提升游客排队时的体验

由于景区淡旺季的客观存在,超量载客带来的景点排队问题也只能被减轻而无法完全避免。在排队难题客观存在的前提下,景区应把经营改善的重点放到提升游客排队时的体验上。

(1)在游客排队等待时提前播放场景对话和搭建室内环境使游客进入主题角色,把排队本身作为游玩体验的一部分。有些景区会在游客排队时播放3D视频排解游客的枯燥。

(2)可以通过移动终端虚拟出游艺场景辅以问答游戏将游客带入氛围,消解排队疲乏。

(3)积极与游客进行沟通,帮助游客克服在等待中可能产生的焦虑情绪,并尽可能准确告知他们需要等待的时间。例如,必胜客会准确告知顾客等待时间,并关注等待之中的顾客,隔一段时间就会为顾客送上一杯饮料以表示他们没有被忘记。

(4)为游客建立一个舒适的等待环境,使等候时间变得令人愉快。如设置专门的等候区,并将其布置得宁静、素雅,播放舒缓的轻音乐,并将等候区与就餐区隔开,避免直接的刺激。适当时候可赠送游客茶水、小食品等。

(5)在游客等待的时候,为游客提供相关内容的服务。如餐厅内游客等待餐桌时,可以先点菜;在医院就医时,先填写医疗信息表等,都可以在心理上缩短游客的等待时间,同时,这样做也可以增强游客的体验经历。

(6)尽量使游客等待的时候有事可做,并使等待更为轻松有趣。例如,在候车室,可以提供大的电视显示屏幕,游客在等待的时候,可以观看电视节目,帮助他们轻松度过等待的时间。

(7)不直接参与游客服务的员工和资源,避免让游客看到。如果在等待的时候,能够进入他们视线的每个员工都在忙碌的话,游客会更耐心一些。相反,如果看到有些资源闲置在一边,游客会感到不耐烦。

(8)充分利用科学技术,降低队伍的出现率。现在有些企业把排队系统与票务系统高度结合开发出产品,该系统能准确且有效阻拦恶意取号。适用于景区内客流量聚集的景区设施、游乐设施,游客可以实时查看排队详情,支持多种取票方式(现场窗口购票、取号机取号、微信取号),支持多种到号提醒方式(微信推送、短信提醒、电子屏+广播等)。把游客从长时间的枯燥排队中释放出来。让游客获得更好的体验的同时,促进景区的二次消费机会。

乐山大佛景区管委会正式在景区内开展游客凭号排队下栈道现场实践。游客购买门票时,排号机按购票先后顺序自动排出下栈道号段,并将号段和温馨提示宣传卡发给每一位游客。游客购票取号后,凭号排队,依次下栈道观大佛。景区设置了休息区、等候区和排队区,进行分区管理,游客根据现场显示屏和语音提示进入等候区和排队区,验号后在工作人员的引导下有序进入栈道。温馨提示宣传卡上还列出了两条等候游览线路推荐,如此一来，就避免了大量游客长时间排队等待。在等候期间，游客可自行安排其他景点游览，以观赏到景区内更多的景观。

上海迪士尼乐园推出迪士尼快速通行证（FP），可以领取七个热门景点的 FP，帮助游客减少在上海迪士尼乐园景点排队等待的时间，FP 帮助游客预留排队位置。领取 FP 后，游客可先游览主题乐园其他景点，随后在通行证标明的时间段内前往其适用景点。现在用手机在迪士尼 App 上也可以领取 FP。

当来访的游客数量在某个时段超过了景区的接待或管理能力时，游客就会被要求排队等候，当排队等候的时间超过一定限度后，游客会产生烦躁甚至不满情绪，会大大降低景区在游客心中的美誉度，同时也会使游客在本次旅游中得到的旅游体验大打折扣。因此为了不使游客的旅游体验降低质量，管理者必须采取一系列措施对排队进行管理。

小资料

边观影边排队　景区降"躁"很贴心

2023 年 5 月 3 日，一段景区为排队游客放露天电影的视频引发热议。视频中，众多游客正在排队，旁边支起的屏幕上则播放着动画电影。不少网友对此表示肯定。在河南云台山景区，为游客播放电影的工作人员张女士告诉记者，五一假期前，景区就对今年五一期间的客流量进行研判，预计会迎来客流高峰。为了缓解游客排队等待时的焦虑情绪，提前做了一系列准备，其中就包括在景区小寨沟广场免费播放露天电影，还免费邀请游客观看原价 60 元的球幕影院。

此外，在五一期间，景区的一些大屏幕上还会播出游览提醒和相声小品，丰富游客的游览体验。景区还针对五一期间客流量大的情况做了一些物资准备，在景区小吃城附近给游客免费发放方便面、矿泉水和水果等，游客可以有序领取。

资料来源：https://new.qq.com/rain/a/20230503A04IVG00.

任务实施

全班分为若干小组，每组 6～8 人，通过参观当地著名景区，对景区排队管理进行调查研究，分组进行讨论，讨论主题：分析游客等待时的心理状态并讨论采用什么样的手段能做好排队管理。由实训教师对学生的讨论结果进行全面评价。最后要求每个小组完成一份书面实训总结。

任务 3.3　景区游客中心服务与管理

任务引入

乌镇西栅景区游客服务中心设置及提供服务

1. 咨询台

提供景区咨询、叫车、汽车票及飞机票代售、免费资料取阅、住宿信息咨询、公用电话、宠物寄养、VIP接待、旅行社经理资格证、记者证登记、失物查询与登记等服务。

2. 行李房

提供行李寄存及运送服务。

3. 大前台

办理景区住宿登记及退房手续,并出售两日有效联票、VIP门票及会务团门票等服务。

4. 风雨长廊入口

接送部分住宿客人快捷出入景区,以及特殊情况下的应急通道。

5. 望津里咖啡吧

提供咖啡、茶饮及西式简餐的休闲场所。

6. 休息区

提供座椅休息和无线 Wi-Fi。

7. 自助售票机

游客自助购票(只提供全价西栅门票、东西栅联票)。

8. 售票处

提供散客与团队售票服务。

9. 综合窗口

提供协议单位签单、纯玩团队开单及民宿餐饮、增值税发票开具服务。

10. 导游部

提供导游服务、自助语音导览器、无线讲解器、轮椅、拐杖、童车租借及邮寄服务。

11. 检票口

持票检票进入景区。

12. 出入证办理处

提供游客住宿期间出入证办理服务。

13. 宠物房

宠物寄养。

14. 洗手间

设有男女卫生间及无障碍卫生间。

15. 超市

提供乌镇特产、日常用品及饮料零食等。

16. 储物柜

游客自助寄存。

17. 影视厅

播放乌镇景区影像资料。

18. 擦鞋服务

游客自助擦鞋。

19. 饮水机

提供免费饮用水。

20．自助触摸屏

游客自助查询景区吃、住、行、游、购、娱等各类信息。

21．手机加油站

提供紧急充电服务。

22．西栅社区

提供一卡通,居民证办理,商务中心等服务。

23．特色产品展示柜

乌镇特产及旅游纪念品销售展示。

24．IC 卡电话

自助公用电话。

25．ATM

农业银行自动取款机。

26．直饮水

免费饮用水。

27．公交站点

设有抵达乌镇汽车站、桐乡高铁站的公交车及东西栅免费区间车。

28．Wi-Fi

免费无线网络全覆盖。

29．信息显示屏

滚动播出景区门票政策、新业务办理及近期景区活动的介绍。

资料来源：http://www.wuzhen.com.cn/cn/fuwupiaowuzhengche.aspx?cid=105.

任务分析

游客中心是景区为游客提供信息、咨询、游程安排、讲解、教育、休息等旅游设施和服务功能的专门场所,一般位于景区的入口,是景区对外形象展示的主要窗口。游客中心的有无和它所提供的项目以及服务的质量直接影响到游客对景区的印象。游客中心承担了问询和投诉的主要工作。

3.3.1 游客中心

中华人民共和国旅游行业标准《旅游景区游客中心设置与服务规范》于 2011 年 6 月 1 日正式实施,该标准明确规定了游客中心的功能、设施以及提供的服务等,游客中心属于旅游公共服务设施,所提供的服务是公益性的或免费的。

1．游客中心的主要功能

游客中心向游客提供以下服务。

（1）基本游客服务。基本游客服务主要是指免费为游客提供的必要服务,包括厕所、寄存服务、无障碍设施、科普环保书籍和纪念品展示。

（2）旅游咨询服务。为游客提供相关的咨询服务,包括景区及旅游资源介绍、景区形象展示、区域交通信息、游程信息、天气询问、住宿咨询、旅行社服务情况问询及应注意事项提醒。

(3)旅游投诉服务。旅游者向旅游行政管理部门提出的对旅游服务质量不满意的口头或书面上的表示。

(4)旅游管理。对游客中心服务半径范围内的各类旅游事务及游客中心本身进行管理,包括旅游投诉联网受理、定期巡视服务半径范围、紧急救难收容及临时医疗协调,以及设置游客中心服务项目公示牌。

(5)其他游客服务。雨伞租借、手机和摄像(照相)机免费充电、小件物品寄存、失物招领、寻人广播服务;电池、手机充值卡等旅游必需品售卖服务;邮政明信片及邮政投递、纪念币和纪念戳服务;公用电话服务,具备国际、国内直拨功能,移动信号全覆盖,信号清晰;有条件的,提供医疗救护服务,设立医务室,配专职医护人员,备常用药品、氧气袋、急救箱和急救担架。

2. 游客中心服务与设施

(1)咨询设施。游客中心应配备咨询台和咨询人员,提供景区的全景导览图、游程线路图、宣传资料和景区活动预告及景区周边的交通图和游览图。游客中心应设置电子触摸屏和影视设备,介绍景区资源、游览线路、游览活动、天气预报,并提供网络服务,有条件的宜建立网上虚拟景区游览系统。

(2)展示宣传设施。游客中心应设置资料展示台、架,展示景区形象的资料和具有地方特色的产品、纪念品、科普环保书籍,展示架所展示的资料应进行分类摆放,有明显的标志或文字。在咨询台的背面墙上应设置所在景区的照片或招贴画,并配合当地旅游活动不断更换。可在室内显著位置或建筑物外墙设置区域地图或旅游示意图,并保持所展示的图件内容准确,查阅方便。有条件的游客中心可于室内显著位置或建筑物外墙放置循环播放影视资料设备。

(3)休息设施。游客中心应设置游客休息区,面积及座椅数量适当,应能够满足高峰期游人的短暂休息需求。应注重休息区氛围的营造,与周边功能区要有缓冲或隔离,要求安静、视野开阔。室内应有适当盆景、盆花或其他装饰品摆放。应提供饮水设施。

(4)特殊人群服务设施。游客中心应提供轮椅、婴儿车、拐杖等辅助代步工具或器械。

3. 游客中心选址与建筑

(1)游客中心选址应与已批复的景区总体规划协调,不破坏景区景观。

游客中心应设置在能直接进入主要景区、地质稳定、地势平坦、便于接入基础设施的地区。

(2)游客中心建筑可独立设置,也可与其他建筑合设,但应拥有独立的单元和出入口。游客中心建筑应符合景区主题。建筑外观(造型、色调、材质等)应突出地方特色,并与所在地域的自然和历史环境相协调。游客中心建筑应有醒目的标识和名称,建筑物附近200米范围宜设置游客中心的引导路标。

3.3.2 咨询服务

咨询服务是景区产品销售的配套服务,是一种免费服务。向游客提供咨询服务是景区每一个员工应尽的职责,但专职为游客提供

微课:智慧咨询服务

咨询服务的主要是游客中心。景区员工应将游客的每次咨询都看作是一次产品推销、增加景区收入的机会，而不能将其视为一种麻烦。有时游客也会问及景区之外的一些情况，员工都应详细解答。对于咨询服务，无论是当面接受咨询，还是电话接受咨询，都应掌握基本的工作要点。

1. 咨询员的设立

（1）咨询员应热爱游客服务工作，责任心强，熟练掌握工作范围所要求的相关知识，熟练使用游客中心的办公设备。

（2）大型游客中心应配备四名以上咨询员，并保证有三名咨询员同时在岗进行旅游咨询工作，应提供普通话、英语或当地方言等语言服务。

（3）中型游客中心应配备三名以上咨询员，并保证有两名咨询员同时在岗进行旅游咨询工作，应提供普通话语言服务。

（4）小型游客中心应配备两名以上咨询员，并保证有一名咨询员在岗进行旅游咨询工作，应提供普通话语言服务。

（5）咨询服务人员应做好游客中心的卫生清洁和维护工作。

（6）可建立相应机制，吸纳签约志愿者提供咨询服务。

2. 咨询员服务的内容

（1）回答游客提出的有关旅行和旅游活动的问询。

（2）应游客要求提供有关旅行和旅游等方面的建议。

（3）为游客提供与旅行、游览等方面有关的信息资料，包括当地地图、导游图及景点介绍等。

（4）接受游客投诉并负责及时向相关部门转达。

（5）接受旅游救助请求并协助相关部门进行旅游紧急救助活动。

（6）为游客提供反映景区特色的纪念品和书籍。

 小资料

是接线员良好的服务态度吸引了我

国庆黄金周马上就要来了，忙碌了半年的小张想找个景区放松休闲一下，网友给他提供了几个景区的咨询电话。于是他拨打了几个景区的电话，其中一个景区的服务电话铃响三声后传来了服务人员甜美的声音："您好，这里是××景区，很高兴能为您服务。"小张听到后心里略有些温暖，马上把刚才的问题重新问了一遍。服务人员回答："对不起，我们这里黄金周期间没有优惠活动。但是黄金周期间我们景区有许多新的活动项目会对游客开放，晚上还有歌舞联谊会，门票的价格不会上涨。""是吗，那住宿紧不紧张？""有些紧张，但您打算几号来？""什么意思？"小张问。"如果是3号来我们的接待住宿中心还有一个标间，如果是2号之前来就没有房间了。""好啊，我3号来也没关系的。"小张想了想说。"那我帮您把3号的房间订下来吧？""好的，谢谢。""请您把您的联系方式告诉我，如果您改变了主意也请您提前打电话告诉我，好吗？""好的，没问题。"小张愉快地把联系方式告诉了对方。放下电话，小张看看剩下的几个景区，心想没必要再打电话了，因为他相信这个景区的服务肯定是好的,他想要的就是一个良好的服务环境,可以让自己尽情放松的环境。

事实上经过亲身体验也的确如此。

资料来源:王昆欣.旅游景区服务与管理案例[M].北京:旅游教育出版社,2008.

3. 游客中心咨询服务的要求

(1)咨询服务人员在工作时间应统一着装,佩戴统一的徽标胸牌,仪态端庄、举止文明,工作期间精神饱满,工作过程中用语清晰规范,态度热情亲切。

(2)咨询服务人员做好游客中心的卫生清洁和维护工作。

(3)阅读工作日志。把前一天的工作日志浏览一遍,了解相关问题的处理情况,做到心中有数。

(4)了解景区的最新动态。作为咨询服务人员,在工作前最基本的是要了解景区内将要开展的活动时间、内容、参加方法等,及时向游客提供最新的景区活动安排以及其他相关信息。

(5)接受游客咨询。

① 接受游客咨询时,应面带微笑,且双目平视对方,全神贯注,集中精力,以示尊重与诚意,专心倾听,不可三心二意。

② 咨询服务人员应有较高的旅游综合知识,对游客关于本地及周边区域景区情况的询问,要提供耐心、详细的答复和游览指导。

③ 答复游客的问询时,应做到有问必答,用词得当,简洁明了。

④ 接待游客时,应谈吐得体,不得敷衍了事,言谈不可偏激,避免有夸张论调。

⑤ 接听电话应首先报上姓名或景区名称,回答电话咨询时要热情、亲切、耐心、礼貌,要使用敬语。

⑥ 如遇暂时无法解答的问题,应向游客说明,并表示歉意,不能简单地说"我不知道"之类的用语。

⑦ 通话完毕,互道再见并确认对方先收线后再挂断电话。

3.3.3 投诉处理服务

处理游客投诉与抱怨管理是景区管理中的一个重要内容,许多景区都在努力减少顾客的投诉。其实,景区应该欢迎游客投诉,这是消除他们不满的机会。投诉的顾客如果给予了企业弥补的机会,他们极有可能下次还会光顾。顾客的投诉是景区珍贵的资源,是重建景区质量和服务的基石,是景区寻找新的市场需求点的最好机会。

小资料

张家界武陵源:核心景区里的"枫桥经验"

党的二十大报告提出,要在社会基层坚持和发展新时代"枫桥经验",完善正确处理新形势下人民内部矛盾机制,及时把矛盾纠纷化解在基层、化解在萌芽状态。

武陵源核心景区将新时代"枫桥经验"洒在景区的每一个角落。"小矛盾不出景点,大矛盾不出景区,疑难复杂矛盾不出区"。

作为张家界旅游发源地和主阵地,6万常住人口的小城武陵源区,却拥有最高超3000万人次的游客接待量。随着旅游产业经济的步伐,武陵源一边探索一边发展,维护旅游领域的稳定,做好游客服务,让3000万游客安心而来,满意而归,成为武陵源必须面对和解决的重大课题。

突出"以游客为中心"主线,沿着三大调解优势互补、各部门合力攻坚旅游服务纠纷化解的工作思路,小城呕心沥血,竭力维护旅游经济的健康持续发展。

以游客为中心,人民调解挺在前

2013年成立的武陵源区旅游纠纷人民调解委员会始终践行着"以游客为中心"的宗旨。16名由退休政法干部、景区企业员工、法律服务志愿者组成的专(兼)职调解员队伍,按照"7×24小时"的工作模式,以2人为1小组,3小组轮流值守,确保游客在旅游过程中产生的纠纷及时妥善处理。近年来,调委会共调解纠纷200余起,为游客挽回经济损失100余万元,调解成功率、满意率均达100%,受到广大游客的称赞与认可。

同时,旅调委还结合景区网格化治理工作,为每个景区(点)配备1名网格员。让网格员的日常摸排成为维护景区和谐稳定的有力武器。

以游客为中心,行政调解守在前

通过"平安满意在武陵源"办公室牵头,由文旅、张管局、景区派出所、景区综合执法大队及"铁腕治旅"相关单位共同协作,形成"1+4+N"联合工作机制,提高全区旅游秩序的监管水平。

依托"1+N+15分钟"维权服务圈,打造便利快速的旅游消费纠纷化解机制。以线上接诉平台为依托,构建接诉平台、市场监督管理所、消费维权服务站纵向三级联动快速处理网络;协同公安、文旅、司法、景区综合执法大队等N个部门横向维权服务网络,实现15分钟内到达处诉现场的目标。在全国景区旅游购物行业首推"三十天无理由退货制度",给予游客冲动购物"后悔权",打造安全、放心、诚信购物环境。

以游客为中心,司法调解裁在前

2007年,武陵源区人民法院在全国首创了旅游速裁法庭,坚持"效率上快、程序上简、收费上免、方式上调"的原则,建立电话、接访、上门、巡回等多种途径的立案机制,打造咨询、起诉、立案、调处、执行一站式办案机制,实行24小时全天候值班制度。近3年来,旅游速裁法庭共受理旅游纠纷105件。2017年,旅游速裁法庭依托微信公众平台开通网上旅游速裁法庭,成立微信调解室,10名优秀法官24小时在线受理游客纠纷。游客可以直接通过微信平台在线调解,在线兑现,通过网上调解、网上支付,改变了过去游客必须停留在景区调处纠纷的状况,既不耽误游客的行程,也能解决旅游途中的实际问题。在线旅游速裁法庭自建立以来,线上共受理案件189件,结案率、满意率均达100%。

核心景区里的"枫桥经验",奏出了为民最强音,全力打造了平安景区的"新枫貌"。

资料来源:https://www.hnzf.gov.cn/content/646748/96/12529533.html。

面对游客的投诉,景区首先要了解游客投诉的原因和类型;其次要对游客投诉的原因和心理进行分析；最后要采取合适的处理方法。良好的处理方法将会消除游客对景区的不满，甚至会让游客获得意外的惊喜，从而提高景区在游客心目中的美誉度。

1. 投诉的原因

1）景区原因造成的投诉

（1）有关设备设施的投诉。投诉内容主要包括游乐设备运行的故障，供电、供水、供暖、通信系统、室内空调等。减少这种投诉，一方面要定期对景区的设施设备进行检查；另一方面要注意设施设备的保养、维护工作。

（2）有关服务质量的投诉。关于服务质量的投诉，内容较为广泛。如员工业务不熟练、服务效率低、门票价不符实、餐饮质量差、交通不便利、景区环境脏乱差等。减少这种投诉，一方面需要提高员工素质；另一方面需要景区修炼"内功"，提升自己的管理水平。

（3）有关服务态度的投诉。此类投诉主要是指服务人员的态度不佳，如语言不文明或生硬、冷冰冰的面孔、嘲笑戏弄游客、过分热情或不负责任的答复等。减少这种投诉，需加强对员工的培训。

（4）对异常事件的投诉。如不慎摔伤、财物被盗、游客意外死亡等。此类事件对景区影响很大。减少此类投诉，景区要在做好安全防范的基础上，掌握危机处理的能力。

2）游客原因造成的投诉

（1）预期与服务的差异。现代服务理论认为，服务传输的过程中存在五种差距：消费者的预期与管理者看法之间的差距，管理者的看法与服务质量指标之间的差距，服务质量指标与实际提供服务之间的差距，实际提供服务与外部沟通之间的差距，预期的服务与实际提供的服务之间的差距。如果游客对景区抱有过高的期望，或者游客对规定的理解与景区不一致等，都可能引发投诉。减少此种投诉，景区只有缩减这些差距。

（2）希望通过投诉满足苛求。有些旅游经验丰富的游客投诉经验非常丰富，熟知旅游企业的弱点及相关的法律规定，利用景区管理与服务中存在的不足和景区不愿把不良影响扩大的顾忌，试图通过投诉使得景区做出较大让步，答应他们苛刻的折扣要求。

（3）心情不佳，借题发挥。

2. 游客投诉处理的基本原则

（1）真心诚意解决问题。要以"换位思考"的方式去理解投诉游客的心情和处境，满怀诚意地帮助游客解决问题，严禁拒绝受理或发生与游客争吵现象。

（2）不可与游客争辩。接待投诉者时，要注意礼仪礼貌，本着"实事求是"的原则，不能与游客争强好胜、与游客争辩，要给游客申诉或解释的机会。

（3）维护景区利益不受损害。接待投诉者时，既要尊重游客的意见，不能一味推诿责任，又要维护景区的利益，不能一味退让。

3. 游客投诉的心理分析

（1）求尊重。游客求尊重的心理每时每刻都是存在的。当游客受到怠慢时就可能发起投诉，投诉就是为了找回尊严。

（2）求平衡。游客在遇到令他们感到烦恼的事情时，感到心理不平衡，觉得窝火，认为自己受了不公正的待遇。因此，他们可能就会找到有关部门，利用投诉的方式把心里的怨气发泄出来，以求得心理上的平衡。

(3) 求补偿。在旅游服务过程中,如果由于旅游工作者的职务性行为或景区未能履行合同,给旅游者造成物质上的损失或精神上的伤害,他们就可能利用投诉的方式来要求有关部门给予物质上的补偿,这也是一种正常的、普遍的心理现象。

小资料

景区全新联动模式让游客"投诉有门"

2015年5月1日,由凤凰山管理处在南山路雷峰塔窗口创立了"凤凰岗",这里属于西湖南线的交通要道,也是西湖边人流量较大的聚集地之一。而正是这小小一个占地仅有10平方米的方寸之地,不仅为市民、游客提供热水、创可贴、针线、免费阅读、免费上网、母婴室、AED除颤急救等便民服务,还提供失物找回、寻找走失亲人、投诉商家或出租车等执法管理功能,更是在即时处置信访、维护景区稳定、暖心服务游客等发面发挥着沟通桥梁纽带与综合执法服务的多重作用。

2018年,"凤凰岗"升级成为凤凰岗综合服务平台,集合交警、运管、公安、城管、市政市容、属地等六大部门的力量。升级后,这些部门之间的联动更加紧密,在处理的过程中也更加迅速、便捷、高效,市民、游客的诉求一般当场就可以解决,这就为投诉不升级打下了坚实的基础。

截至2021年11月10日,雷峰塔区域9年间共接到"信访件"40件,其中:2013—2015年共接到投诉15起,主要反馈野导和保安态度等管理方面的问题;2016—2018年共接到投诉13起,管理方面的问题大大减少,停车场8:00前对市民开放等民生类建设性意见增加,另有咨询1起,表扬1起;2019年至今,接到投诉9起,管理方面的问题投诉仅有2起,民生类建设性意见居多,另有表扬1起。

通过这些数据,可以明显看到该区域的投诉率在逐年下降,而且对管理方面的投诉有非常明显的下降趋势;同样的,该区域接到的民生类建设性意见在逐年上升。这也从侧面反映出市民、游客对旅游体验感的关注率在逐渐上升,对景区的期望值也在逐步增加。这就要求景区的工作人员,要付出更多的努力、更多的时间和精力去做好景区管理和服务工作。

资料来源:https://baijiahao.baidu.com/s?id=1716111056307690448&wfr=spider&for=pc。

4. 游客投诉的处理方法

(1) 倾听。给游客发泄的机会,游客投诉时,他的目的只有两个:一是把自己的不满说出来;二是希望问题得到解决。此时有的游客一般是不理智的,只有当他发泄完才可能听进去别人的话,因此,接待投诉者时,要保持沉默,要用眼神和语言与游客沟通,使其意识到投诉接待员正在认真地听他们说。

(2) 道歉。并不是只有景区出了差错时才需要道歉,只要游客在景区有了不愉快的经历,投诉接待员就应该道歉。道歉时要发自内心,体现一种真诚,同时要对游客表示安抚和同情,这样有助于将投诉者的注意力引向解决问题而不是拘泥于事件的细节和令人沮丧的情绪。

(3) 了解情况。了解情况可以采用两种基本方法:一是重复游客所遇到的问题,确认无误后进行记录;二是通过提问的方式收集游客忽略或省略的一些重要信息,使游客投诉的问题更加完整。

(4)按规定解决,选择解决办法。明确游客的问题,要根据景区的实际情况客观对待问题,有时可以给予顾客补偿性服务,弥补游客的损失。

(5)征求意见。解决方案必须双方协商、认可后才能执行,在这个过程中要充分尊重游客的意见,但也要维护景区自身的利益。

(6)跟踪服务。可通过电话、信函、电子邮件等向游客进一步了解景区的解决方案是否有效,是否还有其他问题,如果有不尽如人意的地方要继续改进。

小资料

如果你是小王,你会怎么做

"五一"黄金周期间,某主题公园为了吸引游客搞了很多表演活动。一天,接待部小王接到了一个游客的投诉电话,双方对话如下。

游客(激动、愤怒的):你们景区太差劲了,有哪些活动我们游客都不清楚。我回到家以后听人家说才知道,好多表演我都没看上……

小王(被对方情绪感染):是吗?我们在入口处有一块大的广告牌,上面有很多活动介绍和时间表,你没看到吗?

游客(嗓门更大):我怎么知道?你们又没有跟我说。我们大老远赶来,花了那么多钱买门票进去,结果光看到人多,其他什么都没看到……

小王(据理力争):那你当初怎么不问问呢?我们一天要接待好几万游客,总不能一个一个地说吧。

游客(更加愤怒):好的,好的,你们就这个态度,我会去告你们的。

小王:那我们也没办法。

资料来源:姜若愚.旅游景区服务与管理[M].大连:东北财经大学出版社,2011.

任务实施

全班分为若干小组,每组6~8人,通过寻找具有代表性的案例,对景区咨询和投诉服务进行研究,并且分组进行讨论,讨论主题:景区如何正确看待游客的投诉;投诉处理的步骤是什么。由实训教师对学生的讨论结果进行全面的评价。最后要求每个小组完成一份书面实训总结。

任务3.4 景区解说服务与管理

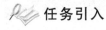任务引入

旅游解说的概念

中国台湾朝阳科技大学吴忠宏博士认为,解说是一种信息传递的服务,目的在于告知

及取悦旅游者并阐释现象背后所代表之含义,借着提供相关的资讯来满足每一个人的需求与好奇,同时又不偏离中心主题,期望能激励旅游者对所描述的事物产生新的见解与热忱。吴忠宏对"解说"的解释是一种信息的传递服务。

世界旅游组织(1997年)认为,解说系统是旅游景区诸要素中十分重要的组成部分,是旅游景区的教育功能、服务功能、使用功能得以发挥的必要基础,是管理者管理游客的手段之一。这一定义突出了解说系统的重要性及功能特征。

吴忠宏认为,解说系统就是运用某种媒体和表达方式,使特定信息传播并到达信息接受者中间,帮助信息接受者了解相关事物的性质和特点,以达到服务和教育的基本功能。

任务分析

景区解说是指利用多种媒介传达景区的各种自然或文化信息的教育活动,旨在促进旅游者和广大公众对自然的认识和对文化的体验。景区解说是为了实现旅游者、旅游景区、旅游经营者、旅游管理者等和各种媒介之间的有效沟通而进行的信息传播行为。对旅游者而言,通过解说,可增强对景区自然景观的理解与欣赏,对人文景观的感受和体验,从而达到开阔眼界、增长知识、增强体验等目的。

3.4.1 景区解说服务的功能

一个完整的景区解说系统应该具有以下功能。

(1) 提供基本信息和导向服务。以简单的、多样的方式给旅游者提供服务方面的信息,使他们有安全、愉悦的感受。

(2) 帮助旅游者了解并欣赏景区的资源及价值。向游客提供多种解说服务,使其较深入地了解旅游区的资源价值、公园与周围地区的关系,以及旅游区在整个国家公园系统中的地位和意义。

(3) 加强旅游资源和设施的保护。通过解说系统的解释和帮助,使旅游者在接触和享受旅游区资源的同时,也能做到不对资源或设施造成过度利用或破坏,并鼓励旅游者与可能的破坏、损坏行为做斗争。

(4) 鼓励游客参与景区管理、提高与景区有关的游憩技能。为旅游者安排各种实践活动,在解说系统的引导和帮助下,鼓励游客参加旅游区适当的管理、建设、再造等活动。学习在旅游区内参与各种运动及游憩活动所必需的技能,如滑雪、户外生存、登山等技能。

(5) 提供一种对话途径,达成游客、社区居民、旅游管理者相互间的理解和支持,实现旅游目的地的良好运行。

(6) 教育功能。向有兴趣的旅游者及教育机构提供必要的解说服务,使其对旅游区的资源及其价值、它的科学和艺术价值等有较深刻的理解,充分显示旅游的户外教育功能。

需要注意的是,不同类型的景区其解说功能的重点也有所差别。

3.4.2 景区解说服务的类型

1. 自导式解说服务

自导式解说服务是由书面材料、标准公共信息图形符号、语音等无生命设施、设备向游客提供静态的、被动的信息服务,对散客旅游者来说显得尤为重要。它的形式多样,主要包括以下几种。

(1)标识牌。在自导式解说服务中标识牌是最主要的表达方式。牌示大多属于引导标志,按照其内容可以分为介绍、警示、引导、公共信息、说明。

(2)信息资料。景区内信息资料的种类比较多,从大类讲有静态和动态两类:静态宣传资料包括导游图、交通图、导游手册、景区服务指南、风光图片、书籍、画册等,以及有关新开发的旅游产品、专项旅游活动的宣传品、广告、招贴以及旅游纪念品等。动态宣传资料包括电影片、录像片、电视片、光盘、广播宣传等音像制品,形式多样,内容直观生动活泼,携带方便,具有较高的旅游参考价值和宣传价值。

(3)现代方式。主要由语音导游、电子导游、景区网站、高科技制作的动态展示、多媒体展示等。

游客获取自导式解说服务所提供的信息没有时间上的限制,他们可以根据自己的爱好、兴趣和体力自由决定获取信息的时间长短和进入深度。但自导式解说是一种单向性的信息传播方式,而且信息量有限,不能提供灵活的个性化服务,其设施容易受到自然的和人为的破坏。

2. 向导式解说服务

向导式解说服务以具有能动性的专门人员向旅游者进行主动的、动态的信息传导为主要表达方式,向导式解说服务一般由景区的讲解员(也称景区导游员)完成。向导式解说最大的特点是双向沟通,能够回答游客提出的各种各样的问题,可以因人而异提供个性化服务。导游员可以通过巧妙地运用语言艺术、情感互动、讲解技巧激发游客的参观游览兴趣,从而使游客以愉快的心情和投入的心态去欣赏自然和人文美,获得体验的快乐。此外,现场参观游览的情况是千变万化的,游客的个性化需求也是复杂多样的,这些工作都只有活生生的导游员可以胜任。

小资料

沈阳故宫博物院着力打造智慧旅游景区

2017年,沈阳故宫博物院将传统参观模式与现代化智能手段相结合,进一步提高了服务水平,增强了游客参观的体验满意度。

沈阳故宫博物院官方网站完成了升级建设,手机网站、App(客户端)和微信公众平台也已经制作完成并开通。网络用户可以浏览博物馆历史沿革、藏品图片、展览专题、古建筑介绍、清文化演出视频、古建筑内景360°实景展示等栏目,通过手机网站等功能实现了一键联络、一键定位、一键分享的功能。

沈阳故宫博物院二维码导览项目已正式投入使用。游客参观过程中,只需通过手机对二维码进行扫描式无线导览讲解机讲解,参观团队成员带着并访问对应的网址,就能查看到该建筑相对应的文字资料、图片资料,并听到相关语音讲解。沈阳故宫博物院还配备了10台发射器和200个无线耳机,打造团队数字导览讲解系统。讲解员用数字接收机在50米内任意走动,游客都能听清讲解员的讲解,提高了游客的游览质量。

沈阳故宫博物院数字化展厅包括全息投影、裸眼 3D、嵌入式触摸屏三项主要功能。"全息投影"技术利用干涉和衍射原理记录并再现物体真实的三维图像,产生文物立体的空中幻象,营造亦幻亦真的氛围,增强游客体验感。"裸眼 3D"技术,能够给观众带来巨大的视觉享受和体验。"嵌入式触摸屏",观众可以跟着虚拟导游参观博物馆,用电子触摸屏欣赏逼真的文物三维模型。

沈阳故宫博物院还通过引入数字多媒体技术建设独具故宫特色的"特效立体影院",并依据清史进行原创 3D 科学动画电影的开发,引领沈阳故宫博物院进入数字多媒体时代,随着影院落成和故宫题材科学动画电影的不断开发,影院还将成为景区大众数字科普教育和清史文化交流舞台。

沈阳故宫博物院通过 Wi-Fi 覆盖及光纤通信设备铺设施工项目,对沈阳故宫博物院内观众集聚地和公共区域所有景点实行 Wi-Fi 无缝隙全面覆盖。

沈阳故宫博物院还将进一步提升景区智慧化程度,打造沈阳故宫博物院智能化导览系统。深入挖掘和拓展沈阳故宫博物院文物蕴含的文化历史、科学艺术价值和时代精神,将互联网的创新成果与沈阳故宫博物院文化的传承、创新与发展深度融合,实现"互联网＋展览"的多平台沉浸式体验,使观众足不出户,就可通过互联网对文物进行三维旋转、放大缩小等把玩体验,结合语音讲解、图文说明等功能,对文物进行全方位展示。

资料来源:http://www.sohu.com/a/137402221_349299。

3.4.3　景区自导式解说服务

自导式解说服务一般由游客中心、标志牌解说、信息资料解说、现代方式等构成。

1. 游客中心

游客中心一般设在景区的入口,一般可以提供导游图、各种宣传资料、电子触摸屏、沙盘模型、影像资料等多样化的解说服务。

2. 标志牌解说

标志牌的内容通常由图标、符号、文字语言三部分组成,2014 年 7 月,正式实施的国家标准《旅游景区公共信息导向系统设置规范》(GB/T 31384—2024)明确规定了景区公共信息导向系统(以下简称导向系统)构成及各子系统的设置原则,并针对导向系统中各类导向要素给出了具体设计要求,明确了周边导入系统、游览导向系统、导出系统三个子系统的关键节点及各关键节点处需设置的导向要素的类型、提供的信息及设置方式。示例如图 3-9 所示。

(a) 恰当

(b) 不恰当

图 3-9　月亮河度假村标志牌

3. 信息资料解说

信息资料包括导游图、交通图、导游手册、景区服务指南、风光图片、书籍、画册等，以及有关新开发的旅游产品、专项旅游活动的宣传品、广告、招贴以及旅游纪念品、电影片、录像片、电视片、光盘、广播宣传等音像制品。

4. 现代方式

现代方式主要包括语音导游、电子导游、景区网站、高科技制作的动态展示、多媒体展示等。随着现代技术在景区的应用，现在有多种方式可以用于散客导览和个人自助导览，主要介绍以下几种。

（1）点触导览机。专为展品较为集中的画展、陈列馆等所设计，解决近距离的自动感应干扰问题。点触导览机包括无源标签卡和点触导览主机，游客携带导游机进入景区或展馆，无论到达的时间先后，也无论所选语言是否相同，只需轻轻点触标签卡即能确定解说内容；游客可以根据自己的需要选择自己习惯的语言。

（2）耳挂式或便携式自动感应机。在布有发射器点的区域感应到信号，即可播放预先录制好的音频，无须任何操作。每个游客进入景点都能从头听到该景点的解说词，而不是采用随到随听的集中循环广播方式。

（3）数字点播导览机。游客输入讲解点编号，即可播放预先录制好的音频；可配合团队讲解设备，实现音频播放讲解、多语种讲解的团队导览。

（4）二维码扫描讲解。在需讲解的展品、展区，预置二维码标签，参观者持智能终端，启动二维码扫描，即可播放预先录制好的文字、图片、音频和视频等多媒体资料。

（5）手机语音导游导览。它是基于GPS定位景区导游系统，游客可以从进入景区开始，选择感兴趣的游览线路，沿途可以随时通过手机定位，通过地图找到自己所处的景点位置，聆听所处的景点介绍。除此之外，语音导游手机客户端还具备各类景区资讯、服务设施、导游图和位置签到、活动发起、信息对话等多项功能。

一些软件小应用也具备此项功能，如高德地图中智慧景区服务，它和多个景区达成了合作协议，可以实现移动地图、明星导游、实时信息、人流调度等多个功能，可以彻底解决游客在景区最容易遇到的迷路、拥堵、排队、找不到停车场、洗手间等问题。

3.4.4 景区向导式解说服务

1. 景区讲解员的基本素质要求

2011年6月起实施的《旅游景区讲解服务规范》中对讲解员的一般要求如下。

微课：故宫智慧导览

1）思想品德

思想品德应符合：

（1）时时注意维护国家和民族尊严；

（2）努力学习掌握并模范遵守国家与地方的有关法律、法规；

（3）遵守社会公德，爱护公共财物；

（4）尊重民族传统，尊重游客的风俗习惯和宗教信仰；

（5）对待游客谦虚有礼、朴实大方、热情友好，尤其注意对老、幼、病、残、孕等弱势群体的关照，并且努力维护游客的合法权益；

（6）热爱本职工作，忠于职守；

(7) 增强服务意识,不断提高自己的业务能力;
(8) 不得以暗示或其他方式引导游客为讲解员本人或相关群体非法谋取荣誉或物质利益。
2) 体质与基本从业能力
体质与基本从业能力应符合:
(1) 身体健康,无传染性疾病;
(2) 能够使用普通话(或民族语言,或外语)进行景区内容的讲解,有较强的语言表达能力(做到口齿清楚,发音准确,表达逻辑清楚,用语礼貌自然),并努力实现语言的适度生动;
(3) 具有相应的文化素养和较为广博的知识,并努力学习和把握与讲解内容有关的政治、经济、历史、地理、法律、法规、政策,熟悉相关的自然和人文知识及风土习俗,从而将其运用于讲解工作;
(4) 具有相应的应变能力和组织协调能力。

2. 景区讲解员的服务准备

1) 知识准备
(1) 熟悉并掌握本景区讲解内容所需的情况和知识:基于景区的差异,可分别包括自然科学知识,历史和文化遗产知识,建筑与园林艺术知识,宗教知识,文学、美术、音乐、戏曲、舞蹈知识等;以及必要时与国内外同类景区内容对比的文化知识。
(2) 基于游客对讲解的时间长度、认知深度的不同要求,讲解员应对讲解内容做好两种或两种以上讲解方案的准备,以适应旅游团队或个体的不同需要。
(3) 预先了解游客所在地区或国家的宗教信仰、风俗习惯,了解客人的禁忌,以便能够实现礼貌待客。

2) 接待前的准备
(1) 接待游客前,讲解员要认真查阅核实所接待团队或贵宾的接待计划及相关资料,熟悉该群体或个体的总体情况,如停留时间、游程安排、有无特殊要求等诸多细节,以使自己的讲解更有针对性。
(2) 对于临时接待的团队或散客,讲解员同样也应注意了解客人的有关情况,一般应包括游客主体的来源、职业、文化程度以及其停留时间、游程安排、有无特殊要求等,以便使自己的讲解更能符合游客的需要。

3. 景区讲解活动的要求

1) 接待开始时的服务要求
(1) 代表本景区对游客表示欢迎。
(2) 介绍本人姓名及所属单位。
(3) 表达景区对提供服务的诚挚意愿。
(4) 了解游客的旅游需求。
(5) 表达希望游客对讲解工作给予支持配合的意愿。
(6) 预祝游客旅游愉快。

2) 游览前的讲解服务要求
(1) 应向游客介绍本景区的简要情况,尤其是景区的背景、价值和特色。
(2) 应向游客适度介绍本景区的所在旅游地的自然、人文景观和风土人情等相关内容。
(3) 应提醒团队游客注意自己团队原定的游览计划安排,包括在景区停留的时间,主要游览路线,以及参观游览结束后集合的时间和地点。

(4) 应向旅游者说明游览过程中的注意事项,并提醒游客保管好自己的贵重物品。

(5) 游程中如需讲解人员陪同游客乘车或乘船游览,讲解人员宜协助游客联系有关车辆或船只。

3) 游览中的讲解服务要求

(1) 景区导游讲解内容的选取原则如下。

① 有关景区内容的讲解,应有景区一致的总体要求。

② 内容的取舍应以科学性和真实性为原则。

③ 民间传说应有故事来源的历史传承,任何景区和个人均不得为了景区经营而随意编造。

④ 有关景区内容的讲解应力避同音异义词语造成的歧义。

⑤ 使用文言文时需注意游客对象;需要使用时,宜以大众化语言加以补充解释。

⑥ 对历史人物或事件,应充分尊重历史的原貌;如遇尚存争议的科学原理或人物、事件,则宜选用中性词语表达。

⑦ 讲解内容如系引据他人此前研究成果,应在解说中加以适度说明,以利于游客今后的使用和知识产权的保护。

⑧ 景区管理部门应积极创造条件,邀请有关专家实现对讲解词框架和主体内容的科学审定。

(2) 讲解导游的方法与技巧如下。

① 对景区的讲解要繁简适度;讲解语言应准确易懂;吐字应清晰,并富有感染力。

② 要努力做到讲解安排的活跃、生动,做好讲解与引导游览的有机结合。

③ 要针对不同游客的需要,因人施讲,并对游客中的老、幼、病、残、孕和其他困难群体给予合理关照。

④ 在讲解过程中,应自始至终与游客在一起活动;注意随时清点人数,以防游客走失;注意游客的安全,随时做好安全提示,以防意外事故的发生。

⑤ 要安排并控制好讲解时间,以免影响游客的原有行程。

⑥ 讲解活动要自始至终使用文明语言;回答问题要有耐心、和气、诚恳;不冷落、顶撞或轰赶游客;不与游客发生争执或矛盾。

⑦ 如在讲解过程中发生意外情况,则应及时联络景区有关部门,以期尽快得到妥善处理或解决。

 小资料

对老年夫妇的导游服务

地陪张明按接团计划陪同一对老年教授夫妇进行参观游览。在游览某景点时,他向客人作了认真细致的讲解。老人提出了有关该景点的一些问题,张明说:"按计划还要游览三个景点,时间很紧,现在先游览,在回程路上或回饭店后对此再作详细回答。"游客建议他休息一下,他都谢绝了。虽然很累,但他很高兴,认为自己出色地完成了导游讲解任务。但出乎意料的是那对老年夫妇不仅没有表扬他,反而写信向旅行社领导批评了他。

张明很委屈,但领导在了解情况后找他谈话时说老年游客批评得对。

请问:领导为什么说老年游客批评得对?张明应该怎样为这对老年夫妇进行导游服务?

资料来源:http://yingyu.100xuexi.com/view/specdata/20100904/9D913E1E-EA06-4020-BD26-E8FA6FAB1C3A.html.

4)讲解活动结束时的服务要求

(1)诚恳征求游客对本次讲解工作的意见和建议。

(2)热情地向游客道别。

(3)一般情况下,在游客离开之后方可离开。

5)讲解活动中的安全要求

(1)提前了解讲解当天的天气和景区道路情况,以防患于未然。

(2)讲解活动应避开景区中存在安全隐患的地区。

(3)讲解中随时提醒游客注意安全(尤其是在游客有可能发生失足、碰头等的地带)。

(4)发生安全事故时冷静妥善对待,在积极帮助其他游客疏散的同时,及时通知景区有关部门前来救助。

4. 景区导游讲解的常见方法

(1)系统介绍法。系统介绍法就是按照景区导游材料对景区所做的比较全面的解说。它是最基本的、也是初学者最常用的导游解说方法,适合于一些内容较单一、规模较小或次要的景点。如西安钟楼、鼓楼、大雁塔等。它的特点是易于掌握,便于运用,对景点的介绍全面,有利于游客对景点概况的全面了解。但不足之处是形式较单一,讲起来比较枯燥,难以引起游客的共鸣。

(2)分段解说法。分段解说法就是将一处大景点分为前后衔接的若干部分,按参观线路的顺序进行分段导游的解说方法。它是景区导游中常见的一种导游解说方法,适合于规模较大或线路较长的景区。如北京颐和园、长江三峡、安徽黄山等。

(3)触景生情法。触景生情法就是见物生情、借题发挥的导游讲解方法。导游员不能就事论事地介绍景物,而是要借题发挥,利用所见景物制造意境,引人入胜,使游客产生联想,从而领略其中妙趣。需要注意的是,导游讲解的内容要与所见景物和谐统一,使其情景交融,让旅游者感到景中有情,情中有景。

(4)突出重点法。突出重点法就是在导游讲解时避免面面俱到,而是突出某一方面信息的讲解方法。导游讲解时一般要突出下述四个方面的内容:突出大型景区景点中具有代表性的景观;突出景区景点的特征及其与众不同之处;突出旅游者感兴趣的内容;突出"……之最"。

(5)虚实结合法。虚实结合法中的"实"是指景观的实体、实物、史实、艺术价值等,而"虚"则是指与景观有关的民间传说、神话故事、趣闻逸事等。虚实结合法就是导游将典故、传说、逸闻趣事有机结合,设计讲解情节的导游手法,即导游讲解故事化。虚实结合法可以产生艺术感染力,避免平淡的、枯燥乏味的、就事论事的讲解方法。虚实结合必须是有机结合,以"实"为主,以"虚"为辅。

(6)问答法。问答法就是在讲解中导游向旅游者提出问题或启发他们提出问题的导游方法。使用问答法是为了活跃游览气氛,激发旅游者的想象思维,促使旅游者和导游之间产生积极的思想交流,使旅游者获得参与感、自我成就感;也可避免导游唱独角戏、灌输式讲解所带来的乏味无趣,加深旅游者对所游览景点的印象。常见的有自问自答法、我问客答法和客问我答法。

(7) 制造悬念法。导游在讲解时提出令人感兴趣的话题,但故意引而不发,激起旅游者的好奇心,进而主动探索思考答案,进入对旅游景点的主动审视之中,最后由导游根据旅游者的答案做补充说明和引申讲解。这种讲解方法叫作"制造悬念法",俗称"吊胃口""卖关子",是一种常用的导游手法。

(8) 类比法。导游以熟喻生、以浅喻深,达到触类旁通的导游手法。用旅游者熟悉的事物与眼前事物相比较,便于他们理解,使他们有亲切感,从而达到事半功倍的效果。一般包括同类相似类比、同类相异类比和纵向时代类比。

(9) 画龙点睛法。用凝练的词句概括所游览景点的独特之处,给旅游者留下突出印象的导游手法。如在游览桂林山水时,可以用"山清、水秀、洞奇、石美"来概括。

5. 景区导游的审美引导技能

(1) 合理安排观赏节奏。在一定时间段内,人的感官对外界的信息量有一定的承受限度,刺激强度过大会使人疲劳和麻木,而刺激程度不足则难以引起足够兴趣。同时,人的体力也有一定的承受限度,因此在旅游观赏中,对于旅游路线、参观项目、活动方式、观赏速度等方面应使其具有一定的节奏,做到张弛有度,劳逸结合;有急有缓,快慢相宜;动静结合;导游结合,这样才能获得最佳的观赏效果。

(2) 恰当选择观赏位置。即使是同一景象,因观赏位置不同,会造成距离、角度的不同,带来视野范围、透视关系、纵深层次的差别,从而会形成不同的美感。观赏位置对造型地貌和园林构景尤为重要。造型地貌即是指酷似人物、神仙或飞禽走兽的奇特地貌景观。这种景观几乎都必须是在特定的位置才能获得最佳的观赏效果。在中国园林构景中更是有意识地利用观赏位置变化以制造特殊的效果,其各种造景手法如对景、框景、障景等都包含着对观赏位置的要求。

(3) 灵活把握观赏时机。一些景观并不因时间而改变,但也有许多有意义的景观只在特定的季节和时间才会出现或才最典型。另一些景观却只在特殊的条件下才会出现,且观赏时间极为短暂,稍纵即逝,如海市蜃楼、佛光、神灯、极光、日月同辉等奇观,则只可巧遇而不可强求。还有一些景观,在不同的季节、不同的时间观赏会产生不同的效果。

(4) 巧妙运用观赏姿态。绝大多数旅游景观对于观赏姿态并无要求。然而,个别景观若采取特殊的观赏姿态会获得非凡的美学效果。

任务实施

班级分为若干小组,6~8人为宜,通过在实训基地实岗演练,总结景区导游,该如何为游客做好服务工作;在解说过程中注意景区解说服务有何功能;有哪些类型。实训教师对学生的讨论结果进行全面评价。最后要求每个小组完成一份实训书面总结。

项目实训

【实训一】
香港迪士尼乐园的 FASTPASS 系统

FASTPASS 服务是香港迪士尼乐园为了令宾客更感方便而特别添置的。一些热门游乐设施外放置 FASTPASS 发券机，宾客可利用此机预约，然后凭券于指定时段折返，便可从"快速通行"入口进场，节省等候时间。发券程序如下。

持有香港迪士尼乐园门票的宾客从正门入口进场。

宾客到达设有 FASTPASS 服务的游乐设施外，选择排队等候，或采用 FASTPASS 服务。

选择 FASTPASS 服务的宾客，只需将乐园门票插入该游乐设施的 FASTPASS 发券机，便可领取一张印有指定时段的 FASTPASS。指定时段为1小时，例如早上10:05至11:05，表示宾客不可于10:05之前进场，但可于10:05后的1小时内，随时凭 FASTPASS 入场。

到了券上所列的指定时段，宾客便可折返该游乐设施，直接从 FASTPASS 入口进场，无须等候或只需等候极短时间。

资料来源：http://news.sina.com.cn/c/2005-09-12/13307745641.shtml。

实训要求：

（1）分析本案例中介绍的 FASTPASS 系统对景区起到了什么作用。

（2）全班分为若干小组，每组6～8人，考察当地一个旅游景区，了解该景区采用何种队列方式，是如何进行排队管理的；该景区排队拥堵主要集中在哪些地方，是什么原因引起的；对景区排队拥堵现象有何好的建议。制作PPT，由一名学生代表进行讲解，教师和学生做点评。

【实训二】

景区导游解说

一、实训目的及要求

（1）通过景点实训，掌握景区景观的基本常识。

（2）掌握景区景点的导游词，并熟练进行现场模拟讲解。

（3）讲解内容完整、准确，并能穿插相关知识，做到点面结合。

（4）言行举止要符合导游规范，面部表情诚恳、热情，面带微笑，手势得体。

二、实训内容

选择本地著名景区的相应景点，学生事先创作导游词并做现场讲解。

三、实施步骤

（1）收集背景材料，撰写景区导游词。

（2）组织赴景区实地考察。

（3）观摩实训指导教师现场讲解。

（4）自行分组选择性讲解。

（5）实训指导教师、学生作自我评价。

（6）实训指导教师提问。

（7）实训指导教师指点总结。

（8）撰写实训报告。

项目4

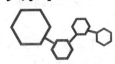

景区商业服务与管理

> **项目摘要**
>
> 景区作为旅游者活动的空间载体,不仅要为旅游者提供游憩体验,还应该提供完善的配套服务,如餐饮、住宿、购物、娱乐服务等。尽管对于不同类型、不同规模的景区而言,其设施与服务的重要性可能会有所差别,但不可否认,它们是景区接待系统中必不可少的。

任务4.1　景区餐饮服务管理

任务引入

唐山宴:一道国家文化旅游消费试点城市的盛宴

2023年12月8日,在第十届中国旅游产业发展年会现场,2023中国旅游产业影响力案例名单发布,河北省唐山市·唐山宴入选美食旅游目的地创新发展典型案例。

河北省唐山市的唐山宴又名唐山饮食文化博物馆,坐落于唐山文化广场,创立于2019年1月1日,建筑面积约4万平方米,是一座集特色餐饮、民俗传承、文化展示、场景体验、休闲观光、研学实践于一体的文旅商综合体,也是国内最大的原创沉浸式室内特色餐饮微度假目的地。在这里可以体会市井烟火,民俗百态,一步一景,景随身行。

唐山宴整体建筑坐东朝西,主要分为三层不同主题的展示及体验空间:一层设计主线为"五街两巷一条河一世界",由一条概念滦河贯穿其中,两个小巷穿插连通主街,涵盖150余种极具唐山风味的特色小吃和10余种非遗传承人美食,形成独具特色的小镇式街巷体验;二层主要为民俗老物件展区、百姓府邸民俗中餐、燕山书院、撒欢儿乐园、遥记图书馆、八旗贝勒爷宫廷火锅几大区域;三层主要为大唐州府精品中餐、小山儿西洋餐、文化长廊。四至八层为五星级标准唐山宴文旅主题酒店。

唐山宴采取场景复原、实物展示、多媒体投射等方式,多措并举、文旅互融,将传统的习俗自然融入现代生活,同时借助新媒体为非遗传播与传承赋能,"非遗+直播"让"旅游+研学+民俗+餐饮+演艺+文创"等元素于一体,"非遗+新业态"让文化火热"出圈"。唐山宴打造特色体验与旅游、文化为一体的非遗点位20多个,其中"老佛爷"饹馇、糖画、棋子烧饼等多项非遗项目实现产业化;研发生产旅游商品及非遗文化相关商品30余种。

唐山宴自2019年开业以来,平均日接待量不低于1万人,最高峰单日接待5万多人,平均每年接待国内外游客300多万人,成为唐山文旅融合发展的新地标和靓丽名片。

任务分析

餐饮服务是旅游者需求的基础性项目,是景区服务的重要组成部分,对于提高景区的整体盈利能力,强化景区的整体服务质量有重要意义。随着游客的消费需求不断提高,景区的餐饮服务也不再仅仅局限于满足客人的生理需求,应更进一步满足游客的心理需求,让游客在用餐的同时,通过享受菜品、享受服务来延续、保持愉快的心情。景区的餐饮服务如果能根据客人的需求以及当地实际,恢复或开发一些名菜名点,推出特色餐饮,必然可以丰富旅游的内容,吸引更多的游客。

4.1.1 景区餐饮服务类型

1. 景区餐饮类型

(1)大排档。食摊大排档以供应地方小吃为主,由于花样繁多而且价格低廉,特别受到游客的喜爱。例如,南京的夫子庙是秦淮小吃的发源地,历史悠久、品种繁多,形成了独具秦淮传统特色的饮食集中地,是我国四大小吃群之一。这里的小食摊比比皆是,供应的小吃品种多达百余种,很多中外游客到南京旅游都要慕名前来品尝美食。

(2)快餐服务点。快餐服务点,以方便、卫生、快捷为特点。游客到景区的主要目的是参观游览,因此在游览过程中会选择简便易携带的快餐来节约用餐时间,同时,快餐服务点的设置还可以省出大量的就餐空间,减少投入,增加销售额。由于快餐服务符合旅游餐饮的特点,因此在国外许多著名景区的餐饮服务大都以快餐服务为主。

(3)特色餐馆。特色餐馆主要是指经营菜品有特色的餐馆。在一些著名景区,同时著名的还有一些传统老字号餐饮店,例如坐落在西湖边上,素以"佳肴与美景共餐"而驰名的"楼外楼"餐馆。

(4)宴会餐厅。由于宴会是以餐饮聚会为形式的一种高品位社交活动方式,因此大型宴会餐厅非常讲究环境的设计,同时对于宴会菜单的设计以及餐具的配置都有严格的规定。

(5)主题餐厅。这是近两年新兴起的一种餐厅形式,它往往围绕一个特定的主题对餐厅进行装饰,甚至食品也与主题相配合,为顾客营造出一种或温馨或神秘,或怀旧或热烈的气氛,千姿百态,主题纷呈。例如在三亚景区,有着各种各样的民族风情餐厅,比较有代表性的黎寨餐厅,以"黎寨风情"为主题,餐厅装饰多以茅草盖顶,有木制墙裙,服务风格引入黎族待客风俗,清秀的黎家少女身着民族服装侍立两旁。

(6)农家乐和户外烧烤。农家乐旅游是近几年兴起的旅游产品。农家乐餐饮为游客提供地道的农家饭,使游客在农家品尝五谷杂粮和天然野味的同时,身心得到一种回归自然的放松。户外烧烤也是景区常见的用餐类型,但考虑到烧烤时油烟对景区环境的破坏,因此这种餐饮类型不值得提倡。

2. 景区餐饮形式

随着游客餐饮的多元化需求,景区餐饮形式开始与各种娱乐活动相结合,呈现出多样化的特点,常见的有以下几类。

(1) 餐饮与歌舞表演相结合。采取饮食文化与歌舞艺术相结合的形式,使游客在品尝美味佳肴的同时,还能欣赏一台优美的歌舞表演。比较著名的有西安唐乐宫唐代歌舞盛宴,昆明世博园的"吉鑫宴舞"等。

(2) 餐饮与康体活动相结合。这主要是指餐饮与垂钓、桑拿、洗浴等康体活动相结合。例如在一些景区,游客可以在鱼塘垂钓后,将自己亲手钓的鱼虾交给景区内厨师烹制,更可亲自下厨,做出适合自己家人口味的美味佳肴。

(3) 餐饮与郊野娱乐相结合。这种餐饮形式常见的有篝火晚餐、滨海大排档、野外烧烤。例如,在承德坝上草原推出的"烤全羊"项目,同时附赠篝火晚会项目。

4.1.2 景区餐饮服务特点

和其他餐饮企业相比,景区餐饮服务具有以下特点。

(1) 季节性。景区餐饮服务受自然因素、节庆活动和假日的制约,一年之中会出现明显的淡旺季。

微课:旅游新"食"尚,
分餐更健康

(2) 地方性。景区餐饮服务不仅要满足游客的基本饮食需求,还肩负着让游客能品尝不同风味美食、宣传景区的饮食文化和饮食特色的任务。因此,景区要提高各具特色的餐饮服务质量。

(3) 快捷性。景区接待的通常都是大批量的团队游客。因此,快捷性是景区餐饮的必然要求。

(4) 经营方式灵活。景区内餐饮多采用的是承包经营、特许经营及自主经营等形式,经营方式很灵活。

(5) 经营成本高。景区餐饮服务的经营成本比较高有很多原因,一是受景区淡旺季的影响;二是景区对餐饮服务的特殊要求,也无意中抬高了景区餐饮服务的经营成本;三是需要向景区缴纳一定的承包费用。

 小资料

南普陀寺素斋——诗情、景意、禅味、时尚

闽南有一句古语:"一年走南普,三年免受苦,一餐平安菜,吉祥如意在。"这句话说的就是远近闻名的南普陀寺和它著名的素斋。

南普陀寺是厦门市著名旅游景点,是集旅游、礼佛于一体的游览胜地,终年香火鼎旺,在海内外享有极高的声誉,这里环境优美整洁,绿树成荫,寺宇庄严,梵音缭绕,四季鸟语花香,成为游客到厦门必游之地。

南普陀菜馆位于南普陀寺的海会楼和普照楼,百年历史的南普陀素菜,以遵循佛教饮食传统为宗旨,经历史沉积与创新发展,融合宫廷素菜的精细,民间素菜的天然与寺院素菜的纯正,加上清静优雅、宽敞舒适的独特环境,已形成独具诗情、景意、禅味、时尚、健康、

科学的素食文化,既是优秀的素食文化的典型代表,也是厦门市的一张烫金名片。

南普陀素饼,厦门特色小吃。南普陀素饼有"厦门素饼之首"的美称,是闽南地区的传统点心。曾荣获过"中国名点"金鼎奖,是厦门著名特产,中华老字号,有绿豆、椰子、南瓜、香芋、绿茶等多种口味。南普陀素饼冰皮酥脆,入口即化,馅料又软又香且不油腻,甜度适中。

资料来源:http://www.nptveg.com/articleshow.asp?showid=292.

4.1.3 景区餐饮服务管理

1. 景区餐饮服务的基本要求

(1) 合理的价格。一般来说,游客都希望以合理的费用得到相应满意的饮食和服务,能获得"物有所值",最好是"物超所值"的效果,特别是许多经济型的游客,非常注重产品或服务的价格。因此,景区提供的餐饮服务应做到质价相符。

(2) 干净卫生的饮食环境。景区在为游客提供的餐饮服务中应把卫生工作放在首位。提供的食品原料要处于良好的卫生状态,没有腐败变质和污染;食品的加工和存放,要注意冷热、生熟、荤素分开,防止交叉污染;各种餐具要由专人洗涤保管,消毒彻底,摆放整齐,取用方便,保证餐具、酒具等光洁明亮,完好无损;保持餐厅地板整洁卫生,桌布、口布等棉织品洗涤彻底。

(3) 高质量的特色食品。游客在旅游过程中对于"吃"已经不仅仅满足于填饱肚子,更是为了获得一种特殊的体验,希望品尝到平时吃不到的东西。为了满足游客在餐饮方面这种求新、求异的需求,景区餐饮在做到卫生、可口的前提下,还要做到特色鲜明。

(4) 优质高效的服务。餐饮服务人员在服务中要贯彻"宾客至上"的原则,满足游客用餐时求尊重的心理需求,时刻关心游客的需求,提供周到、及时的服务。

小资料

"'食安安徽'品牌认证 食品安全景区"标准研讨会在黄山风景区召开

2023年8月4日上午,安徽省地方标准立项的"'食安安徽'品牌认证 食品安全景区"标准研讨会在黄山风景区市场监管局召开,中国计量大学高质量发展研究院负责人朱诚教授、黄山市市场监管局副局长王文武及相关科室负责人,黄山风景区市场监管局相关同志参会。

本次会议,讨论组主要针对标准中的"范围、规范性引用文件、术语和定义、基本原则、评价方式、基本要求、评价内容、评价指标"八个模块内容逐一研究,重点对"食安景区"评价指标内的具体要求进行审议修订,并对下一步答辩内容进行讨论。

该标准以黄山景区食品安全管理模式为基础,涵盖不同类型旅游景区的食品业态和类型,是全国唯一针对景区的食品安全评价标准。该标准出台后,将填补全省乃至全国旅游景区在食品安全领域品牌建设的空白,同时将进一步完善"食安安徽"品牌认证体系,有力提升景区内食品安全保障水平,为促进旅游景区高质量健康繁荣发展提供有力支撑。

资料来源:https://hsgwh.huangshan.gov.cn/ztzl/cjgjspaqsfcs/gzdt/9138314.html.

2. 景区餐饮设施选址

景区餐饮设施选址位置要符合便利性的要求,既具有良好的外部连通性,又要有便捷的内部通达性,应设在客流量相对较多,游客进行休憩且环境不敏感的区域。

3. 景区餐饮设施建筑

(1) 景区餐饮部门的设置不应破坏景观。餐厅的布局、高度、体量、造型、色彩都得与周围景观和环境相协调。注意多样化与地方特色化相结合原则。

(2) 景区餐饮不能污染环境。核心景区内不得建设餐饮娱乐场所。要注意防止对景区内水、土地、植被、空气的污染。

(3) 景区内餐饮服务单位的规模和数量应该受到一定的限制。

任务实施

全班分为若干小组,每组6~8人,通过参观当地景区,对景区餐饮服务管理进行调查研究,分组进行相互讨论,讨论主题:景区餐饮服务的特点;有哪些类型;景区如何为游客做好餐饮服务工作。由实训教师对学生的讨论结果进行全面评价。最后要求每个小组完成一份书面实训总结。

任务4.2 景区住宿服务管理

任务引入

经典的乌镇民宿管理模式

1999年,乌镇的开发保护正式开始,当时以观光旅游为主,也就是古镇景区模式。之后的第二个阶段就是主要从观光景点向度假休闲中心转型和升级。第三个阶段,也就是文化转型阶段,将度假再次升级,搭配在地的文化,打造旅行文化之旅。

这个过程中,以政府为主导的桐乡市乌镇旅游开发有限公司承担着强大的资金压力完成了乌镇的风貌整治,基础设施设备的建设,同时,在后续开发过程中引入中青旅的资本,开启了平台化运作的新模式。

乌镇的资本运营管理方分成两类:一类是保护性资本,比如乌镇的桥、房子,属于百分之百国资。另一类是经营类资产,比如酒店和民宿的经营,由中青旅负责。

乌镇的民宿,西栅最多,全部以原来的住家房屋改造为主,临河或者临街,环境都不错。从普通客栈,到民宿,到精品酒店,一应俱全,价格也从680元到2380元不等。

但无论是680元的客栈还是2380元走精品路线风的酒店,全部都是统一的运营,管理和营销。

西栅的民宿不收租金,开办民宿采取的是资格申请制,要求必须是乌镇本地人,夫妻一起来经营。资格申请有一套严格的标准,不仅核查有无犯罪记录,还摸底家庭关系必须和谐。通过审核之后,才能经营这里的民宿,所得收益,全归他们自己所有,公司并不抽成。游客预订房间,无论酒店还是民宿,全部都由乌镇游客服务中心一个入口,统一分配,不能私下接待游客。

此外,还有统一的规划:对物品的统一化管理包括设施设配等;民宿客房的布草洗涤工作都有统一的洗衣房完成；对房东的统一化管理；对餐饮价格的管理；换卡退房制度；统一的奖惩制度等一系列标准。

这样平台化的管理和规划，一开始有一些人经营几个月后，认为管理过多，不够自由发挥，从而解约放弃，但是更多的民宿酒店，从落地之后就经营得很好，到目前为止，乌镇一房难求的稀缺性让酒店和民宿主都收益颇多，将基础的设施和建设都放心地交给公司统一操作，而全部用心做好服务和各自的运营。

资料来源：https://www.sohu.com/a/122198038_381292。

 任务分析

在旅游活动过程中，"游"是关键，但游客的住宿需求则是他们最基本的生理需要，是旅游活动得以继续的必备条件。优质的住宿服务不仅可以使游客得到充分的休息，补充体力，还可以使游客通过住宿更深入地了解当地文化风俗。因此，景区的住宿服务管理是景区各项服务管理中的重要一环。

4.2.1 景区住宿服务类型

按照景区住宿接待设施的档次与运作模式，可以将其分为以下类型。

1. 标准酒店类住宿设施

标准酒店类住宿系统包括饭店、度假村、疗养院、避暑山庄、会议中心等，是按照国家星级饭店标准建设，执行标准化服务，是景区中档次较高的住宿设施。一般适合规模较大的景区和高级度假旅游区。

小资料

广州长隆旅游度假酒店群介绍

广州长隆酒店、长隆香江酒店和长隆熊猫酒店共同组成广州长隆旅游度假酒店群，结合长隆旅游度假区未来的整体升级，将为宾客提供更多样化的选择及服务。

长隆酒店，长隆集团倾力打造生态主题及会展酒店，长隆酒店坐拥数千亩的森林和绿地，远离都市的喧闹，完全融入生态的自然环境中，给您高贵而私密的放松感觉；它地处长隆旅游度假区的中心地段，毗邻长隆欢乐世界、长隆水上乐园、长隆国际大马戏和长隆野生动物世界等主题乐园。酒店拥有1500间生态主题客房，环绕着中庭动物岛，雪虎、仙鹤等珍稀动物与您共眠。走进房间即走进了热带雨林，满目青葱。推开窗，即现全球360种欢乐，笑声欢颜与您共分享；关上窗，静音系统为您服务，让您枕着安宁入梦乡。

长隆香江酒店，延续长隆集团旗下创始店"香江酒家"数十载经营理念，传承岭南文化精粹，于广州长隆板块上崛起的又一特色主题酒店，成为长隆酒店群当中别具一格的经典。

长隆熊猫酒店坐落在广州长隆旅游度假区内，占地8万平方米，设计团队以长隆集团赫赫有名的熊猫三胞胎原型作为主题元素打造出全新风格的主题度假酒店。酒店外观还原卡通片中童话王国的风格，整体建筑生机勃发。店内的设计以卡通角色为元素，茶壶火车、卡通人物雕塑拍照区等，每一层楼都设计了众多与孩子们互动的体验装置。大堂内也增添"童乐廊"及"贵宾接待廊"，提供亲子课堂、儿童活动区及贵宾休息区等更加人性化的个性服务。动物展区也是酒店点睛之笔，漫步秘密园林，近距离观赏羊驼、小熊猫、鹦鹉、孔雀等多种珍禽异兽，感受大自然的神奇。酒店拥有1500间主题客房，客房共划分为四大主题，分别为酷酷主题、萌萌主题、帅帅主题及王子主题，齐全的配套设施让宾客舒适度倍增。各具特色的客房设计营造出活力童趣的氛围，生动还原卡通片内的角色和故事，入住熊猫酒店，就是一次童话次元大冒险。

资料来源：长隆度假区官方网站.

2. 经济酒店类住宿设施

经济酒店类在景区中所占规模较小，设施有限且价格便宜，主要为住客提供整洁而简单的入住环境。

3. 自助式或家庭旅馆类住宿设施

景区中，自助式或家庭旅馆类住宿接待设施、环境质量、服务标准都较弱，价格比较便宜，家庭旅馆提倡自助服务，住在这里更像一个自己的"家"。家庭旅馆是以当地家庭为依托，以当地居民为经营管理者，以当地的特色为支撑点。旅游者入住家庭旅馆可以全面感受当地民风民俗，可以全真领略一番异地风情，原汁原味地收获一种文化的体验与感受。如厦门鼓浪屿景区将一些单体独栋老别墅改建成旅馆，这些家庭旅游与鼓浪屿景区完美地融合，提升了游客的旅游体验。

4. 民居客栈类（特色小屋类）住宿设施

民宿客栈类或特色小屋类住宿设施是根据景区的自然环境和人文环境加以设计的住宿设施，能反映当地的风土民情、历史文化特色，满足游客住宿要求的同时也构成了景区中极具特色的风景。如同里、乌镇、西塘、宏村四大古镇景区里面及周边有许多设计别致、风格清新的民宿。美国黄石公园小木屋世界知名。

5. 露营类住宿设施

露营类住宿设施一般包括露营地、夏令营、临时帐篷驻地等，这类住宿接待设施在所有景区住宿接待设施中最为简陋，受外界的环境干扰较为严重，一般只在特定季节开放。近年来，我国自驾游人群逐渐增多，人们对旅游也呈现出多元化的个性需求，使得这种流行于欧美的房车露营逐渐受到业界和旅行达人们"追捧"。但是，由于房车露营这种高端旅游休闲在我国还处于起步阶段，而且还受到房车相对高端、房车保有量不足、景区露营地不足、交通停车位等多方面困扰，使得我国房车露营处于发展的一个瓶颈期。

2017年，山西省黄河小浪底（垣曲）国际五星级湖畔露营休闲公园项目投建，它将成为国内目前规模最大的露营主题旅游服务功能区。项目建设区域内拥有古人类"世纪曙猿"与"商城"两个世界驰名的发掘遗址。露营地开发建设项目，是集旅游观光、自驾车房车露营、木屋住宿、水上运动、游轮（直升机）航线、餐饮娱乐及休闲度假为一体，以自驾车、旅居车爱好者为主要客源地，提供自助或半自助服务的综合性健身休闲观光度假区。

文化和旅游部高度重视自驾游发展，先后制定了《自驾游目的地等级划分》《自驾车旅居车营地质量等级划分》行业标准及《全国C级自驾车旅居车营地质量等级认定管理办法

（暂行）》，并于 2020 年评定全国自驾车旅居车 5C、4C 级营地，截至 2024 年 5 月已评定四批，推动全国露营旅游行业健康发展，促进旅游消费提质升级。

4.2.2　景区住宿服务设施布局与规划

1. 景区住宿服务设施的数量与档次

景区住宿服务设施一般分为高、中、低三个档次。在住宿设施档次的安排上，应充分考虑旅游区所在区域和主要客源地的经济发展水平，高、中、低合理搭配，特别是高档住宿设施的建设更应持慎重态度。

2. 景区住宿服务设施的选址与布局

（1）重点突出，特色鲜明原则。住宿设施的外形及内部布置应与本景区及本地的特色相一致，才可以获得很好的效果。

（2）协调一致，生态建筑优先原则。要尽可能利用本地材料或本地的建设工艺来建造，做到与周边的生态环境协调，以减少景区内建设新建筑而带来的生物、视觉冲击。

（3）符合客流规律原则。一般来说，景区住宿接待必须有好的内外部连通性，便于旅游者进入，这里的联通能力一方面是指与景区之间要有交通通道；另一方面则是指与景区依托的城市交通枢纽站之间应具有较为畅通的联系通道。另外，作为旅游者住宿休息的场所，周围要保持相对安静，也不可过于靠近交通要道。根据旅游发展来定位旅游住宿设施的风格、档次，根据游客数量确定其规模。

3. 景区住宿服务设施的类型与功能

在规划景区的住宿设施时，要根据景区的客源特点，设置不同类型与功能的饭店。一般来说，在城市中心和商务地，以商务或会议饭店为主；在市郊或以自然风光为主的旅游地，以休闲度假饭店为主；在温泉疗养胜地，以保健疗养型饭店为主。

4.2.3　景区住宿服务基本要求

微课：Club Med 地中海俱乐部项目落户南京汤山

1. 整洁

客房是客人单独拥有的空间。因而，他们对客房整洁方面的要求比较高。客房卫生还包括服务人员自身的卫生和整洁，让客人觉得服务人员干净、利索、精神状态好。

2. 安静

客房环境的宁静会给人舒服、高雅的感觉。

3. 安全

安全感是愉快感、舒适感和满足感的基石，客人是把自己出外旅游期间的安全放在首位的。日常清扫工作，绝对不允许随意乱动客人的物品，尤其在进入房间时不可东张西望。

4. 亲切

客房服务人员亲切的服务态度，能最大限度地消除客人的陌生感、距离感等不安情绪，缩短情感上的距离，增进彼此的信赖感。

> **小资料**
>
> ### 喀纳斯景区500多家餐厅、民宿、酒店降价
>
> 2023年7月,喀纳斯景区500多家餐厅、民宿、酒店降低就餐、住宿价格,餐厅价格降幅在15%～20%,民宿、酒店普遍降价300多元,降幅约1/3。
>
> 喀纳斯景区市场监督管理局负责人张永东介绍,近期网友反映喀纳斯景区就餐、住宿价格偏高,布尔津县委和喀纳斯景区党委高度重视,喀纳斯景区市场监督管理局对餐饮、民宿、酒店进行走访,向这些餐饮、民宿、酒店经营户了解经营情况,讲解良好经营秩序才能给景区带来良性健康发展,并引导餐厅、民宿、酒店经营户降低价格。"通过我们积极引导性降价,大部分餐饮、民宿、酒店经营户积极配合降价工作,先后对经营价格做了调整,并在显著位置公布调整后的价格。"张永东说。
>
> 喀纳斯景区有社会餐厅150多家,民宿、酒店350多家,目前,这些餐厅、民宿、酒店均做了价格下调。
>
> 资料来源:https://finance.sina.com.cn/jjxw/2023-07-15/doc-imzaukhp3900879.shtml。

任务实施

全班分为若干小组,每组6～8人,通过参观当地著名景区,对景区住宿服务管理进行调查研究,并且分组进行相互讨论,讨论主题:景区住宿服务有什么特点;有哪些类型;景区如何为游客做好住宿服务工作。由实训教师对学生的讨论结果进行全面的评价。最后要求每个小组完成一份书面实训总结。

任务4.3 景区购物服务管理

任务引入

文旅商联动 打造新场景:"这有山"

"这有山"是一个集旅游、美食、商业、休闲为一体的24小时不闭店夜经济项目,真正实现场景化的沉浸式购物体验的"山丘景区小镇",一开业就被评为4A级景区的文旅融合商业综合体,也是吉林省第一批国家级夜间文化和旅游消费集聚区。

这座建在商场里的"山",是长春城市中心别出心裁的打卡地,以山为形态,坐落在城市最繁华的商业街中,可以看见热闹的人间烟火,却也隔绝俗世。

走进"这有山",由山脚盘旋至山顶,你会领略到美食、影院、咖啡厅、酒馆、话剧院等综合休闲项目,新的商业模式和建筑形态把传统街市打造得更为立体化,逛街和景区旅游相结合,让游客沉浸式体验其中。除了造型别致的游购场景,怎样更能留住人?促进消费?"首店效应"和"唯一性"成为撬动消费市场的新方式。

藏在"山中"的"撸猪"馆、让人脑洞大开的DIY手作店、极具参与性的木匠小铺……经过不断升级改善,"这有山"里的新业态、新店铺吸引越来越多的人"观山""游山"。

夜幕降临,在"这有山"问蝉亭、望山亭和山坡两侧,各色氛围灯依次点亮,山中音乐

会、吉剧表演等文艺演出接连上演。文化和旅游紧密融合,不仅刷新了消费者的体验感,也提升了文旅市场的热度。

多样化、多元化的服务供给,可以加快释放服务消费升级孕育的巨大增长潜力。作为一家新业态的文旅综合体,"这有山"夜间自然闭店的创新方式,为喜爱夜生活的年轻人带来了更好的体验感。

探索颠覆性创意、沉浸式体验、年轻化消费、移动端传播的新路径,"这有山"以"旅"聚"势",以"商"增"值",以"文"为"本",使"这有山"为长春优化文旅产品供给、打造文旅消费新场景,满足市民游客对"诗和远方"的美好向往,推动景区从"卖门票"向"卖场景"转型提供了极佳示范。

2024年春节期间,"这有山"日均接待游客3.6万人次,日均销售额突破200万元,外地游客占比70%以上。

▶ 任务分析

旅游商品虽然作为"吃、住、行、游、购、娱"中最具有消费弹性的一个环节,长期以来在我国旅游总收入占比中却非常低,全国各地景区普遍处于5%~20%,在旅游发达国家占比普遍达到40%~60%,离国际上旅游购物优秀的景区尚有非常大的差距,由此可见,在旅游业急需变革的门票经济面前,旅游购物可以看作是最有潜力也是最重要的抓手。

旅游购物本身就是旅游资源。提供丰富的旅游购物资源,满足游客的购物体验需求,已成为某些旅游目的地最具吸引力的内容之一。旅游商品是旅游购物资源的核心,也是吸引旅游购物的根源。

4.3.1 旅游商品的类型及特性

1. 类型

广义的旅游商品是指景区为满足旅游者需求,以交换为目的而提供的具有使用价值和价值的有形和无形服务(无形商品)的总和,包括旅游景观、旅游服务、旅游线路、旅游故居、旅游设施、旅游交通等。

狭义的旅游商品是指旅游地商店对游客出售的有形商品。一般包括旅游纪念品、工艺美术品、文物及仿制品、风味土特产、旅游日用品、有地方特色的轻工业产品、其他旅游商品等。

2. 特性

纪念性、艺术性、实用性、收藏性等是旅游商品应具备的基本特性。

4.3.2 旅游区商铺布局及建筑

旅游商店的布局应充分考虑游客的生理特点和行为习惯。旅游者的购物往往发生在游览活动结束之后,购物区(点)应该分布在游客客流相对集中的地方,因此,购物区(点)设置在景区的出入口是最适合的。景区应该有一个或若干个购物区,各种各样的购物店应均匀分布,品种齐全。景区购物店的规模设置上必须因地制宜,规模适度,在著名景区出入口处规模宜大,在一般景区出入口处规模宜小。

景区在规划商业店铺时,要注意:不能破坏景区内的主要景观;不能阻碍游客的游览;购物场所的建筑造型、色彩、材质与景观环境相协调。

小资料

当星巴克遇见中国古建筑

目前,星巴克在全世界的店铺已经超过20000间,除了标志性的绿色和黑色风格外,星巴克在店铺设计上也越来越走个性化的路线,尤其是一批概念店的推出,更着眼于所在城市文化和习俗的融合。特别是在一些知名的旅游目的地和景区,它们通常都会融入当地特色进行精品店的专门设计,让星巴克也成为游客们津津乐道、流连忘返的景点。举例如图4-1和图4-2所示。

图4-1　南京老东门的星巴克　　　　图4-2　阳朔西街的星巴克

4.3.3　我国景区购物服务现状及改进建议

1. 购物服务现状

旅游购物是旅游过程的延伸,它对丰富旅游内容,提高旅游区形象,增加旅游收入,扩大社会效益都有极其重要的作用。但多年来,我国旅游购物存在很多的问题,具体如下。

(1) 开发意识欠缺。长期以来,旅游经营者认为经营的重点在景区,把大量的资金和技术投向景区开发;认为旅游商品投入大,回收期长,没有发展前景,因而对旅游商品的开发不屑一顾,最终导致旅游购物的发展滞后于旅游业的发展。另外,政府对旅游业新经济动态把握不准,忽视了旅游购物对整个行业创收和创汇的巨大影响,没有很好地在规划中支持旅游购物的发展。

(2) 购物环境差。我国很多景区的旅游购物设施相当简陋,几乎未考虑购物环境的营造,更缺少休息区、饮水机、自动取款机等符合现代消费者消费需求的设施;再者,很多旅游购物场所只具备基本购物设施,缺乏辅助购物设施,这是国际游客不满意的主要问题。另外,旅游企业只把旅游购物设施看作购物所需要的物质条件,忽视购物设施的文化性特征,购物环境千篇一律,很难成为旅游吸引物。

(3) 市场管理混乱,假冒伪劣商品充斥市场,欺客、宰客现象严重,行业自律性差。在旅游购物市场中,以假充真、以次充好、"三无"商品等假冒伪劣商品处于主动地位;有些景区的购物环境非常混乱,小商小贩围追堵截、强买强卖,破坏了游客的视觉感受,影响了游览情趣,降低了购买欲望;有些旅行社和导游以旅游购物的高额

微课:鼓励景点小店以新奇体验留客

回扣作为盈利的主要来源，随意增加购物次数，使游客产生抵触情绪。

长沙一景区7颗珠子要价1650元

一网友发视频称在长沙某景区游玩时，在一家"找名字编手链"的店铺内挑选了7颗标价5元一颗的珠子，共编成了3串手链，结账时却被店家要价1650元。视频曝光后引起网友热议，纷纷分享自己在长沙游玩时遇到的消费套路。

当事网友在视频中说自己选好珠子和款式后，店家就开始加工，并未说明加工费和额外材料的费用，编好后就要收费1650元。网友随即表示价钱太贵，不要了，但店家拒绝接受，还不让网友离开。网友选择了报警，警察来调解后，网友给了店家100元手工费，并带走了7颗珠子。

当事网友在后续视频中表示，自己的诉求非常简单，店铺整改到位，明码标价，杜绝宰客行为。

资料来源：https://www.163.com/dy/article/IPNJFTHH0514R9PL.html。

（4）经营规模小，商品种类少。很多旅游区的景点依托型的旅游商品经营者采用小摊点、小铺面的方式经营，由于规模小，实力弱，所经营的旅游商品种类较为单一，顾客的选择余地较小，而且定位不清，各购物店出售的商品缺乏明显的区别，没有吸引力来提高旅游者的购买兴趣。另外，许多厂家由于资金、技术等方面的原因，对新产品及优质产品的研究热情不高。从而，使商品的种类少，质量差。

（5）商品雷同，缺乏特色。旅游小商品的生产和销售者绝大多数都是个体小本经营，没有能力研究和开发新产品，使产品"老面孔"多，各地雷同，缺乏当地特色。开发、设计、生产一种新的旅游商品具有相当的风险，在求稳的心理作用下，大多数厂家不敢轻易开发新产品，仍以生产"畅销"或"畅销"过的老品种为重中之重。因此，各地旅游者大都发现，虽然每个地区，每个旅游景点都有专门出售旅游商品的门市或小摊小贩，但他们出售的商品大同小异，既无地方特色，更谈不上具有纪念意义。

（6）商品质量差，诚信水平低。由于旅游购物市场没有统一规范的管理，同行之间为争夺客源而相互压价，无序的恶性市场竞争，导致商家无钱可赚，从而陷入恶性循环之中，使商品的质量难以得到保证。诚信水平受到质疑。

没特色的"景区纪念品"能纪念啥

2021年的五一小长假，各地景点人气爆棚，国内旅游收入超千亿元，游客满意度总体较高，但不少游客也表示存在遗憾：一些景区卖的所谓"纪念品"大同小异，不仅梳子、手串、披肩、海螺四处可见，更有甚者，一块普通绣花手帕，在江苏景区里是"苏绣"，在湖南景区就成了"湘绣",到了四川又被唤作"蜀绣",其实它们可能都来自某一个小商品批发市场。

兴致勃勃地去一个地方游览,除了休闲观光,多数游客都希望带回一些旅游纪念品。既然是纪念品,自然要既有特色又有品质,"色""相"二字缺一不可。但这点小小的愿望,其实很难实现。

本应为旅游目的地名片的纪念品,却在各地旅游景点"撞脸",同质化、地摊化成为当下旅游纪念品市场的鲜明标签,毫无纪念价值。其中原因,除了文化缺失、创新不足,还有"门票依赖症"在作祟:当仅靠门票收入就能赚得盆满钵溢,还要深度开发和文化创新做什么?

近年来,我国旅游市场消费升级趋势明显,游客越来越看重出行品质。权威数据显示,2021年五一假期,游客出行更加看重休闲度假类品质出行,私密化、定制化、小型化成为主流。这种趋势下,一些地方仍旧把景区纪念品当作一般小商品对待,不顾特色与品质,不仅让人产生审美疲劳,拉低消费意愿,也直接影响亿万游客的旅游体验和满意度,成为旅游业发展的一块洼地。

值得一提的是,2021年五一期间,洛阳博物馆开发的"唐妞"系列文创新品、武汉黄鹤楼景区推出的"黄鹤楼雪糕"成为"爆款"。这提醒我们,要让旅游纪念品走出同质化洼地,各地景区要学会看长远、算"大账",通过挖掘地域特色文化和景区内涵打造有特色、重品质的纪念品,让游客心甘情愿地为文化创意买单,助力旅游业高质量发展。

资料来源:https://baijiahao.baidu.com/s?id=1698996541783942523&wfr=spider&for=pc。

2. 改进建议

(1) 强调特色,创造品牌。发展旅游购物,必须生产特色商品,创立自主品牌。首先,特色商品是旅游商品的灵魂。要开发具有特色的旅游商品,必须首先搞好创意设计,根据当地的风土人情、历史传说、文化底蕴、风景名胜、传统产品,设计出风格独具特色的旅游商品。如游客一般都会在日本买和服,在法国买香水,在中国买旗袍等。其次,大力发展有特色的旅游商品,还应以知名品牌为依托。如景德镇瓷器、苏杭丝绸、北京景泰蓝等这些在国际上久负盛名的传统工艺品,都具有鲜明的民族风格和浓厚的地方特色。

旅游商品的生产还应注意,引入最新科技和现代艺术,在传统商品的基础上不断加以发掘和创新,开发出对外国游客极具吸引力的具有中国特色的名牌产品,从而刺激海外游客增加购物消费。

(2) 规范旅游购物市场秩序。行政管理部门应加强对旅游购物过程的执法监督和管理。同时工商部门、技术监督部门也应积极协同配合,加以规范管理,健全有关规章。通过整顿行业混乱的运行秩序,建立正当的行业竞争秩序。为那些因"回扣"之风而受牵连、影响生意的正当经营的专卖店、特产直销点提供公平竞争的平台,也为国内外旅游者营造一个良好的旅游购物市场环境。

小资料

《"北京礼物"旅游商品店基本要求及评定》发布

北京市2023年4月发布了50项地方标准,其中包括《"北京礼物"旅游商品店基本要求及评定》。

此次修订发布的《"北京礼物"旅游商品店基本要求及评定》,对"北京礼物"旅游商品店的基本要求、设施要求、服务要求以及评定要求等进行规范。标准新增了引导标识要求,即在醒目位置设置公共服务设施引导标识;强调店内通道流线通畅,避免死角;做到平等待客、童叟无欺、尊重顾客的宗教信仰和民族风俗等。该标准将有利于加快培育"北京礼物"品牌、提升"北京礼物"旅游商品店服务和管理水平,充分发挥企业主体积极性,推动首都旅游文创业发展,满足市民游客日益增长的文化和旅游消费需求,助力国际消费中心城市建设。

资料来源：https://www.mct.gov.cn/whzx/qgwhxxlb/bj/202304/t20230421_943268.htm.

（3）把握机遇,积极促销。在旅游"六要素"中,食、住、行被称为刚性收入,需求弹性较小,而旅游购物则弹性最大。因此,要想让旅游业的发展再上一层楼,一定要认真在旅游商品上下功夫。另外,还应充分认识到发展旅游商品市场,有利于增强在国内外旅游市场的吸引力和竞争力。积极组织旅游商品经营企业参加国际、国内交易会、展销会和旅游节庆活动,把旅游商品的促销活动与整个旅游促销结合起来,这样更有利于我国旅游购物产业的发展。

（4）提高旅游购物吸引力。传统的旅游购物商店只作为单一的旅游商品销售场所,一旦在商品方面无法突出其特色,就很容易失去吸引力。现代游客更注重购物的过程,不仅要买到称心如意的商品,还要增长购物知识,享受购物乐趣,获得物质和精神的双重满足。旅游胜地泰国在这方面值得我们学习。他们在很多购物商店都设置了专门的区域(类似多媒体课堂),进行商品知识方面的介绍,如商品的生产过程、主要功能、产地、特色等,还带你参观生产过程,在顾客对商品有了较全面的购物知识和兴趣后,才领你到商品区进行购物。

小资料

全球首个5A景区无人超市落户大雁塔,全程"无感知"购物

2018年2月,西安首家无人超市——京东×无人超市正式落户西安大雁塔景区,集旅游购物于一体、传统文化与现代科技于一身,为古朴的大雁塔增添了一抹科技风景。

"不到大雁塔,不算到西安。"如果说位于古城西安的大雁塔是古代文明与智慧的典型代表,那集合了京东黑科技的×无人超市则是现代智慧的具体呈现。当千年古刹遇到无人黑科技,会碰撞出什么样的火花？一场古老文化与时尚科技的碰撞与融合正在上演,迎来了颠覆传统购物方式的黑科技：刷脸进店、自动结算……

无人超市将通过人脸识别、物联网、大数据等全新科技改变消费者的购物方式,提升消费者的购物体验。此前,京东×无人超市已经先后在北京、烟台、大连、天津等城市落地,位于大雁塔景区旁的京东×无人超市不仅是西安首家无人超市,还是西北地区的首家社会化门店以及全球首个5A景区无人超市。

没有收银员、结账无须排队、7×24小时服务,无人超市吸引了不少西安消费者尝鲜。记者在京东×无人超市体验发现,购物只需三步走：进入超市先"刷脸",通过摄像头进行

人脸识别,绑定自己的身份与支付信息;挑选商品,电子价签展现商品促销价格;最后,消费者拿着商品通过智慧化结算通道,便可以自动完成商品统计与结算。简洁流畅的全智能购物流程大大提升了游客体验,实现了"无感知购物"。

资料来源:http://k.sina.com.cn/article_6427087768_17f159398001004krr.html?from=travel.

(5)营造良好的购物环境。旅游购物离不开特定的购物设施,旅游商品与购物设施的不同组合给顾客完全不同的心理感受,可增加魅力,强化经历,促进商品销售。现在,消费者越来越重视购物环境、购物设施的现代化、特色化、人性化,购物已经成为现代人的一种休闲消费方式。所以,发展旅游购物时必须配套相关的购物设施,提高人员素质,从而营造一个有特色、人性化的购物环境。

旅游购物逐渐成为旅游活动中必不可少的项目,不但能够增加新的旅游体验,而且能增加外汇收入和就业机会、振兴地方经济。同时,现在的旅游购物也存在着许多问题,我们应加以重视,不断完善、发展旅游购物,从而促进旅游业的可持续发展。

 小资料

博物馆文创展现文化的无限魅力

55%是2022年上半年全国文化消费支出中以文创为代表的购物占比。与文物对视,与历史对话,再挑几件心仪的文创产品"把博物馆带回家",已经成为年轻人"打卡"一座城市的"标配"。看龙年生肖主题展、购买龙年元素文创产品……2024年春节期间,去博物馆里"过大年"成为潮流,各地博物馆(院)预约火爆。

打开"故宫淘宝"网店,销量第一的文创产品便是2024龙年日历/春联,销量已经超10万单。《故宫日历》连续出版15年,畅销500余万册,是故宫博物院最畅销的"过年伴手礼"。据了解,在2024年的天猫年货节中,故宫博物院、中国国家博物馆、甘肃省博物馆等30余家博物馆首发超千款龙年限定文创。此外,数据显示,2023年"文创年货节·博物馆里过新年"活动中,抖音电商文创产品销量环比增长644%。

以博物馆文创为代表,凝聚了传统文化元素与现代生活消费的"国货潮品"成为市场的"俏货"。

2024年将迎来604岁的故宫博物院,在2014年凭借自媒体平台上一篇《雍正:感觉自己萌萌哒》的推文,让故宫文创一炮而红。此后,故宫文创一路"狂飙",推出了朝珠耳机、故宫口红等多个爆款。故宫博物院开设的"故宫淘宝"网店粉丝数量已超960万人,在售商品700多件,涵盖节庆礼品、文具手账、玩具、家具用品、彩妆、香氛、饰品、茶点等十多种品类。据了解,这家十几年的老店年销售额超过10亿元。无论是粉丝数量、在售商品数量还是商品销量都是"断层"第一,实属博物馆文创界的"顶流"。

自故宫博物院打响博物馆文创招牌后,再加上国务院《博物馆条例》《关于进一步加强文物工作的指导意见》相继发布,明确支持博物馆开发文化创意产品,"古老"的博物馆纷纷修炼起文创这一门课程。据统计,2019年,国内已有2500余家博物馆、纪念馆、美术馆围绕馆藏进行文创开发。博物馆文创呈现出"百花齐放才是春"的景象,市场规模稳步增长。智研咨询文创产业发展分析报告显示,从2014年的16.41亿元到2019年的77.87亿元,博物馆文创产品市场规模6年增长超374%。

2022年,苏州博物馆文创产品收入达4537.85万元,成都武侯祠博物馆超3300万元,三星堆博物馆达3000万元,河南博物院则为2000万元……在全国博物馆免费开放率超90%的今日,文创已经成为许多博物馆收入的有益补充。

从多年前品类雷同、设计简单的"旅游纪念品",到如今百花齐放、巧思不断的"新文创",一件件"爆款"博物馆文创诞生的背后是创造力与产业链的共同成长。

资料来源:https://new.qq.com/rain/a/20240226A00KIE00.

4.3.4 游客购物心理和推销技巧

1. 游客购物心理

在购物过程中,游客的心理活动非常活跃,有时候现场的气氛也影响到他们购物的心理变化。掌握游客心理,有助于购物促销成功。对于有购物欲望的旅游者,如何给予满足让其满意,对本来没购物欲望的旅游者如何激发他们的动机与兴趣,同时让他们在购物过程中感受快乐和享受。以上问题就是游客的购物心理和购物习惯所要研究的问题。

(1)求实心理。追求商品的使用价值。顾客对商品的购买,看中的是实用、实惠,对商品的外观并不十分注意。游客,尤其是中低收入阶层的游客,在旅游过程中购买所需要的用品时特别注意的是商品质量与用途,要求商品经济实惠、经久耐用、使用方便。

(2)求名心理。追求名牌和有名望的商品,喜欢攀比也是游客求名心理的一种表现。

(3)求美心理。重视商品的艺术欣赏价值。俗话说:"爱美之心,人皆有之。"爱美是人的本性。对游客来讲,离开自己的居住地参加旅游活动,不仅希望欣赏到美的风景,同时也希望能购买到一些富有美感的旅游商品,因此往往重视商品的款式、包装,以及对环境的装饰作用。

(4)求新心理。追求商品的新颖、奇特、时尚。对游客来讲,大多喜欢新奇、新颖的商品,这些新的颜色、新的款式、新的质量、新的材料、新的情趣,可以满足人们求新的心理,可以放缓紧张的工作节奏,调节枯燥、单调、烦闷的生活。

(5)求廉心理。消费者对商品的价格特别敏感,他们追求经济实惠、价格低廉的商品。怀有这些动机的游客在购物时,主要把精力放在价格上,希望购买同等价值的商品能少花钱,喜欢买简单的商品甚至是不包装的商品。这样,既不影响实用,又可以节约开支。当然,旅游活动是一种高级的、高消费的享受活动,游客通常不会像普通消费者那样过分追求廉价。

(6)求趣心理。对游客来讲,由于生活经历、宗教信仰、受教育程度、家庭背景等方面的不同,使得他们的兴趣、爱好各不相同。在旅游的过程中,他们重视购买与自己的兴趣、爱好有关的商品。

(7)求纪念价值的心理。正如人们常说:"走过路过不要错过,多看多买必有收获。相信买的必是好货,带回家里开心快乐。"这就是强调游客注意购买当地的名优土特产品,以达到一种纪念性的购买行为。"归心似箭,满载而归。"这都是游客在离开目的地返乡时的共同心理。他们都希望购买当地有纪念价值的旅游商品带回家,一方面,带回的是一份对家人与亲朋的关爱和思念之情;另一方面,在时过境迁后,通过睹物思情也能唤起对旅游经历的美好回忆。一般来说,旅游者往往对具有保存及纪念价值的手工制品、美术品、字画、古董复制品等乐于购买,纪念品中具有明显的当地特色标志的则更受欢迎。

(8)购买地方特产的心理。游客去一个地方旅游,回去的时候大都会带上一些当地的特产送朋友、送亲人或自己吃,这种购买地方特产的心理跟特产的稀有性有很大的关系,特产只能在本地买得到,在市场上很难见到,因此稀缺性刺激了顾客的购买欲望。

"30日无理由退货"成为张家界旅游消费维权"新名片"

旅游业作为张家界市的支柱产业,已经成为驱动地方经济发展的主引擎。针对游客流动性大、停留时间短、易冲动消费等特性以及逐年增多的涉旅消费纠纷,张家界市第八届人民代表大会常务委员会发布公告,于2022年9月1日起,在全市范围内施行《张家界市旅游市场秩序管理规定》,消费者在张家界市旅游团队购物场所购买商品后,如果对商品质量、价格、服务等不满意,均有权自购物之日起30日内凭购物单据申请办理无理由退货,商家应在受理游客退货申请、确认收到退货商品后的三个工作日内全额退回购物款。

为确保新规落地实施,张家界市市场监管局从立法、宣传、监管三个方面同向发力,化解旅游购物退货难、退货慢、易起纠纷等难点问题,打造张家界消费维权"新名片"。

游客一进入张家界,就能收到以"30日无理由退货"为主要内容的短信推送服务;主要景区景点、购物场所、星级酒店等游客集中区域,展示"30日无理由退货"新规的宣传横幅、海报、电子显示屏随处可见。创新载体、整合资源,多种形式的专题宣传让"30日无理由退货"深入人心,实现宣传服务精准化。

为畅通维权渠道、快速协调解决消费者在退货过程中出现的各种问题,张家界市市场监管局推出了"无理由退货投诉实行两人包保、相关投诉30分钟现场处置,24小时办结"的机制,节日期间全员在岗,充分发挥12315热线"调解员、咨询员、侦查员、监督员"作用,对接到的消费投诉在第一时间进行回应、分流、督办、反馈,尽可能缩短办理周期,提高消费纠纷处置效率,确保维权效果,以专业高效的服务赢来中外游客的好口碑。同时,该局组织监管执法力量点对点下沉到各旅游团队购物场所,现场指导企业严格履行宣传公示、主动告知与售后服务等应尽义务,提高商户诚信经营意识,营造旅游市场良好氛围。该局还以回访督察压实经营者消费维权主体责任,要求商家明确专人负责处理游客无理由退货相关事宜,建立完善退货台账并定期汇总上报。执法人员对提出退货申请的游客进行随机电话回访,若发现存在旅游团队购物场所擅自设置退货门槛或无正当理由拒不执行退货约定的行为,一律按消费欺诈行为支持"退一赔三"的法律规定处理,确保"30日无理由退货"得到规范落实。

湖南省消保委副主任兼秘书长吴卫表示,"30日无理由退货"首次以地方性法规的刚性约束,赋予游客冲动购物的"后悔权",有效激发出旅游消费潜能,倒逼涉旅经营主体不断提高商品服务质量,在寻求与游客的良性互动中实现互利双赢,推动将消费维权的制度优势转化成为旅游消费的增长动能。

据统计,2023年以来,湖南张家界市有关商家已为游客办理"30日无理由退货"1733件,解决争议金额达734.25万元。

资料来源:http://amr.hunan.gov.cn/amr/xxx/mtzsx/202311/t20231106_31815574.html.

2. 推销技巧

服务人员应熟悉和掌握所推销商品的性能、产地、特点,针对旅游者在购买过程中的心理活动特征和购买行为特点,采取有针对性的服务措施。

(1) 要有良好的服务态度。服务人员要注意自己的言谈举止、动作表情、服务态度,要以诚挚、善意的微笑和关切、清晰的语言向客人打招呼;用简单、明快、有效的语言向游客介绍商品;并不厌其烦地向游客出示商品让其挑选等,服务人员的态度对游客的心理起着重要的影响,直接影响着他们的购买动机和行为。

(2) 要掌握好介绍商品的机会。一般游客进商店有三种目的:①想购买商品;②想了解一下商品的行情;③浏览商品,没有购物目的,看到合适的就买。因此服务员一定要找到有利的时机为游客介绍商品,否则会起到相反的效果。例如,对那些看上去只是随便逛的游客,就不用过多介绍,任他们去看去逛,他们会感到自在、舒心,或许他们会在不知不觉中选好了自己满意的商品;而对于想买商品的游客,当他们长时间地盯着商品,或对是否购买某一商品举棋不定时,就要主动上前打招呼,不失时机地为他们介绍商品,诱发他们的购买行为。所以,作为服务人员,一定要有观察购物者购物心理的能力。

(3) 运用多样化的销售形式。当今国际旅游业的一个新口号是"完整的经历",游客对旅游购物的兴趣不仅仅在于购物本身,更在于追求消遣性活动,寻求新的经历。因此商品销售形式除了柜台式、开放式外,还可以结合生产、娱乐等形式,来丰富购物服务的内容,常见的销售形式主要有以下几种。

① 现场制作式。对于就地取材生产的富有当地特色的一些手工艺品,可以适当地组织人员相对集中地进行制作生产,让游客观看生产过程,在现场购买,甚至指导游客亲手制作,例如陶瓷制品、扎染织品,从而丰富了购物的内容。

② 知识讲座式。可在购物前,为客人举办一个小型的知识讲座,对商品的成分、性能、特点、使用、辨别等一一作介绍,并现场示范,帮助客人对所购商品加深了解,从而促进购买。

③ 表演式。通常是具有极浓郁的地方或民族特色的商品,可以通过歌舞表演等形式,加深客人对商品的认知,从而产生购买的欲望。有代表性的如大理的白族"三道茶"歌舞表演、潮汕的"工夫茶"茶艺表演。

任务实施

全班分为若干小组,每组6~8人,通过参观当地著名景区,对景区购物服务管理进行调查研究,分组进行相互讨论,讨论主题:如何营造一个良好的景区购物环境。由实训教师对学生的讨论结果进行全面的评价。最后要求每个小组完成一份书面实训总结。

任务 4.4　景区娱乐服务管理

任务引入

玩转横店

横店影视城位于中国东阳市横店境内,为国家5A级旅游区。自1996年以来,横店集团累计投入30亿元资金兴建横店影视城,现已建成广州街、香港街、秦王宫、明清宫苑、清明上河图、梦幻谷、屏岩洞府、大智禅寺、明清民居博览城等13个跨越几千年历史时空,汇聚南北地域特色的影视拍摄基地和两座超大型的现代化摄影棚,已成为目前亚洲规模最大的影视拍摄基地,被美国《好莱坞》杂志称为"中国好莱坞"。

1. 逛片场——领略影视拍摄的"新、奇、乐"

在横店,你在领略璀璨的中国古代建筑艺术的同时,还可能在影视片场偶遇你所钟爱的电影明星、名导大腕;能和自己喜欢的明星合个影、交流互动下应该是每个追星族的梦想吧!

2. 长见识——有助于心智的旅游活动

在横店,你可以领略到璀璨的中国古代建筑艺术,每个建筑的细节都展现着劳动人民的伟大智慧。如梦幻谷内上演的傩戏来自中国非物质文化遗产之精粹,明清民居博览城则集中了从浙、皖、赣等地拆迁的明、清、民国时期的民居120余幢,粉墙黛瓦、砖石木雕、斗拱琴坊、牛腿花窗是无数工艺大师的心血结晶,亭台楼阁、戏院祠堂、府第民宅、屯溪老街是千年历史文化的民俗画卷。

3. 追明星——影视城,星光灿烂

漫步在横店,钻进某个小餐馆,你会赫然发现周润发几天前刚来这儿吃过饭,墙上还贴着他的亲笔签名;住在某家酒店,却可能得知胡玫导演的房间就在隔壁;在某个景区优哉闲逛,兴许就能看到张卫健跟当地的小孩正闹着玩……横店就是有这样的"神奇",粉丝们在荧幕上才见得到的明星,这里的居民却是"看烦"了。

4. 找快乐——还不来横店玩

横店不仅是一个影视拍摄基地,更是一个充满着快乐的"东方拉斯维加斯"。这里有明星,有演出,有泼水节,有龙舟赛,横店就是这样一个神秘而又热情的地方。不只是"死"的建筑,不仅是"看看空房子,感受大气势"的简单旅游,快乐,还是快乐,横店影视城的每一个体验的细节都着力为每一位来到横店的客人打造最快乐的时光。

5. 看气势——一朝步入画中,仿佛梦回千年

相比起为了展现古建筑而使用简单模型的手法,横店影视城的所有古建筑皆按照实际尺寸进行精确的复原。如秦王宫景区的主殿——四海归一殿,使用了多根直径超过四米,多个成人才能合抱的大木作为主要的支撑结构。明清宫苑则建筑于13座炸平的山头之上,按照1:1的比例精确复制了北京故宫博物院的建筑形式。在贝纳尔多·贝托鲁奇的《末代皇帝》之后,提供了全世界几乎全部关于明清宫殿的取景内容。

6. 玩穿越——复制时空,请尽情穿越

要将几千年的时光复制到一个小镇,不晓得这是个多么庞大的工程。从搭建第一个拍摄基地开始,10多年过去了,今天的横店影视基地无论是建筑规模还是拍摄过的影视剧,都已称霸世界,"中国好莱坞"的名号不胫而走。广州街、香港街、秦王宫、明清宫苑、清明上河图、梦幻谷、屏岩洞府、大智禅寺、明清民居博览城、华夏文化园……一个个跨越了几千年历史时空的拍摄基地在横店镇落地生根。现如今,这些基地已经不仅仅是剧组出没的"梦工场",更是游人簇拥的5A级景区了。游走其间,就像从一个历史时空穿越到另外一个历史时空。

7. 观演出——在横店,数不尽精彩演艺秀

如若只是冰冷的建筑,即使再怎么华丽无双,也品咂不出耐人寻味的意韵。所以,当一幕幕或波澜壮阔,或奇趣爆笑,或唯美动人的演艺秀,在秦王宫,在明清宫苑,在广州街、香港街,在清明上河图,在华夏文化园,在明清民居博览城的某一处精彩上演时,原本空荡荡的建筑好似一下子注入了用不完的生命力。影视特技水战《怒海争风》、影视特效情景喜剧《大话飞鸿》、古彩戏法情景剧《汴梁一梦》、影视特技真人秀《笑破天门阵》和《英雄比剑》、多媒体梦幻情景剧《梦回秦汉》、大型皇家马战表演《八旗战马》,给游客带来了美的享受。

资料来源:http://www.hengdianworld.com/homepage/wzhd_Playwhat.do.

任务分析

餐饮和住宿服务是游客的基本要求,娱乐和购物服务则是游客在景区的深层次的消费需求,是增强游客体验、提高景区经济效益的重要手段。

4.4.1 景区娱乐服务

1. 景区娱乐服务的定义

景区娱乐服务是指景区为旅游者提供的,以消遣放松获得精神愉悦和身心平衡为目的的多种旅游活动方式和服务的总称。

2. 景区娱乐服务的一般内容

1)小型常规娱乐

小型常规娱乐是指景区长期提供的娱乐设施及活动。它因占用员工少,因而规模小,游客每次得到的娱乐时间也不长。其形式可分为三大类若干小类(表4-1)。

表4-1 景区小型常规娱乐形式分类

分类	细分类别	特征及举例	
表演演示型	地方艺术类	法国"驯蟒舞女",日本"茶道""花道",吉卜赛歌舞	
	古代艺术类	唐乐舞、祭天乐阵,楚国编钟乐器演奏	
	风俗民情类	绣楼招亲、对歌求偶	
	动物活动类	赛马、斗牛、斗鸡、斗蟋蟀、动物算题	
游戏游艺型	游戏类	节日街头(广场)舞蹈、苗族摆手舞、秧歌、竹竿舞	
	游艺类	匹特博枪战、踩气球、单足赛跑、猜谜语、卡拉OK	
参与健身型	人与机器	人机一体	操纵式:滑翔、射击、赛车、热气球
			受控式:过山车、疯狂老鼠、拖曳伞、摩天轮
		人机分离	亲和式:翻斗乐
			对抗式:八卦冲霄楼

续表

分　类	细分类别	特征及举例	
参与健身型	人与动物	健身型	钓虾、钓鱼、骑马
		体验型	观光茶园、观光果园、狩猎
	人与自然	亲和型	滑水、滑草、游泳、温泉疗养、潜水
		征服型	攀岩、迷宫、滑雪
	人与人	健身型	高尔夫球、网球、桑拿
		娱乐型	烧烤、手工艺品制作

在三大类别中，游戏游艺型是一种过渡形式，一些比较简单的对人数限制不大的舞蹈往往在演示过程中邀请游客模仿参与，成为一种很能活跃气氛的大众性游戏。

2）大型主题娱乐

大型主题娱乐是指景区经过精心策划，组织，动用大量员工和设备推出的大型娱乐活动，一般在推出前会进行较高频率的广告宣传，用心营造特定氛围。大型主题娱乐是目前主题公园营销的主要方式。按照大型主题公园的活动方式，可以将其分为三种类型。

(1) 舞台豪华型。舞台豪华型一般采用最先进的舞台灯光技术，采用氢气球、秋千、声控模型、鸽子等占据多维空间，并施放焰火、礼炮配合舞台演出。在舞台表演中，服饰强调彩衣华服、夸张怪诞，节目强调时代感与快节奏，集杂技、小品、歌舞、哑剧、服饰表演、游戏娱乐于一体，淡化艺术属性中的教育性、审美性和知识性，极其强调娱乐性，以新、奇、乐取悦观众。

如世界之窗在恺撒宫上演的《凤舞东方》，《凤舞东方》是世界之窗原创作品，受国家文化部选派，赴欧洲、澳大利亚巡演获得盛赞。该剧目共分为"凤舞东方""楚魂汉风""大汉百戏""中国元素中国风""五洲风采"五个部分。整台晚会运用了舞蹈、武术、杂技和戏曲等多种表现形式，将盘古创世、女娲补天、百鸟朝凤、霸王别姬等经典故事用炫丽恢宏的艺术语言展现出来，在演绎传统艺术精华的基础上加以创新。整台晚会兼具中国风情和世界元素，堪称中华舞蹈艺术的点睛之作。

(2) 花会队列型。花会队列型是一种行进式队列舞蹈、服饰、彩车、人物表演，一般与节庆相结合，在广场或景区内街道进行，有的以民族民俗为主题，有的以传统神话为主题，有的以童话传说为主题，音响热烈，喧闹喜庆，服饰夸张怪诞，娱乐性强。

如世界之窗的大游行则汇集了皇家马队、扑克方阵、典礼仪仗、文化彩车等异国文化风情。

(3) 分散荟萃型。分散荟萃型是以一定的节庆为契机，围绕一定的主题，在景区多处同时推出众多小型表演型或参与型娱乐活动，从而共同形成一个大型主题娱乐活动。

2024年2月2—25日，深圳世界之窗推出"龙腾五洲贺新春"活动，春节迎新大巡游、新春电音派对、龙狮鼓舞贺新年、福气财神嘉年华、风情乐队贺新春等节目轮番上演。除夕到大年初八(2月9—17日)连续九天新年烟花大秀，年味十足，妙趣横生。

目前，大型主题娱乐呈现出舞台豪华型、花会队列型和分散荟萃型三种类型的相互交叉趋势，并大量运用声、光、电等高科技手段，使活动更为丰富、更为热烈、更为精彩纷呈。

4.4.2 景区娱乐服务管理

1. 娱乐服务的内容应该契合景区的主题

微课：大型歌舞《西安千古情》首演

在小型常规娱乐活动的基础上，各景区应立足于自身文脉，尽量与中外节庆相结合，并不断精选贴近生活的主题，创办自己的节庆，吸引市民前来观摩、参赛、娱乐。还有一些景区文化味道浓郁但娱乐气氛不足，其对策是营建非现实化的时空氛围，如进行卡通化改造，即通过四维的环境装饰，使整个景区充满童话氛围，让相关的中外神话、童话、传奇、历史题材中的各种动物和人物在景区内随时随处出现，使游客感觉置身非现实的梦幻乐园，在气氛感染下也打扮成类似人物，参与各种活动，同时景区也可推出多种相关的娱乐、商品、饮食、交通工具等，实现由表演欣赏型向主体参与型、由多个小舞台向整个大舞台的转变，经营效益也实现总量的增长和结构的优化。

2. 创新娱乐项目内容

景区娱乐项目环境、内容及模式一旦固定，游客就会逐渐对娱乐项目失去兴趣，因此，景区在原有娱乐项目的基础上，应注重娱乐项目主题外延、内涵深化和活动更新，把与主题相关的项目纳入娱乐项目中，以丰富其内容和服务。另外，旅游娱乐项目具有自身的生命周期，存在着更新换代的替代性问题，因此时刻需要创新。这样才能保证其持续发展的动力，才能始终具有强大的竞争力。

以长隆为例，基本上每年须推出一个新项目，制造新的爆点，这样才能够吸引更多的游客，以及回头客。长隆水上乐园每年闭园期间都要经历一次升级换代。迪士尼的做法，则是两三年间更新项目，接连不断地推出新主题区。而上海迪士尼在开幕后不到五个月便宣布首个扩建项目——"玩具总动员"主题园区，并为该全新园区破土奠基，"玩具总动员"园区于2018年4月向游客开放。2023年12月，全球首个疯狂动物城主题园区、上海迪士尼第八个主题园区开幕。

3. 挖掘文化内涵

挖掘娱乐项目所体现的是景区中的文化内涵，并为现代所用，既要扎根于中国优秀的历史文化传统，凝聚民族文化精华，又要反映时代发展的主流和方向，具有浓郁的民族风格。

如上海迪士尼度假区所有的娱乐演出剧本和故事情节均由中国艺术家与迪士尼的专家们通力合作，为中国游客专门创作，契合了消费者的需求。围绕中国传统节日，上海迪士尼还打造了一系列节庆活动，比如中国传统的舞龙舞狮表演。事实上，中国风已然巧妙地融于上海迪士尼乐园中的各个主题园区与游乐设施中。"奇幻童话城堡"的至高处尖顶装饰为传统中国祥云、牡丹、莲花及上海市花白玉兰等元素；"十二朋友园"拥有12幅精美的大型彩色马赛克壁画；深受喜爱的迪士尼和迪士尼·皮克斯动画明星演绎中国传统的十二生肖，以中国元素诠释迪士尼故事。

如长隆利用了岭南独特的气候优势，在自然、生态这个领域深挖，无论是番禺的野生动物园，珠海的海洋王国，还是清远的森林主题乐园，皆凭借广东自身的优势，打造生态王国。

文艺演出失败案例——以《印象·海南岛》为例

《印象·海南岛》是大海舞台艺术经典,是海南一号旅游文化工程,是海南旅游文化发展里程碑式作品,印象剧场也成为海南最具吸引力的文化休闲旅游目的地。

《印象·海南岛》剧场位于海口市西海岸,西临假日海滩。《印象·海南岛》剧场由张艺谋旗下的北京印象创新艺术发展公司和国有企业海口旅游控股集团共同出资1.8亿元制作,印象剧场是专为《印象·海南岛》量身打造的海胆形仿生剧场,是目前世界上最大的海胆仿生型剧场,设计上实现了沙滩与大海的完美融合,呈现海天交融、情海相接的浪漫享受,将令观众感受到新奇而自然的视觉伸延,其建筑工艺的精美可媲美北京的"鸟巢"。节目形式更新颖、丰富,演出内容不拘泥于展现海南岛的民土民风,更注重娱乐性,是导演梦中意象的关于大海的一场演出。奇特的时空交错感、轻松愉悦、梦幻浪漫的观演感受是这台演出的一大亮点。

从2014年7月20日威马逊台风洗劫后,《印象·海南岛》便停止演出,场地损坏,演员解散,昔日的繁华辉煌不再,只留下了几个工作人员看守破败的场馆。

《印象·海南岛》聘请了张艺谋团队做导演,国有企业起头,失败的主要原因如下。

第一,缺乏扎实的文艺演出策划,在剧本质量和故事情节方面都不够成熟。一般需要两年左右的时间进行策划和剧本创造才能打好基础。

第二,未能突出民族文化特色,缺乏地域文化的挖掘。海口经济学院旅游文化研究所所长刘荆洪教授称,无论是对于张艺谋来说,还是对海南国际旅游岛来说,《印象·海南岛》本身就是一个败笔。"从民族特色、声光设备、演出阵容三方面来说,它都是有问题的。"刘荆洪解释,《印象·海南岛》演出的内容是任何一个滨海城市均可推出的,复制性强。海南突出的文化是黎族文化,但是《印象·海南岛》并未对黎族文化进行深入挖掘,缺乏民族特色。"游客前来旅游,就是要体会当地与众不同的文化差异、文化特点和文化内涵,跟别的城市一样了,还看什么?"

第三,缺乏文化演出中间过程的风险控制方法和手段。

第四,在不够成熟的时候就急于推向市场,急功近利。

第五,项目选址不如三亚,海口游客数量较少。

尽管从市场角度《印象·海南岛》失败了,但是该项目导演有较多创新,有部分成功的元素,值得认真总结,对我国大型文艺演出具有借鉴作用。

资料来源:http://www.sohu.com/a/81190539_134704。

4. 保障游客的人身和财物安全

(1)营业场所的环境应干净整齐,客用设备及用具必须定期清洗消毒。

(2)对一些机械类设施要定期保养,并且每天接待游客之前还应该进行测量和检查;接待的服务人员要不厌其烦地向游客解释正确的使用方法,为游客进行安全装置检查并进行必要的运动保护(比如潜水、蹦极等);对游客出现的一些不规范操作要及时劝阻。

(3) 要强调对游客的人身和财物安全保障,制订具体的保护措施。

5. 培养服务人员的服务意识

由于娱乐服务项目的某些服务工作内容枯燥、单一,且工作时间较长,容易烦躁,再加上服务对象是形形色色的游客,因此服务人员必须具备良好的服务意识,才能做好娱乐服务。

任务实施

全班分为若干小组,每组6~8人,通过参观当地著名景区,对景区娱乐服务管理进行调查研究,分组进行相互讨论,讨论主题:如何为游客提供一个良好的景区娱乐服务。由实训教师对学生的讨论结果进行全面的评价。最后要求每个小组完成一份书面实训总结。

项目实训

印象·大红袍

《印象·大红袍》是福建省南平等市倾力打造的重点文化旅游项目。武夷山大红袍作为"茶中之王",早在唐宋时期就声名远播,"仙翁遗石灶,宛在水中央。饮罢方舟去,茶烟袅细香。"这是宋代著名诗人朱熹对武夷山水茶的动人描述。大红袍传统制作技艺已成为国家首批非物质文化遗产。近年来,武夷山凭借深厚的文化底蕴,着力打造精品文化旅游项目,不断提升旅游形象。

《印象·大红袍》山水实景演出的推出,打破了固有的"白天登山观景、九曲泛舟漂流"的传统旅游方式与审美方式,不仅首次展示了夜色中的武夷山之美,同时还创造了多个世界第一。

世界上第一座山水环景剧场:舞台视觉总长度12000米,是世界上最长的舞台。

全球首创360°旋转观众席:每5分钟内即可完成一次360°平稳旋转。

唯一在23个世界自然与文化双遗产地落成的印象作品,是全世界唯一展示中国茶文化的大型山水实景演出。

15块电影银幕完美地融入自然山水之中,造就世界上最大的"演出茶馆"。

《印象·大红袍》这场文化盛宴正悄悄地改变着武夷山旅游客源的结构,逐渐从传统风光旅游转为休闲度假旅游,推动当地旅游业升级。而今到武夷山的游客,有35%选择观看《印象·大红袍》,游客比以前多逗留0.3天。《印象·大红袍》不仅提高了武夷山的知名度,更提高了当地群众生活水平。目前《印象·大红袍》有演员300多人,80%为当地村民,这大大提高了当地村民的就业率。

14年来,《印象·大红袍》团队不断挖掘当地文化和民俗元素,不断尝试将其融入节目中,5600场的演出让《印象·大红袍》获得了世界最大"茶馆"的良好口碑,成为茶文化传承、发展的标志性文化IP,成为武夷山最具魅力的业态之一,也让2022年列入世界非物质文化遗产的中国茶制作技艺以及其中的茶文化内涵被更多的游人感悟。2023年1—10月累计演出462场,接待人数达77.8万人次,突破开演14年来最高年度接客量,2023年1—

6月实现营业收入5335.65万元。

实训要求：

（1）分析本案例后回答：已经非常著名的武夷山景区为什么要推出《印象·大红袍》演出项目？《印象·大红袍》的创意是如何确定的？

（2）全班分为若干小组，每组6～8人，考察当地旅游景区的娱乐项目，分析其主要创意是否符合景区主题。提出自己的建议，制作PPT，由一名学生代表进行讲解，教师和学生做点评。

项目 5

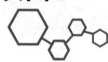

景区营销管理

> **项目摘要**
>
> 在激烈的旅游市场竞争中,市场营销已成为旅游地占领市场制高点的关键因素,成为撬动景区发展的杠杆。景区营销对景区的经营发展具有重要作用,因此景区的经营和发展必须要重视景区营销。

任务 5.1 认知景区营销管理

任务引入

峨眉山景区的新媒体营销矩阵

1998 年,峨眉山景区于全国率先组建专门的市场营销部门,就此开启了峨眉山品牌营销,至今 24 年的历程。从电视、电台、网站、电商到如今的移动互联网营销,峨眉山营销一路走来,一脉相承,不断迭代,不断创新。目前,峨眉山景区在各大自媒体平台粉丝总数已超过 100 万。除了景区资源,还有峨眉山旅游股份有限公司"N 个一"的核心产业,从景区门票、索道、宾馆酒店、茶业、智慧旅游、演艺、研学以及文创产品等全面发展,为新媒体营销提供了强大的内容支撑。目前,峨眉山景区新媒体矩阵已实现两微一抖一端的新格局,结合各大自媒体平台共同发力。2013 年 10 月,峨眉山景区微信公众号开始运营,公众号内容坚持每日更新,目前粉丝总数超 40 万。

资料来源:峨眉山景区公众号,2022-09-02。

任务分析

随着社会的进步和旅游业的不断发展以及旅游者的旅游经历的增多,人们对景区的要求会越来越高,景区有必要通过营销工作加强与游客之间的信息交流与沟通,掌握市场需求变化,更好地服务市场和发展企业。景区营销已经受到更多的经营者的重视,因此要充分认识景区营销管理的相关含义与内容。

5.1.1 景区营销的定义及实质

1. 景区营销的定义

景区营销是指景区综合运用各种有效的市场经营手段,把景区的产品和服务销售给旅游消费者,以使目标游客的需求得到满足的经济活动和动态管理过程。

2. 景区营销的实质

从景区营销工作来看,一方面通过说明特定产品和服务的价值来激发游客产生前往景区的愿望,并同时通过增强景区产品和服务的吸引力,来影响游客对景区产品的需求;另一方面是在一定地域范围内寻找目标游客群体,引导游客需求,从而形成有利于景区经营的旅游消费时尚与观念。因为人们的旅游偏好倾向容易受周围人群影响而形成游趣相投的游客群体,并在一定地域范围内形成旅游消费时尚。因此,景区营销的实质就是引导和满足游客的需求。

5.1.2 景区营销的重要性

1. 有利于景区的竞争

地方旅游业的发展使景区的供给能力大大增加,从而使游客的多元化选择成为可能,但与此同时每个景区都必须更加努力才可能维持自身的游客数量。因为同一地区内的景区要竞争,周边地区的景区也存在竞争,因此景区经营者必须关心竞争并认真研究营销对策,才能有利于景区的竞争。

2. 有利于景区服务市场和发展

随着人们生活水平的提高和旅游业的不断发展,旅游者的旅游经历增多,对景区的要求越来越高,旅游之前需要获得更多的景区信息,因此景区通过营销工作,加强与游客之间的信息交流,掌握市场需求的变化,既利于服务市场又利于景区的发展。

5.1.3 景区营销的管理过程

景区营销的管理过程就是景区营销计划的制订、执行和控制的过程。这个过程包括景区市场机会分析、景区目标市场选择、景区营销组合确定和景区营销活动管理四个步骤。

1. 景区市场机会分析

景区市场机会分析就是发现、评价和选择有吸引力的市场营销机会,特别是分析机会是否和景区自身的战略计划符合,是否具备利用这种机会的资源条件。景区市场机会可以通过收集市场情报,发现市场变化获得,还可以通过开拓市场和产品的深度开发获得。

社会客观环境和游客的需求是在不断变化的,景区必须不断地寻找营销机会,这是景区营销管理过程的首要步骤。

2. 景区目标市场选择

景区获得了有利的市场机会后,要把市场根据不同的需要、不同的性质和具有不同行为特征的顾客群进行细分,然后决定选择进入一个或几个细分市场。这个过程就是目标市场的选择。

3. 景区营销组合确定

景区目标选择之后,要根据自身的战略发展需要确定详细的营销组合策略。所谓营销组合,就是以满足目标市场需要出发,景区对自己可控制的各种市场营销因素,主要是产品、价格、渠道和促销等进行最佳的组合,使它们综合发挥作用,完成和实现景区的发展目标。

4. 景区营销活动管理

景区营销活动管理是景区营销管理过程的最后一个步骤。景区营销活动管理包括四个管理系统:市场信息系统、市场计划系统、市场营销组织系统和市场营销控制系统。通过景区营销活动的管理保证景区营销目标的实现。

任务实施

全班分为若干小组,每组 6～8 人,考察和了解当地景区企业,选择大家较为熟悉的景区,就该景区营销管理方面的工作做充分的调研,提出问题,并结合实际分组讨论,为该景区营销管理工作提出建议。

任务 5.2　进行景区市场定位

任务引入

南岳衡山景区的重新定位

南岳衡山自古就有"五岳独秀"的美誉。但是这一形象在国内众多的山岳型风景区内既不突出也不独特,与东岳泰山相比,文化上没有比较优势;与黄山等江南名山相比,自然风光也没有竞争力,因而在旅游市场上影响力不大。面对现实,南岳人遍查历史,调查市场,做出了品牌重新定位,打出了"天下独寿"的品牌,并于 2000 年 10 月 6 日建成了中华寿坛和高 9.9 米、重 56 吨的中华万寿大鼎,以后每年举办国际寿文化节,使南岳真正成为高举"寿文化"大旗的"中华主寿之山"。

资料来源:http://www.795.com.cn/wz/65330.html。

任务分析

景区市场定位是通过识别旅游者需要,开发并向旅游者传播景区的优势旅游产品,使旅游者对该产品有更好的认知过程。简单来讲就是塑造景区在市场中的位置。因此是基于客源市场的调查与预测、市场细分以及目标市场选择的基础上进行的。

5.2.1　景区市场调查与预测

1. 景区市场调查

1) 景区市场调查的意义

景区市场调查为景区管理部门和投资开发商提供参考依据,是制定长远的战略性规划和阶段性营销策略的依据,是进行旅游市场分析和进行营销决策的基础,也是景区进行市场预测的前提。

2) 景区市场调查的内容

不同景区根据自身所要达到的目的,其调查的内容侧重点有所不同。但一般是影响景区发展的宏观环境和微观环境。具体来讲,包括政治、经济、社会文化、技术及自然环境的一般环境因素;包括景区竞争者状况、社会公众状况、供应商和中间商状况及旅游者状况等任务环境因素;包括旅游景区现状、旅游住宿接待设施、旅游餐饮、旅游购物、旅游交通、旅游娱乐发展状况等内在因素。特别是对旅游者即客源市场的调查。

3) 景区市场调查的方法

景区市场调查的方法很多,目前景区普遍采用的市场调查方法是问卷调查法、询问法和观察法。

(1) 问卷调查法。关键是设计调查表,一般包括被调查者的基本情况、调查内容、填表说明和问卷编号四部分。具体要求:要根据调查者的特点和调查内容确定调查表的具体形式;调查内容和询问技术适当,便于回答;问题排列应先易后难,一般问题在前,特殊问题在后;语言简明扼要、通俗易懂且避免带倾向性的提问。

小资料

景区游客调查表

问卷编号:

亲爱的朋友,为了解您对我景区的总体印象和综合评价,以便我们不断提高产品质量,更好地为您提供旅游服务,请您在繁忙之余协助我们填写这份调查问卷。您所填写的结果将成为我们改进工作的参考。谢谢您的合作。

一、被调查者的情况

1. 居住省份:
2. 居住城市:A. 大城市　B. 中等城市　C. 小城镇
3. 性别:A. 男　B. 女
4. 年龄:A. 25岁以下　B. 26～35岁　C. 36～45岁　D. 46～55岁　E. 56岁以上
5. 文化程度:A. 高中以下　B. 高中　C. 中专　D. 大专　E. 本科及以上

二、调查问题

1. 您一共到过××风景区多少次?
   A. 一次　　　B. 两次　　　C. 两次以上　　　D. 其他_____
2. 您最近到过××风景区旅游是多久以前?
   A. 一个月　　B. 半年　　　C. 一年　　　　　D. 其他_____
3. 您对××风景区的总体印象如何?
   A. 很好　　　B. 好　　　　C. 一般　　　　　D. 差　　　E. 其他_____
4. 您对××风景区的哪种旅游产品最感兴趣?
   A. 自然景观　　　　　　　　B. 历史文化
   C. 人造景观　　　　　　　　D. 参与性娱乐活动
5. 您对××风景区的导游服务质量的评价如何?
   A. 很好　　　B. 好　　　　C. 一般　　　　　D. 差
6. 您对××风景区的交通便利情况的评价如何?

  A. 很好　　　　B. 好　　　　C. 一般　　　　D. 差

7. 您对××风景区的旅游购物环境的评价如何？

  A. 很好　　　　B. 好　　　　C. 一般　　　　D. 差

8. 您对××风景区的环境保护工作的评价如何？

  A. 很好　　　　B. 好　　　　C. 一般　　　　D. 差

9. 您是从哪种渠道获取××风景区的旅游资讯的？

  A. 报纸　　　B. 电视　　　C. 杂志　　　D. 网络

  E. 朋友介绍　　F. 其他_____

10. 您认为××风景区目前面临的主要问题是什么？

  A. 基础设施落后　　　　B. 开发不够

  C. 市场监管力度差　　　D. 削价竞争

11. 您对××风景区的哪些价格不满？

  A. 门票价格　　　　B. 餐饮价格　　　　C. 游船价格

  D. 旅游纪念品价格　　　E. 其他_____

12. 您是以什么形式到××风景区旅游的？

  A. 旅行社团队　　　B. 家庭自助游　　　C. 自驾游

  D. 散客　　　　　　E. 其他

13. 您在××风景区的总消费金额是多少？

  A. 100元以下　　　　B. 100～250元

  C. 250～500元　　　　D. 500元以上

14. 您的意见和建议：_____

_____

_____

15. 您的联系方式：_____

_____

  （2）询问法。对被调查者通过面谈、电话或书面的方式就有关问题进行问询的方法。

  根据调查者与被调查者接触的方式分为面谈调查法、电话调查法、邮寄调查法、留置调查法。

  （3）观察法。通过观察被调查者的活动取得第一手资料的一种调查方法。一般包括直接观察法、亲身经历法、行为记录法等。

2. 景区市场预测

1）景区市场预测的含义

  景区市场预测是指在市场调研的基础上，分析研究各种数据、资料和信息，运用科学方法，预报和推测未来一定时期内供求关系变化的前景，从而为景区的营销决策提供科学依据的过程，是景区管理决策的组成部分。

2）景区市场预测的内容

（1）景区销售状况预测。一般包括销售额预测、销售目标预测、销售预算等。

(2) 景区客源市场预测。包括旅游接待量的预测、旅游者需求结构预测和市场潜力预测等。

此外,还有行业销售额和市场占有率预测;产品价格弹性和产品价格预测;景区营业收入、营业成本、营业利润的预测以及产品经济生命周期及新产品投放市场的适应性预测等。

通过这些预测景区可以清楚地知道,未来一段时间内景区所面对的市场购买力情况如何、景区产品对市场的吸引力如何、是否需要推出新的旅游项目、什么时候比较适合推出新的旅游项目、景区将来的市场占有率怎样、在未来的某个时期或某段时期可能达到的销售额是多少、有可能实现多大的经济收益等。

5.2.2 景区市场细分与目标市场选择

1. 景区市场细分概述

1) 景区市场细分的含义

景区市场细分是指景区从游客的需求差异出发,根据游客消费行为的差异性,将复杂多样的市场划分为若干部分,将其中基本需求相同或类似的消费群体划归为一个子市场,这个市场就称为细分市场。目的是使同一子市场内的差异尽量缩小,而不同的子市场之间的差异尽量突出。景区市场细分是景区营销管理的重要依据,通过市场细分便于景区市场定位和市场策略的制定。

2) 景区市场细分的原则

景区市场细分没有固定的模式,主要根据自己的区位特点和实际需要等情况,采取恰当的方法就可以。景区市场细分的原则如下。

(1) 划分景区的标准是可衡量的,也就是能具体测度。

(2) 景区的产品能够进入细分市场,具体要求是有通畅可达的销售渠道以及具有吸引力和开发实力。

(3) 细分的市场要有可开发的经济价值。

(4) 市场细分应该在一定时期内保持相对稳定。

此外,景区市场细分的标准为组合运用有关变量,具体要选择对游客需求影响大、有代表性的因素作为景区市场的细分标准。归纳起来有地理变量、人口变量、心理变量、行为变量四大类。每一类又有更细分的变量。

小资料

景区市场细分标准与典型因素

景区市场细分标准与典型因素如表 5-1 所示。

表 5-1 景区市场细分标准与典型因素

细分标准	典型细分变量因素	主要细分市场举例
地理因素变量	综合地理区域	州别,国别,省份,地区(如华东市场),城市等
	旅行距离(千米)	近程,中程,远程
	气候资源优势	避暑市场,避寒市场,冬季冰雪旅游市场
	人口密度	高人口密度市场,中人口密度市场等

续表

细分标准	典型细分变量因素	主要细分市场举例
人口特征变量	性别	男性,女性
	年龄	青少年,中年人,老年人等
	受教育程度	初中以下,高中(中专),大学(大专),研究生以上
	收入	个人年收入(月收入),家庭平均月收入
	职业或身份	农民,公务员,科技人员,教师,商业服务业者等
	家庭结构	独身,夫妻二人,子女为学龄儿童,子女不在身边等
心理因素变量	气质性格	中间型,自我中心型,多中心型等
	生活方式	墨守成规者,追求潮流者,标新立异者等
行为因素变量	出游目的与利益追求	观光、休闲度假、疗养康体、会议商务、修学教育、购物等
	出游时间	季节,周末,节假日,工作日等
	逗留时间	一日内休闲,一日游,三日游,七日游等
	旅行方式	火车,汽车,飞机,轮船,步行等
	组织方式	团队,散客
	广告敏感度	积极反应型,一般反应型,迟缓反应型
	消费水平	豪华型,标准型,经济型
	消费频率	潜在市场,初次市场,经常性市场

2. 景区目标市场选择

通过对细分市场的评估,景区就会发现一个或几个有价值的细分市场,从中选取哪些和多少细分市场作为目标市场,这就是目标市场的选择问题。一般有五种模式:单一细分市场集中化、选择性专业化、产品专业化、市场专业化和市场全面覆盖。可以归纳为三种策略:无差异市场营销策略、密集型市场营销策略和差异型市场营销策略。

5.2.3 景区营销市场定位

1. 景区营销市场定位的概念

微课:景区差异性营销策略

景区营销市场定位是指根据消费者对景区特征的重视程度,努力塑造景区产品与众不同的、给人印象鲜明的个性或形象,并把这种形象和个性特征生动地传递给目标顾客,使景区在市场上确定其强有力的竞争位置。

景区在考虑市场定位时,一般有以下思路:一是从景区自身的角度思考,综合旅游资源、旅游产品能满足需要或能提供利益等方面进行定位;二是针对现有竞争者进行定位,主要是了解竞争对手的产品特色,克服竞争对手的缺点和不足;三是针对景区所要满足的客源市场,主要掌握细分市场的特征而进行定位。

2. 景区营销市场定位的要素和原则

1) 景区营销市场定位的要素

景区营销市场定位的目的是吸引游客、赢得市场。实现有效的市场定位要注意以下三个要素。

（1）景区市场形象。形象树立可以从景区产品本身的有形特征与无形属性入手，如强调景观特色、景区区位条件和设施等方面的特征，也可以从旅游者对景区产品的心理趋向入手，如视觉效果、心理体验等。

（2）游客利益。游客在购买景区产品时是有利益期望的，游客购买行为中的利益期望包括核心利益和附加利益。核心利益是游客购买景区产品的根本原因所在。如美好的视觉享受、轻松愉快的心情、对健康的促进等都可能成为游客购买景区产品的利益期望。此外，游客也希望购买景区产品为他们带来其他利益，如景区提供的附带服务项目等。

（3）产品特点。有效的市场定位要能显示该景区产品与市场上同类产品的区别，形成本景区产品的特色。

2）景区营销市场定位的原则

把握景区营销市场定位的原则能够增强景区目标市场定位的准确性，主要有以下三原则。

（1）注重市场需求的原则。景区市场的特点表现出需求变动复杂、更替速度快、结构不断演进的趋势。这就要求景区必须从市场需求出发去考虑、分析，以避免盲目定位、主观定位或一哄而起，从而制定出符合实际的市场定位。

（2）注重实际能力的原则。景区目标市场定位应量力而行，其规模大小、功能多少应以景区的资金实力、技术水平、管理水平以及硬件设施为基础，切忌市场目标定位超出常规和定位过头。否则，会导致原有客源市场的流失，而景区又无力占领新的目标市场，经营就会失败。

（3）注重经济效益的原则。满足旅游消费需求、不断提高经济效益，是景区实施市场定位策略的最终目标，也是定位时应遵守的原则。一般来讲，单一的市场目标定位能充分利用资源、集中资金配置，有利于降低管理成本、提高经济效益。总体来说，市场目标定位过于分散不利于提高经济效益。

任务实施

全班分为若干小组，每组6～8人，考察和了解当地景区企业，对该景区进行市场定位分析，并结合实际，应用相关理论为景区定位提出建议，同时能够通过小组讨论与合作为该景区设计游客调查表。

任务5.3 运用景区营销组合

任务引入

淡季不淡——天堂寨景区"双11"促销活动引爆旅游市场

有效抓住秋冬季旅游"窗口期"，进一步吸引客流，提升景区二消产品销量，安徽天堂寨景区谋定快动，推出丰富的旅游产品和优惠政策，于2023年11月9日至11日开展了"感恩有你、寨惠金秋""双11"门票预售活动，此次促销活动取得了良好效益，促进和拉动文旅消费成效显著。据统计，本次"双11"促销活动共预售门票及套餐6万余张（套），其中包含3000单门票+住宿套餐，11月10日售卖近3万张门票，突破单日线上销售记录。为了确保"双11"促销活动的顺利开展,天堂寨公司高度重视,审时度势,顺应新媒体的发展潮流,多措并举促销量:一是提前谋划,天堂寨公司于10月下旬多次召开营销分析会,研判当前旅游形势,制订切实可行的"双11"促销方案,确保促销活动取得成效;二是细化产品,满足不同游客需求,本次促销活动设定了丰富的产品,包含单一景区门票、住宿＋门票套餐等自驾游产品,通过价格优势,加大竞争力度;三是发挥网络营销平台优势,本次促销活动在与携程网、美团等线上平台合作的基础上,实施抖音直播带货等多种营销手段推广。"双11"活动期间,景区安排专人接听咨询电话,负责做好活动解释及宣传工作,积极协调各网络平台,配合做好游客入园、取票、换票等工作。通过一系列手段,"双11"促销活动超额完成了任务目标,激发了天堂寨旅游市场消费新活力,提前锁定了2023年冬、2024年春市场客源,为2024年景区的营销工作夯实了基础,并实现了社会效益和经济效益双丰收。

资料来源：http://www.ttzly.com/display.php?id=3792.

任务分析

景区营销组合是景区开展营销管理工作必不可少的策略,通过景区产品开发、价格制定、营销渠道选择、促销方案制订环节达到景区营销目的。因此作为景区经营者与管理者,要重视开展景区营销组合工作,并且能够灵活运用景区营销组合。

5.3.1 景区形象营销

1. 景区形象设计概述

1) 景区形象的基本含义

景区形象一般认为是旅游者、潜在旅游者对景区的总体认识、评价,是景区在旅游者、潜在旅游者头脑中的总体印象。从景区形象感受对象来看,一类是景区在潜在旅游者头脑中的印象,是人们对未游览过的景区的印象;另一类是景区在旅游者头脑中的形象,是人们对已游览过的景区的印象。

2) 景区形象的类型

从不同角度、不同层面,按不同标准可以分为以下几种类型。

(1) 总体形象和特殊形象。前者是指社会公众对景区景点总的看法和印象;后者则是指针对某些特定市场所设计形成的印象,又称局部形象。树立特殊形象是建立总体形象的重要入口,是构成总体形象的基础。如山海关长城旅游景区,可以说就是以老龙头(长城的起点)、天下第一关(长城的关口)、角山长城等的形象宣传为基点构成的。

(2) 实际形象和期望形象。前者是指公众普遍认可的旅游形象,它是景区进行形象塑造的基础和起点;后者是指景区期望在公众心目中树立的形象,是景区的理想形象,是旅游形象塑造的奋斗目标和努力方向。

(3) 功能性形象和象征性形象。前者是指由景区价格、服务内容与服务效果等方面所反映的景区的实际功效形象,景区单项产品一般侧重于功能性形象的显示;后者是指景区经营者塑造的景区的人格化形象,景区整体一般侧重于象征性形象的显示。

(4) 有形形象和无形形象。前者是指通过感觉器官直接感受到的景区形象。如优美的自然风光,富有历史沧桑感的古迹,景区的景观项目,旅游服务人员的行为等;后者则是指建立在有形形象的基础上,通过旅游者的记忆、思维等心理活动在头脑中升华而得到的形象,体现的是景区经营的内在精神。

3)景区形象设计的构成要素

景区形象设计涉及面很广,影响因素也很多,每一个因素都有可能影响景区形象。从景区形象设计角度分析这些因素,一般可分为两个方面:一是硬件因素,是景区景点形象树立的基础,是景区形象的物质支撑。硬件因素主要由旅游资源、旅游环境、旅游基础设施和旅游服务设施等构成。其中,景区的旅游资源是关键,旅游资源的品位和可进入性,直接影响旅游景区形象。二是软件因素,主要由景区从业人员的素质、景区规范制度、景区安全、景区品牌、景区管理等构成。其中景区从业人员的素质是根本,景区产品属于服务产品,实质是从业人员借助一定的设施或条件向旅游者提供的各种服务。而服务产品质量的高低取决于景区从业人员的素质。硬件因素与软件因素相互依存、缺一不可。在进行景区形象设计时,两者都是景区形象设计的重要内容。

2. 景区形象定位

1)景区形象定位的含义

景区形象定位是景区形象设计的前提与核心。形象定位就是要使景区深入潜在旅游者的心中,占据其心灵位置,使景区在游客心中形成生动、鲜明而强烈的感知形象。景区形象定位一般从两个方面考虑,一是景区现在所处和希望提升到的位置;二是景区在公众中现在和未来希望树立的形象。

2)景区形象定位的方法

景区形象定位必须以景区特色为基础,以客源市场为导向,塑造出富有个性、独特鲜明的形象。景区形象定位的方法可采用领先优势定位法、比附定位法和空隙定位法。

(1)领先优势定位法。采用这种方法的景区一般是旅游资源或产品独特、知名度高、客流量大的景区,它在游客的形象阶梯中占有最高位置。比如泰山定位于五岳之首,桂林定位于山水甲天下等。

(2)比附定位法(借势定位)。运用这种方法的景区通常具有很好的自然或人文景观环境,但与处于领先优势地位的第一品牌有一定差距。这种定位比较容易造势,能有效地提高知名度。如珠江流域北江水系的主要支流湟川上的龙泉峡、楞伽峡、羊跳峡形象定位表述为"湟川三峡",目的无非是利用绝对稳固的长江三峡景区形象使自身形象比较容易被国内外游客认知。

(3)空隙定位法(补缺定位)。这种方法是景区形象定位用得最多的方法。具体来讲就是选择旅游市场的空缺、树立自己的特色优势,做到人无我有。实施空隙定位法的核心是根据旅游市场的竞争状况和自然条件,分析旅游者心中已有的形象阶梯的类别,树立一个与众不同、从未有过的主题形象。

此外,还有逆向定位法和重新定位法等方法。

3)景区形象定位口号的设计

景区形象定位的最终表述往往以一句口号加以概括。口号是旅游者易于接受和容易传播景区形象的最有效方式。设计景区形象定位口号的基本原则如下。

(1)特色性原则。口号的内容源自地域文化,特点鲜明。

(2)行业特征原则。口号的表达要针对顾客,体现行业特点。

(3) 时代特征原则。口号的语言描述紧扣时代,凸显时代特色。

(4) 广告效果原则。口号的形式要借鉴广告语,易于记忆。

(5) 发展理念原则。口号的提出要反映旅游景区的发展思想。

例如,华侨城主题公园群的总体口号:中国心,世界情,华侨城。

华侨城内部口号:寸草心,手足情,华侨城。

华侨城企业文化口号:同根同心,求实求精。

各主题公园的口号分别如下。

锦绣中华:一步迈进历史,一日畅游中国。

中国民俗文化村:二十四个村寨,五十六族风情。

世界之窗:世界与您共欢乐!您给我一天,我给您一个世界!

欢乐谷:奇妙欢乐之旅。

5.3.2 景区产品营销

1. 景区产品概述

(1) 景区产品的一般概念。景区产品是指借助一定的资源、设施而向旅游者提供的有形产品和无形服务的总和,是一种服务性的产品。

(2) 景区产品的整体概念。现代市场营销理论认为,一切产品都是以消费者需求为中心发展而来的,都由核心部分、形式部分和延伸部分所组成。景区产品的核心部分是指产品满足消费者需求的基本效用和价值,是游客购买和消费的主体部分,如氛围、过程、便利等。形式部分是指构成产品的实体和外形,包括景区产品的形状、式样、品牌、质量、形象等,是保证产品的效用价值得以实现的载体。延伸部分是指随着产品的销售和使用而给消费者带来的方便性和附加利益,如景区为游客提供户外的防雨用品等。延伸部分虽然不是旅游产品的主要构成部分,对旅游产品的生产和经营也没有举足轻重的作用,但由于旅游者购买的是整体旅游产品,在旅游产品的核心部分和形式部分存在较强替代性的情况下,延伸部分往往成为旅游者对旅游产品进行选择和决策的重要因素,是有效的竞争手段之一。

2. 景区产品的生命周期

从市场的角度而言,景区产品是有生命周期的。一般情况下,景区生命周期与旅游地生命周期同步。每个旅游地都将经历从资源发现期、开发启动期、快速增长期、平稳发展期、衰落或复苏期这五个时期。

(1) 资源发现期。这个阶段主要是少量的探险者、科学考察者进入景区,由于开发尚未启动,旅游资源还未成为旅游产品。此阶段有一些关于景区资源的摄影作品、科普和科研文章、绘画作品等面世,是一般的旅游资源介绍,无商业营销意味。

(2) 开发启动期。在这个时期,资金投入量大,产品销售额低,旅游资源正在转化为旅游产品。随着景区基础设施和旅游设施建设的投入,当地居民在就业、为建设者和游客提供服务方面等都获得了较大利益,因而对旅游开发满腔热情。投资者为了获得回报和滚动开发资金,开始了大量营销,景区知名度大增,游客大量涌入。同时对景区及其周围环境的破坏开始了。这时期的策略思想重点突出一个"快"字,抢先占领市场。在制定营销策略时,要充分认识景区景点产品的优势、特色(注意其他景区景点的替代性),敢于在促销方面投入,迅速提高知名度。如张家界森林公园用1亿元为定海神针买保险,山海关长寿山风情区投资4亿元打造五佛公园等。

(3) 快速增长期。这个时期是景区产业快速增长,旅游业对当地经济的推动作用很大;游客人数也快速增长,景区环境容量、资源、环境、设施的压力大,景区形象已牢固树立起来。当地居民的生活条件得到基本改善,但与他们的期望相差较大。他们所从事的多是知识含量不高的工种,同时物价上涨,使当地居民在经济上沦为"被剥夺者";外地商人的进入也使当地居民低水平的商业服务在竞争中占不到便宜,因而不满情绪滋长,影响游客与居民的沟通。这个时期的策略重点放在"好"字上,即提高服务质量、加强品牌宣传和销售渠道的管理、分析同类竞争者的营销策略。

(4) 平稳发展期。这个时期游客增长率下降,但游客人数总量前期依然增长,到后期游客数量达到最大值,多年来停滞不前,游客增长率接近于零,人造景观大量取代自然、文化吸引物,接待设施过剩,低价竞争导致服务质量下降,当地居民对游客产生反感。这个时期的营销重点应突出"占"字,努力寻找和开拓新的目标市场,向市场深度和广度发展。

(5) 衰落或复苏期。在衰落期,游客被新的景区或目的地所吸引,已不将该景区作为旅游选择。投资者的资金大规模撤走。此时,景区经营管理者若重新设计旅游目的地形象,推出新的有特色的旅游产品,将使景区进入复苏期。这个阶段的营销策略应突出"转"字,转向开发新产品。

景区生命周期长短不一,一般而言,自然型旅游景区景点的生命周期较长,人造景区景点的生命周期较短。

3. 景区产品开发的原则

(1) 依托资源,面向市场。景区产品开发要充分依托本地资源、充分挖掘和利用资源优势。在对市场进行充分研究的基础上,根据市场结构和偏好开发出为市场喜闻乐见的景区景点产品。

(2) 突出主题,注入文化。景区产品的设计与开发要围绕某一主题,体现出鲜明的特色,这样才能吸引目标客源,形成规模化,提供专业化的服务。一种文化的表现形式就是一种文化产品。在整个旅游活动中的硬件和软件中都要体现出一种主题文化。

(3) 形成系列,塑造品牌。依托地方旅游资源,围绕主题,面对市场设计并开发出系列景区产品。如中山市五桂山旅游景区围绕"桂花"主题设计的桂花园、桂花茶、桂花糕、桂花酒、桂花节等系列产品。品牌具有强大的购买导向功能,随着景区数量增多与买方市场的形成,景区市场竞争激烈。所以,景区景点的产品开发与设计必须注重品牌塑造与管理。

4. 景区产品的定价

1) 景区产品的定价目标

(1) 利润导向目标,是景区产品定价的目标之一,它又可分为以下几个具体目标:投资收益定价目标、短期最大利润定价目标、长期利润定价目标。

(2) 销售导向目标,是指制定景区产品价格的主要目的是巩固和提高市场占有率、维持和扩大景区景点产品的销售量。

(3) 竞争导向目标,是指景区经营者在分析自身景区产品的竞争力和竞争地位的基础上,以对付竞争对手和保护自身产品作为制定价格的目标。

（4）社会责任导向目标,是指以社会责任为着眼点制定景区景点产品价格,而将利润目标列于相对次要位置,强调社会效率最大化的目标。目前,世界各国倡导对与环境保护关系密切的某些景区采用此种导向目标的定价方法。

2）景区产品的定价方法

在进行景区产品定价时,一般遵循的原则是成本是价格的最下限,竞争对手与替代品是定价的出发点,顾客对景区产品特有的评价是价格的上限。因此就形成了成本导向、需求导向、竞争导向三种最基本的定价方法。

3）景区产品的定价策略

（1）新产品定价策略。景区具有一定的生命周期。景区经营者应根据市场需求和景区产品的生命周期阶段,制定有针对性的价格。一般有以下三种类型。

① 撇脂定价策略,是一种高价格策略,即在新产品上市初期,价格定得很高,目的在于短时期内获取高额利润。人造主题型景区常采用这种策略。

② 渗透定价策略,是一种低价格策略,即在新产品投入市场时,以较低的价格吸引消费者,从而很快打开市场,像倒入泥土的水一样,从缝隙里很快渗透进去,因而称为渗透定价。一般适用于特色不显著,易仿制的新产品。

③ 满意定价策略,是一种介于撇脂定价策略与渗透定价策略之间的折中价格策略。适合大多数消费者的购买能力和购买心理,比较容易建立稳定的商业信誉。

（2）心理定价策略。旅游者对景区产品价格的认知程度会受到心理因素的影响。心理定价就是运用心理学原理,利用、迎合旅游者对景区产品的情感反应,根据不同类型旅游者的购买心理对景区产品进行定价,使旅游者在心理物价的诱导下完成购买。主要有尾数与整数定价策略、声望定价策略、一票制与多票制定价策略。

（3）折扣定价策略。折扣定价策略是一种在景区产品的交易过程中,景区产品的基本标价不变,而通过对实际价格的调整,鼓励旅游者大量购买,促使旅游者改变购买时间或鼓励旅游者及时付款的价格策略。主要有数量折扣、季节折扣、同业折扣等价格策略。其中,同业折扣策略也称功能性折扣策略,即景区经营者根据各类中间商在市场营销中所担任的不同职责给予不同的价格折扣,目的在于刺激各类旅游中间商充分发挥各自组织市场营销活动的功能进行批发业务。

5.3.3 景区营销渠道

1. 景区营销渠道的概念

景区营销渠道又称分销渠道,是指景区在其使用权转移过程中从生产领域进入消费领域的途径,也就是景区产品从旅游生产企业向旅游消费者转移过程中所经过的各个环节连接起来而形成的通道。景区营销渠道的起点是景区的生产者,终点是旅游消费者,中间环节称为中间商。

2. 旅游中间商

旅游中间商是指介于旅游生产者与旅游消费者之间,专门从事转售旅游景区产品的中介或个人。包括各种批发商、零售商、代理商等。

1)旅游经销商

旅游经销商是指通过买卖景区产品,从购进和销售的差价中获得利润的中间商,主要有旅游批发商和旅游零售商两类。

(1)旅游批发商是指从事批发业务的旅行社或旅游公司,一般包括从事旅游的组织和销售活动。

(2)旅游零售商是指直接面对旅游产品的最终消费者从事销售活动的中间商,其职能主要表现在两点:一是通过销售和服务,实现旅游景区产品价值;二是向生产者和批发商反馈旅游者需求、购买能力等信息,为其调整产品及营销活动提供依据。

2)旅游代理商

旅游代理商是指那些只接受旅游产品生产者或供给者的委托,在一定区域内代理销售其产品的中间商。主要有以下三个特点。

(1)不拥有产品的所有权。

(2)为委托任何消费者提供服务,从中获取佣金。

(3)几乎不承担旅游产品销售的市场风险。

旅游生产企业一般在自己销售能力难以达到的地区,或在新产品投放、产品销路不好的情况下利用代理商寻找营销机会。

3. 景区营销渠道的类型

在经营过程中,由于受到旅游市场、景区产品特性、旅游中间商及旅游消费者等多种因素的影响,旅游营销渠道可分为多种类型。

微课:景区营销渠道的类型

最常见的可分为直接营销渠道和间接营销渠道。直接营销渠道又称零级营销渠道,就是不经过中间商,直接将景区产品或服务销售给旅游者。形式有现场购买、电话、网络等各种预订及景区自设零售系统购买。间接营销渠道则是景区产品生产者借助旅游中间商向旅游者销售产品的类型,按中间环节的多少进一步划分为一级营销渠道、二级营销渠道和多级营销渠道。间接营销渠道是目前景区产品主要的销售渠道。此外,还有长渠道和短渠道;宽渠道和窄渠道;多渠道和单渠道之分。

5.3.4 景区促销工具

景区促销主要有两种方式:直接促销和间接促销。随着景区营销的不断发展,将间接促销和直接促销结合起来是更为有效的促销方法,而这两种促销方法都离不开促销工具。从促销工具上来说,景区促销主要有两大类:人员推销和非人员推销(广告、销售促进、公共关系、联合促销)。

1. 景区人员推销

景区人员推销是景区派出推销员或宣传员、介绍员直接与客源市场或客源市场的中间商和目标层进行交流,运用灵活多变的方式刺激欲望、诱导消费。人员推销是一种最普遍、最基本的促销工作方式,在促销信息传递方面属双向传递。人员推销可以较为直接和及时地推广产品并了解旅游者的意向和市场竞争状况,使企业得以及时、合理地调整营销策略。

但人员推销的市场面较窄,成本费用较高,而且景区游客分散且不易分辨,景区推销人员与游客或潜在游客面对面地传递信息客观上存在困难。

2. 景区广告促销

景区广告促销是由景区向媒体公开支付费用,以非人员的任何形式,通过各种媒体把景区的产品、服务或主题活动以及景区的形象等信息传送给公众,广而告之,促进景区销售的方式。广告促销是一种非人员推销,在信息传递方面属于单向传递。作为促销工具,广告能迅速传递景区的信息,具有传递面较大、传递速度快、推销面广等优点。

但广告促销也存在着宣传的针对性不强、游客反馈较难等不足。

3. 景区销售促进

景区销售促进是指景区在特定时期与区域范围内,通过主题活动、优惠折扣、购买馈赠等方式吸引旅游者,刺激与激励旅游者产生购买行为的活动。景区销售促进决策一般包括四个步骤:确定销售促进目标,选择销售促进工具,制订销售促进方案,销售促进方案的实施与评价。销售促进也称营业推广或特种推销,是企业运用各种手段,鼓励购买或销售产品和服务的促销活动。销售促进是非常规的、非经常性的推销活动,作为人员推销和广告促销的一种补充,一般用于暂时的和额外的促销活动。如某度假村推出的"旅游观光优惠月"活动。

4. 景区公共关系宣传

景区公共关系宣传是通过各种传播方式与相关公众之间进行交流与沟通,形成相互了解、信赖的关系,为景区树立良好的形象,提高知名度,争取社会公众的理解、支持与合作,从而激发和创造消费需求,实现营销的目的。其包括三个要素:景区公共关系宣传主体的景区、景区公共关系宣传对象的相关公众和景区公共关系宣传手段的传播。

微课:景区公共关系宣传

景区公共关系宣传是一种促销手段,也是完善景区形象的策略。其宣传方法很多,主要有景区新闻宣传、景区印刷品宣传、景区影视宣传、景区活动宣传和景区机会宣传等。

5. 景区联合促销

景区联合促销就是将各种有效的因素组合起来的一种促销工具。有两种形式,一种是关联景区联合开展促销,即景区+景区模式,又称为景区水平方向联合促销;另一种是在一定区域范围内的相关受益部门、企业联合起来促销,即景区+旅行社模式、景区+媒体模式、景区+飞机模式等,又称为旅游景区纵向联合促销。

 小资料

统一嘉园为何衰落

2006年,无锡旅游异常火爆。就在城市旅游一片繁荣之际,开业不到四年的无锡统一嘉园景区,却在两个月前因资不抵债、经营难以为继而破产倒闭。

该景区坐落于太湖之滨,与央视无锡影视基地隔水相望,相距不过数百米之遥。景区依山傍水,气势恢宏。山顶上,高16.8米、耗费青铜80多吨的中华统一坛,庄严雄伟;山脚下,由六桥六亭二坊一榭组成的千米"缘廊",曲回绵延直至湖心,如金龙戏水。

这样一个占据了极佳山水资源的主题景区,在城市旅游环境日趋改善的今天,为什么会经营失败呢?下面简要介绍景区的情况。

统一嘉园初建于1994年,2001年9月正式对外开放。其间,景区建设周期长达七年。1994年项目启动之初,原定名为镜花缘。其运作思路,完全模仿央视无锡影视基地,"以戏带建",通过为剧组提供拍摄场景服务,带动景区的旅游发展。为此,景区决策者瞄准央视当时正在筹拍的电视剧《镜花缘》,并且通过公关活动,使剧组同意了将无锡镜花缘景区作为主要的场景拍摄地。

相关决策人在作出这项重大投资决定时,忽视了两个重要问题。

其一,镜花缘景区所依托的文化载体《镜花缘》虽为清代著名小说家李汝珍的代表作,书中描写的各种奇人异事和奇风异俗也颇具想象力,但是,相对于大多数旅游消费者而言,该书的故事过于冷僻,书中所描写的黑齿国、女儿国、两面国、豕喙国、跂踵国,不但名字晦涩,难以有效传播,而且很难用具体化的形式在景区充分展现出来。其二,电视剧的生产,从剧本创作到拍摄发行,流程复杂,可变因素很多。对于一个从未涉足过影视行业的民营企业来说,《镜花缘》剧组也许会碍于情面,答应来无锡拍摄,但是,剧组既没有责任,也没有义务非来不可。而决策者据此投入巨大资金建设镜花缘景区,蕴含着极大的市场风险。

当时国内旅游市场的发展态势,对景区其实非常有利。随着"人造景观热"的消退,自然景观和山水园林受到广大游客与旅行社的青睐。此时,如果决策者利用民营企业的灵活机制,及时进行战略转型,面向国内大众旅游消费市场,迅速推出"太湖山水园林"的品牌新概念,完全可能一举赢得市场主动。但是,决策者却匪夷所思地将景区定位成一个海峡两岸共同期盼统一的政治化主题景区,并且,在山顶的最佳观景之处,投入巨资修建了台湾妈祖庙和中华统一坛。1999年下半年开始,董事长梁先生把园景定位转向两岸民间交流,在园区中引进了妈祖文化,给长三角附近台胞提供了一个礼祀妈祖的去处。决策者误认为"居住上海的35万台湾人"就是统一嘉园的最大客源市场,无形之中人为地夸大了目标市场的规模,从而造成一种市场幻觉,导致景区定位发生偏差。

此外,在景区的主题设计方面,统一嘉园的"统一"主题,对台湾旅游者来说,其实并没有多少吸引力。发源于福建湄州岛的妈祖文化,虽然在我国沿海地区和世界其他华人聚集地具有广泛的影响,但是妈祖是海神,跟太湖并没有太大关系。海内外游客来无锡,主要是冲着太湖风光。专程来到太湖边祭拜台湾妈祖庙,既没有必要,也不合常理,预想中的数十万台湾游客并未纷至沓来。

统一嘉园不得已,转而希望以期盼祖国统一的政治主题,吸引当地和周边的中小学生市场。为了加强景区在中小学生市场的品牌号召力,景区增设了爱国主义展馆,跟当地有关部门联合开展了"祖国统一、振兴家园"青少年爱国主义主题教育活动。景区还先后被中央级有关部委正式命名为"爱国主义教育基地""中华爱国工程"等。学生市场的主要特点,是每年都会有新生入学,它的基本客源,是长期而稳定的。针对这一市场的景区营销思路,应该着眼长远,而不能急功近利。统一嘉园恰恰采用了后一种极端的做法,当时无锡各大景区面向学生市场,普遍以半价形式销售。对于千人以上的学生团才稍做优惠。统一嘉园的门票挂牌价为35元,半价本应在十七八元左右。但是,它在进入市场之初,就以低于10元的超低票价,对中小学生客源进行"通吃"。一时间,景区内人气鼎盛,好不热闹。一开始就把票价降到最低,造成的直接后果就是,当市场初始阶段的兴奋消退之后,景区在未来的市场博弈中再也无牌可出。

无锡的城市地位决定了它只是旅游过境地,而非旅游目的地。景区要获得规模较大、持续稳定的外省市客源,就必须纳入"华东线"。经过一段时间的努力,统一嘉园一度成功地说服了本地部分旅行社,采用在华东四日游、五日游、七日游线路中"送太湖新景统一嘉园"的方式,向游客大力推荐景区。与此同时,上海、南京等地的部分旅行社也开始积极为景区组团,并有意向逐步将统一嘉园纳入华东线。这时候,如果景区趁势加强对旅行社的服务,积极稳妥地谋求发展,景区分销渠道就可初步建立,在国内旅游市场也会有所突破。

然而,面对这样的有利形势,景区营销人员为了在黄金周期间获得短期利益,竟然置早已跟旅行社签订的协议于不顾,突然抬高旅游团队优惠票价,以至于让已经发团的旅行社陷入进退两难的尴尬境地。更有甚者,由于景区内部的人事变动,相关决策者竟然宣布已经派发出去的大量赠券作废,造成许多不必要的争执。而景区初步建立起来的旅游分销渠道,也在顷刻之间土崩瓦解。

此后不久,景区的旅游业务便开始江河日下,直至"门庭冷落鞍马稀",一步步走向彻底失败的不归路。

任务实施

全班分为若干小组,每组6~8人,考察和了解当地旅游景区企业,对该旅游景区进行充分调研,并结合实际,运用旅游景区营销组合策略分析景区现有营销活动,并提出建议,同时能够通过小组讨论与合作完成某一景区营销方案的制订。

项目实训

武夷山旅游景区市场营销战略

武夷山市位于福建省北部,1998年获得首批中国优秀旅游城市称号,1999年被联合国世界遗产委员会正式批准列入《世界自然与文化遗产名录》,全市总面积2798平方千米,境内拥有国家重点风景名胜区、国家重点自然保护区、国家旅游度假区、全国重点文物保护单位和国家一类航空口岸,是福建省历史文化名城,在世界范围内享有很高的知名度和美誉度,一直以来都是福建旅游对外宣传促销的王牌标志。

2005年7月武夷山又获得一个"国家金牌":在京召开的"首届中国消费者(用户)喜爱品牌民意调查新闻发布会暨第三届中国市场用户满意品牌高峰论坛年会"上,武夷山风景名胜区接受民众从服务、质量、信誉、环保、安全、满意程度等方面进行综合测评后,在"首届中国消费者(用户)喜爱品牌民意调查"中脱颖而出,获得"中国顾客十大满意风景名胜区"的荣誉称号。

在旅游接待方面,2004年全市共接待中外游客642.54万人次,比2003年增长18.5%,实现旅游总收入17.69亿元,比2003年增长20%,武夷山旅游不仅为武夷山市创造了巨大的经济效益,从而为武夷山旅游生态环境和人文环境的保护提供了强大的物质支持,还为社会提供就业机会,武夷山旅游真正意义上实现了"三大效益"的有机统一。

武夷山旅游成绩如此斐然,与其市场营销战略的成功选择有着紧密的关系。

1. 品牌扩展,保持强势——品牌支撑战略

随着世界经济一体化和信息技术的不断演进发展,同类旅游产品在质量、功能、价格等方面的差异越来越小,品牌作为一项无形资产便应运成为提升旅游地旅游竞争力的一个重要砝码。一个知名度与美誉度较高的品牌可以为旅游地带来无限经济效益。

武夷山旅游经过多年来的发展,已经培养、塑造了一个完整的旅游品牌,可以将武夷山的品牌定位为高知名度、高认知度、高美誉度,并且具有较高的品牌活力的强势品牌地位,对于这类品牌,旅游地的核心任务是维护品牌地位,武夷山正确地认识到了这一点,在近年来的发展中不断地进行品牌扩展,结合市场发展前沿趋势不断推出武夷山绿色生态旅游品牌、武夷山红色旅游品牌、武夷山茶文化品牌等高品位的旅游品牌,树立了鲜明、多元的旅游地品牌形象,得到广大旅游者的强力支持,形成了强大的竞争优势。

2. 清纯玉女,形象突出——形象制胜战略

旅游形象是旅游地区别于其他旅游地的标志。对一个旅游地而言,良好的旅游形象有助于旅游地彰显自身特色,建立顾客忠诚,从而成功实现旅游市场营销的最终目标。

武夷山从发展之初就特别注重旅游形象的建立与推广,在旅游形象的推广过程中又将统一性、针对性、效益性三大形象推广原则把握得游刃有余。一直以来就结合自身的资源优势,以"玉女峰"为形象标志对外进行宣传促销,始终给旅游者以一种清新纯净的形象感知,处处体现的是统一的、整体的旅游形象;除了"玉女"品牌外,武夷山还针对不同的细分市场推出不同的分体支撑形象,例如,针对青年旅游者武夷山给出的是"浪漫牌",对以学生、学者为主体的客源武夷山则以"科考牌"取胜等。

3. 不懈创新,强化质量——产品升级战略

创新是产品的灵魂所在,武夷山旅游在其发展过程中不断进行创新,不断提高产品的质量。例如,从2005年6月开始,武夷山景区实行新票制,将武夷山景区门票分为三类,即110元人民币的一日有效票、120元的二日有效票和130元的三日有效票,九曲溪竹筏漂流票价未发生变化,还是每人100元。与原先的111元景点通票或126元的所有景点票相比,新票制在价格上并未发生太大变化,只是把原先的景点游改为景区游,这样可更有效兼顾到景区、游客、旅行社等各方的利益,实现"多赢"。实行新票制后,游客无论买任何一种门票都可游览景区所有景点,且多次进入景区不需重复购票,从三类门票的价格上看,旅游天数越长越划算,真正体现"游超所值",同时也可避免游客受蒙蔽未游精华景点,减少游客投诉。按原来旅行社设计的游览线路,游客通常在武夷山平均逗留1.9天,而实行新票制之后,游客在武夷山逗留至少三天,无疑会给旅行社增加收入。不仅如此,武夷山还将采取资金补贴的形式,鼓励国内外旅行社组织游客包机和旅游专列到武夷山旅游观光。另外,实行新票制后,还将对武夷山人游武夷提供更为方便、灵活、人性化的优惠政策。这一举措将原有的景点游改为景区游,不仅实现了经营形式的创新,更重要的是以人为本,从旅游者的角度出发提升了产品质量。

武夷山旅游的不懈创新还体现于不断顺应市场需求,结合本土资源特色推出了风光旅游、民俗旅游、古文化旅游、茶文化旅游等一系列富有鲜明的武夷特色的主题旅游,并且举办"武夷山旅游节"等重大节庆活动,以节庆促旅游发展。

4. 多元营销,灵活组合——营销组合战略

在营销组合上,武夷山最为讲求灵活多样。例如,武夷山市政府与中国康辉旅行社集团签署了"年度协议书",双方商定,在2005年6月1日至2006年5月31日,中国康辉旅行社集团将向武夷山发送客源达6万人次,其中,预计福建省内游客达5000人次。武夷山给予中国康辉旅行社集团的系列旅游团以景区优惠门票。如此大规模的团购项目在福建省旅游界尚属首次,在国内也尚属罕见,团购销售模式有利于当地旅游业做大做强。这种短渠道的销售方式既给旅游地以客源保证,也在一定程度上降低了产品成本,有益实行强强联合共创品牌,经济利益上能达到双赢。

另外,武夷山还散发武夷山画册、折页、武夷风光VCD和旅游报价等各类旅游宣传品在各种旅游交易会上进行直接宣传促销,以拓展客源市场。

资料来源:http://wenku.baidu.com/view/07442dd7195f312b3169a55f.html.

实训要求:

(1) 本案例中武夷山旅游景区的营销策略独特之处在哪里?结合案例谈谈旅游景区营销组合的内容。

(2) 全班分为若干小组,每组6~8人,考察当地一个旅游景区,为其制订可行的营销方案,并且制作PPT,由一名学生代表进行讲解,教师和学生做点评。

项目 6

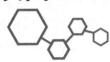

景区人力资源管理

项目摘要

旅游属于"情绪型产业",具有劳动密集型特征,它所提供的产品主要是服务。这就要求景区服务人员高度重视每一次提供服务的过程,给游客留下美好的印象。景区服务人员大部分处于第一线,直接接触游客,作业对象是人不是物,游客需求多样化要求服务多样化,要求服务人员有较高的素质。景区人力资源管理一直是困扰景区发展的主要问题。

任务 6.1 景区人力资源管理的重要性

任务引入

2022 年武汉欢乐谷新员工入职培训

3月1日,人力资源部在多功能厅组织开展2022年第一期欢乐起跑·新员工入职培训,来自武汉职业技术学院、湖北交通职业技术学院、武昌理工学院等73名校企合作实习生参加培训(图6-1)。

图 6-1 武汉欢乐谷新员工入职培训

迎新第一课,也是学生们迈入社会的第一课。讲师从企业文化、制度管理、服务规范、消防安全四大模块进行内容输出,为实习生快速认识企业,融入企业做好铺垫。

2022年欢乐起跑·新员工培训,伴随着第一批校企合作实习生的入职拉开了帷幕。人力资源部也将持续与院校、学生保持高度黏性,让企业文化走进院校课堂,前置化培训宣传,扩大雇主品牌,不断做好人才培养和人员保障工作。

资料来源:https://www.sohu.com/a/526676338_121123727.

任务分析

景区人力资源管理在旅游景区管理活动中具有特殊的作用。员工是游客体验的重要源泉,其工作表现直接影响到游客旅游消费质量,从而影响景区旅游形象以及社会效益和经济效益。景区管理者必须认识到人力资源管理的紧迫性和重要性。

6.1.1 景区人力资源管理的含义

1. 人力资源的含义

广义上讲,人力资源是指一切具有劳动能力且为社会创造物质财富和精神财富的从事脑力劳动与体力劳动的人口的总称。狭义上讲,人力资源是指在全社会具有劳动能力的在劳动年龄范围内且从事社会劳动的人口总和。景区人力资源包括三个层次:决策层——管委会主任、总经理;管理层——各部门经理或负责人、主管、班长;操作层——技术人员、服务人员、其他工作人员。

2. 人力资源管理的含义

人力资源管理是指通过对企业人力资源进行有效的利用、管理、挖掘和激励,使其得到最优化的组合和发挥最大限度的积极性,以保证企业高效率运转,提供优质服务,提高企业的经济效益和社会效益。

景区人力资源管理包括对企业所需人员的组织、培训、激励和奖励,其目的是通过员工的服务使景区满足顾客的需求。具体来说,旅游企业人力资源管理的目标包括三个方面:①造就一支高素质的员工队伍;②使员工队伍得到优化组合,做到人尽其才,才尽其用;③建立一套科学的人力资源开发利用体系,形成人才辈出的优化机制,创造一个良好的工作环境,充分调动员工的积极性和创造性。

近年来,随着服务业的发展,人力资源管理日益成为管理理论中的一个热点。人力资源管理逐步取代了以往的人事管理。过去,人事管理的涉及面很窄,仅包括一些事务性的工作,如刊登招聘广告、组织面试,向经理提供人事工作的技术性咨询以及解雇员工等。相对而言,人力资源管理的涉及面要广得多,是以积极发展的态度,用整体战略的眼光对整个组织的人力资源进行管理。但必须指出的是,人力资源管理的概念已被管理人员广泛接受,但在实际应用中仍很有限。

从以下三个方面可以看出,人力资源管理是高于人事管理的。

(1)正如企业必须寻求财力和物力资源的最优化配置,企业也必须最有效地使用人力资源。

(2)只有帮助员工从广义的个人角度进行自我发展的企业,才能激励员工更努力地工作,为企业创造出更好的业绩。

(3)人力资源是一项管理工作,而不是行政工作。

此外，人力资源管理与营销、运营、财务等其他方面的管理是相互依靠、密不可分的。人力资源管理是广义企业战略发展中的一个组成部分，是近年来企业管理的热门话题，如企业文化、质量管理和危机管理等都体现出人力资源管理的核心作用。其中，企业文化由企业员工的态度、理念和价值观组成；质量管理主要依赖于员工的优质服务；而危机管理也主要体现在员工的应变能力上。

人力资源管理是对人事管理的继承和发展，具有与人事管理大体相似的职能，但由于指导思想的转变，造成了两者从形式、内容到效果上有质的区别。传统人事管理的特点是以"事"为中心，其管理的形式和目的是"控制人"，而现代人力资源管理以"人"为核心，其管理归结于人与事的系统优化；传统人事管理把人看成是一种成本，将人当作一种"工具"，注重投入、使用和控制，而现代人力资源管理把人作为一种"资源"，注重产出和开发；传统人事管理是某一职能部门单独使用的工具，而现代人力资源管理更多的是探讨人力资源管理如何为企业的战略服务，人力资源部门的角色如何向企业管理战略合作伙伴关系转变。

另外，人力资源管理主要是对组织内人力资源的管理，但近年来由于组织形式的发展，特别是虚拟组织的出现，使组织边界变得模糊，以往被认为是组织外的人力资源也被纳入组织内部进行管理，使人力资源管理的对象得以扩大。

6.1.2　我国景区人力资源管理现状

景区由于其行业的特殊性，要承担的社会责任比旅游相关行业（如酒店和旅行社等）都要多，使得其人力资源管理的改革步伐比较缓慢。我国早期开发景区主要是为了给居民提供一些休闲场所，其承担的社会责任多于创造经济效益，所以造成了景区经营不以营利为主要目的，其人力资源管理也不同于一般企业的管理模式。

近年来，随着我国旅游业的持续高速发展，景区人力资源管理长期存在的弊端越来越成为旅游业发展的障碍。具体而言，我国景区人力资源管理上存在的问题主要体现在以下几个方面。

1. 高层次管理人才和专业技术人才缺乏

随着我国旅游业的发展，旅游者的需求更加个性化，他们从被动的服从者转为主动的参与者，要求享受到更高质量的旅游服务，这种个性化需求反映了现代旅游者对传统的模式化旅游方式的厌倦和反叛。景区人员平均素质及学历偏低，已不能适应旅游者越来越个性化的需求，从业人员队伍素质成为制约产业发展的薄弱环节。

目前，我国景区的各类专业技术人员、职业经理人、营销人才、管理人才等远远不能满足景区自身及我国旅游业的发展需要。景区的产品开发、包装策划、营销推广等工作都需要具有较高综合素质和专业素质的人才，而目前这类人才比较稀缺。许多景区在产品开发上跟风复制，产品严重趋同，或者做浅层开发，以噱头赚眼球，或者形象定位模糊，盲目推广，这些都反映出景区缺乏系统了解景区运作、旅游市场发展规律以及旅游消费者心理的专业人才。

2. 管理理念和管理方式落后

景区管理理念和管理方式落后主要体现在：①有的景区不设专职的人力资源经理，员工管理很不规范,对于人力资源管理的认识也仅仅停留在员工招聘、简单培训和工资待遇及劳动合同等方面,很少涉及职业系统培训;②有的景区仍然采用的是传统的人事管理模式,没有把景区人力资源的开发与管理放在应有的位置;③不少传统的文化、自然景区在属性上仍是事业单位,在选人、用人、育人、留人等各个环节缺少自主性,一些新兴的景区和改制为企业的景区,虽然在人力资源管理方面有了较大的自主性,但受制于管理者自身的局限,管理手段单一,缺乏科学性和系统性的规划;④很多景区在招聘、培训、绩效管理、薪酬设计等方面的制度和管理手段相当落后,人力资源主管往往并不熟悉本企业的人才现状,更不明白本企业的人才需求,不能有效激发本企业的人才潜能,在使用人才时只凭感觉行事,甚至只是机械被动地例行日常事务,不对本企业的人才状况做研究、分析,缺乏对人才的长远规划。

3. 员工流动性大,人才流失严重

在其他行业,正常的人员流失一般在5%~10%,而旅游企业员工的流失率竟高达20%以上。2003年国家旅游局人教司对旅行社人力资源调查的统计数据显示,在持证导游中,目前已不再从事导游工作的有65471人,占3.2%。其中,有资格证导游的流失率为45.3%;初级导游的流失率为6.4%;中级导游的流失率为14.6%;高级导游的流失率为10.1%;特级导游的流失率为37%。人才的高流动性和高流失率给景区人力资源管理带来了很大压力。

微课:防止人才流失

4. 人力资源开发投入不足

不少景区在硬件的开发上往往不惜血本,投入重金,但在软件开发,特别是人力资源的开发上却显得保守。视人为"成本"的观念还有一定的市场,通过人力资源的开发所获得的收益具有一定的无形性,也在无形当中影响了管理者对人力资源开发本身的价值判断。因此,花费在培养高素质专业人才、对员工进行系统性培训、提高员工福利待遇等方面的资金常常让位于其他投资活动。景区管理者"有钱就有人"的思维方式制约了景区自身从业队伍的建设和提高,必然影响景区的可持续发展。

5. 人才结构单一

传统景区发展过程中,旅游人才结构单一,不能适应全域旅游发展要求,缺乏规划、建筑、设计、艺术等各类人才。全域旅游发展要求文化与旅游深度融合,融合过程中,需要人才大力支撑,目前景区人才结构单一,落后于新业态的发展。

6.1.3 人力资源管理在景区发展中的地位

酒店、交通工具、旅行社是旅游业的三大支柱产业。与酒店、交通工具和旅行社等旅游要素相比,旅游景区具有较强的不可替代性,是旅游业发展的核心要素,是旅游消费活动的最终的物质载体。在游览观光过程中,景区是最主要的要素,也是受益最大的行业;在休闲度假游阶段,景区的角色分量虽然有所弱化,但也是决定该休闲度假区域是否具有较强竞争力的关键因素。因此,某一地区或某一国家要想发展旅游产业必须依托景区资源。为了保证对游客的更好接待,景区除了要有完善的基础设施外,还必须注重人力资源的管理。

直接面向旅游者,主要通过为旅游者提供旅游产品,使旅游者获得不同方面的满足。面对不同消费需求、消费偏好、消费能力的旅游者,景区必须在依托自身物质性旅游资源的基础上,甚至是在物质性旅游资源匮乏的情况下,制定发展战略,找准市场定位,开发差异化产品,选择适宜的营销策划手段,为旅游者提供周到、细致的服务。因此,景区需要有一支合格的专业化队伍,人力资源的开发与自然的管理也就成为景区资源开发与管理的关键性工作。

改革开放以来,我国景区的开发建设、管理保护得到了各级政府和相关部门的重视,2018 年全国旅游工作报告中提到,我国景区景点 3 万多家,其中 A 级景区 10340 家,包括 5A 级景区 249 家、4A 级景区 3034 家,世界遗产 52 项,全域旅游示范区创建单位 506 家,红色旅游经典景区 300 家。数量上已经具有相当可观的规模,但是景区从业人员的素质参差不齐,总体素质不高,更加凸显了景区人力资源管理的重要地位。

任务实施

全班分为若干小组,每组 6~8 人,考察和了解当地景区企业,最好选择学生们较为熟悉的景区,就该景区人力资源管理方面的问题,结合实际分组讨论,为该景区加强人力资源管理提出建议。

任务6.2　景区人力资源管理原则及基本业务

任务引入

深耕文旅人才培养　推出"五彩培训"体系

为全面赋能旅游服务质量提升,助推文旅人才培养,2024 年 3 月 1 日,贵旅集团旗下贵州文化旅游人才发展有限公司(以下简称文旅人才公司)举行产品发布会,正式推出"五彩培训"体系。

近年来,文旅行业发展势头强劲,作为贵旅集团"旅游服务"板块承担文旅人才培训业务的公司,文旅人才公司始终围绕成为"全国一流的文旅产业人才教育培训机构"的发展目标,秉承"专业专注、至诚至善"的经营服务理念,肩负起为全省旅游产业化提供高质量人才保障的重要任务。本次"五彩培训"体系的推出,表明了文旅人才公司深耕文旅人才培养的决心和信心。

文旅人才公司负责人表示,未来,文旅人才公司将携手更多优质合作伙伴,一起探索文旅培训的无限可能,共同推动行业的繁荣发展,携手共创美好新未来。

"五彩培训"即"金色"文旅——文旅人才干部培训、"橙色"职训——职业技能培训、"绿色"研学——研学游学业务、"蓝色"科技——数字业务培训及"红色"政企——政企干部培训。

"金色"文旅象征着光明的金色,代表了文旅行业人才对优质服务和专业品质的不懈追求。未来,"金色"文旅板块将聚焦文旅行业人才发展,对标国际一流,链接国内资源,建立起多层次人才队伍建设和素质提升课程体系。

"金色"文旅板块目前重点项目是与世界知名酒店管理专业学校——瑞士洛桑酒店管

理学院合作项目,全面导入瑞士洛桑酒店管理学院产教融合实训中心品牌体系、师资体系、课程体系、管理体系和认证体系,共同打造中国西部文旅人才培训中心。2023年,由文旅人才公司负责落地执行共完成单体酒店店总班一期,管理专题班(西部重点城市班)三期,共计培训120余人。2024年,计划开设管理专题班12期,同时推进酒店运营品质评估体系搭建及评估服务、VET筹建服务工作,未来还将开展更多社会化培训服务。

"橙色"职训,橙色是暖色系中最温暖的色,代表着技能人才学习成长的加油站。未来,"橙色"职业培训板块将深耕泛服务业职业发展需求,不断提升人才培训质量,坚守"内育职业素养,外塑专业技能",践行"职业教育就是就业教育"的教育本质,成为泛服务业技能人才终身学习的伙伴。

"橙色"职训目前重点项目,一是与澳门旅游学院合作项目,依托澳门职业技能认可基准体系,顺利引入并举办澳门职业技能认可基准(MORS)培训两期,贵旅集团先后选派65名职工参加前厅服务员、客房服务员培训及考评,完成"职业技能等级认定+澳门职业技能认可基准""一试多证"培训及考核认定。二是推动"黔菜师傅"工程发展,作为"黔菜师傅"省级职业技能培训基地及省级技能人才评价基地,2024年文旅人才公司将加快推进"两基地"建设,助推"黔菜师傅"工程高质量发展。

"绿色"研学,绿色是自然是生命,是对未来美好生活的共同期望。未来,"绿色"研学板块将以立德树人为导向,把研究性学习和旅游体验深度融合,建立自然科普、劳动教育、历史人文、民族非遗、素质拓展及社会实践六大类主题研学课程体系。

"绿色"研学目前重点项目,一是研学旅行指导师(中级)培训项目,由贵州省文化和旅游厅指导,文旅人才公司联合贵州省研学旅行协会,于2024年3月底开展研学旅行指导师(中级)培训,推动研学旅行人才队伍的规范化、专业化发展。二是与萤火谷(重庆)数字农业发展有限公司合作。积极推动研学实践基地建设,依托贵阳"核心基地",初步计划在贵州省内逐步打造5~10个研学实践基地,积极推动贵州省研学实践教育高质量发展。

"蓝色"科技,蓝色代表着稳定和可靠,与科技领域中对稳定性和可靠性的追求相符。聚焦国资国企需求,以线上学习为切入点,一站式接入浦东干部学院、中国大连高级经理学院等线上课程4000余门,"黔企云课堂"已累计服务人次超9万,总学习时长达23881.9小时,为贵州省国资国企干部职工素质能力提升提供学习新路径。未来,蓝色科技数字业务板块将与腾讯公司开展全方位合作,持续以数字赋能发展;加强"黔企云课堂"平台课程引入,为服务国资国企高质量发展贡献智力支持。

"红色"政企,红色是时代精神内涵的象征。未来,"红色"政企培训板块将为国资国企党务干部培训和经营管理人才培养贡献专业力量。

资料来源:http://gz.people.com.cn/n2/2024/0304/c402001-40764266.html。

任务分析

随着旅游市场的繁荣以及经营权与所有权的分离,景区开始了人力资源管理模式的再构建过程,但由于景区人力资源管理问题已经比较突出,在我国逐渐开放景区的情况下,需要有更为科学的管理模式。

6.2.1 景区人力资源管理原则

景区与其他组织的人力资源管理工作相比,既有共性,也有自己的个性。在景区人力资源管理工作中,主要应遵循以下原则。

1. 系统优化原则

系统优化原则是指景区人力资源系统经过组织、协调、运行、控制,使其获得最优绩效。所有的人力资源管理工作都应该经过周密的成本收益分析。实现这一原则必须建立在景区组织结构设计合理的基础上,然后对各个职能部门配备数量、质量合适的工作人员,

微课:健全人才激励机制

通过健全的组织管理制度和运行规范,保证各项工作有序开展,同时加强部门与部门之间的信息交流与反馈,促进各类资源在景区内的共享,最大限度地减少景区由于人为原因造成的内耗,以使人尽其才、才尽其用。

2. 激励强化原则

员工积极性不高,工作效率低下,将导致景区经营单位成本增高,资源浪费。而员工在被激励的情况下,能够产生比平时大得多的工作热情,提高工作的完成质量,增强对组织的认同感和归属感。景区在管理过程中,对景区员工主要的激励方式包括物质激励、目标激励、尊重激励、参与激励、工作激励、培训和发展机会激励、荣誉和提升激励,以及负激励如淘汰、罚款、降职和开除等。当然,采取何种方式要因人而异。由于每个员工的兴趣、需求可能存在差异,因此需要充分了解每个员工的特点和需要,本着激励的公平性,结合景区的实际情况,采取有针对性的激励措施,使员工能够及时了解景区弘扬什么、抑制什么,以矫正自己的行为。

3. 竞争合作原则

景区在选择录用员工时,应该根据景区需要,择优录用,充分体现竞争的公平性。在日常工作中,由于景区经营本身不断需要新的创意和更完善的工作,也要采取一定的管理方式,增强员工的竞争意识,在合作中竞争,在竞争中合作。调动员工的积极性,保证每个员工都能扬长避短,各尽所长,使组织具有生机和活力。但要保证竞争是良性的,使竞争中双方或多方都能受益。在工作中启发和引导景区员工追求更高的目标,使其在实现自身奋斗目标的过程中,为景区的发展作出更大的贡献。

4. 弹性冗余原则

大部分景区的客源都存在淡季和旺季之分,很多时候,淡季与旺季的游客量相差悬殊。旅游旺季,景区需要大量的服务人员,而到了淡季,就会出现人员的闲置。因此,不少景区对一线员工都采用灵活的用工方式。这种做法在为景区节省成本的同时,也带来了一些问题,使一些景区没有较为固定的员工队伍,内部难以培养优秀管理人才,同时也导致招聘和培训费用增加,以及旅游旺季时的服务人员素质良莠不齐,影响旅游者对景区的评价等。因此,景区要减少短期行为,根据实际情况,将灵活用工控制在一定范围内,建立一支有弹性、留有余地的员工队伍。与此同时,加强景区产品的开发和有效的市场宣传与推广,增加旅游淡季的客源,尽量使"淡季不淡",以消化景区富余人员。

6.2.2 景区人力资源管理基本业务

小资料

北京环球影城发布招聘公告

一、娱乐护行员

1. 职位概要

协助表演者穿着角色服装。陪同表演者前往演出地点,确保他们的安全和健康,同时监控游客的安全。

2. 岗位职责

(1) 负责安全护送演出车辆、演员进出场地,同时监控游客的安全。

(2) 协助扮演动画角色的表演者穿上、脱下角色服装。

(3) 负责协助运营、行政职责,包括每日安装和拆除立柱和标识、合理使用公司车辆并为其加油、完成日常文书工作。

(4) 遵守角色服装的日常保养指南,以保持表演或角色的完整性,并就服装问题与管理层进行沟通。

(5) 偶尔需要在娱乐部管理层的指导下参加娱乐表演。

(6) 完成分配的其他工作。

3. 招聘条件

(1) 年龄要求:无。

(2) 学历要求:高中或普通教育学历。

(3) 工作地点:北京环球度假区(通州)。

(4) 工作时间:此岗位工作班次会频繁变换,包括但不限于:上午、下午、晚上、周末和公共假日(含春节),每个班次4~8小时。

(5) 薪资待遇:税前工资4800元/月。

(6) 技能要求:能够接受长时间户外站立工作,有服务意识。

二、游客到达区运营员

1. 职位概要

协助游客通过出入口进出主题公园。必要时为游客提供信息、指导和帮助,并在出现票务问题时进行协助。

2. 岗位职责

(1) 帮助游客使用有效门票进入主题公园,正确识别伪造门票并通知相关人员。

(2) 了解所有有效门票以及如何正确处理门票,沟通潜在问题,例如日期不正确、产品已锁定或门票已使用。

(3) 在游客入园时提供优异服务。

(4) 报告硬件和门票问题,并提供门票产品或硬件错误类型的相关支持数据。根据环球的标准,保持工作环境整洁有序。

（5）亲切温和地管控游客队列，确保游客在繁忙时段进出主题公园时遵守秩序，同时避免游客将主题公园婴儿车等园内物品带出园外。

（6）提供优异的游客服务，并为游客提供主题公园和度假区相关信息。

（7）遵循北京环球度假区的现有政策、流程、培训和团队活动，理解并积极履行环境、健康及安全相关责任。

（8）完成分配的其他工作。

3. 招聘条件

（1）年龄要求：女18～50岁，男18～60岁。

（2）学历要求：高中及以上学历。

（3）工作地点：北京环球度假区（通州）。

（4）工作时间：此岗位工作班次会频繁变换，包括但不限于：上午、下午、晚上、周末和公共假日（含春节）。

（5）薪资待遇：税前工资4800元/月。

（6）技能要求：能够接受长时间户外站立工作，普通话流利，拥有服务意识，拥有半年到一年游客服务或前台工作经验者优先。

资料来源：https://new.qq.com/rain/a/20230423A09UDA00。

1. 员工招聘

1）了解市场需求和供给情况

企业在招聘之前必须了解人力资源市场的需求和供给情况。需求是指企业不同性质的工作需要的员工数量。劳动力需求是指在某个特定的劳动力市场中的人力资源需要。一般来讲，明确的劳动力需求是销售预测的结果。供给是指能够提供给受雇企业的潜在雇员数量。景区经理可以从两个主要渠道了解现有劳动力供给情况：劳动力的内部供给和外部供给。内部供给是指从企业现有员工中选拔人才。外部供给是指受企业无法左右的因素影响的，包括人口结构变化趋势、市场上竞争者的增加、政府政策等。企业虽然不能左右这些因素，但可以预测这些因素会对企业有什么样的影响。

微课：景区招聘

2）员工配备准则

员工配备准则主要用于帮助管理层计划和控制保证工作运行所需要的工时数与员工人数，同时也便于经理人员掌握员工的生产率和业绩。很多经理还用这个方法来进行人工开支预算，把所需工时数乘以工时工资。这种方法对提高利润非常有帮助，因为利润高低也取决于经理如何控制人工成本之类的可变支出。

景区企业员工配备决策的关键是游客量和销售量的预测，并根据预测确定未来一段时间内的劳动量和劳动力成本，而往年的历史经验数据是重要的参考依据。季节性是景区企业员工配备时要重视的一个问题。很多景区在淡季的员工配备人数一般是旺季的一半，而旺季到来之前，景区要根据对旺季销售量的预测增加雇员，这些员工多半是临时工。

3）景区员工招聘工作总体原则

招聘员工本着以用人所长、容人所短、追求业绩、鼓励进步为宗旨；以面向社会，公开招聘、全面考核、择优录用为原则,从学识、品德、能力、经验、体格、符合岗位要求等方面进行全面审核。

4) 员工招聘工作流程

员工招聘工作流程如图 6-2 所示。

图 6-2 员工招聘工作流程

(1) 提交需求。景区的各部门根据用人需求情况,由部门经理填写"招聘申请表",报主管经理、总经理批准后,交人力资源部。由人力资源部统一组织招聘。

(2) 材料准备。人力资源部根据招聘需求,准备招聘广告。招聘广告包括本企业的基本情况、招聘岗位、应聘人员的基本条件、报名方式、报名时间、地点、报名需带的证件、材料以及其他注意事项。

小资料

招贤纳士:黄龙观生态文化旅游区"职"等你来

黄龙观生态文化旅游区位于湖北省保康县马桥镇黄龙观村境内,黄龙观村是全国文明村、国家森林乡村、国家最美森林休闲地、国家 AAA 景区、湖北省旅游名村。现已建成黄龙道观、六柱垭、夫子岩三个景区,苏溪河景区正在建设之中,建成后共有四个景区。这里与神农架林海一衣带水,东望古城襄阳,南接宜昌三峡,北邻道教圣地武当山,处于鄂西生态文化旅游圈核心区域,又是泛神农架旅游区重要成员,区位优势得天独厚。在建郑万高铁穿境而过,已开通的保神高速出口距离黄龙观生态文化旅游区仅 3 公里,交通优势也十分明显。

景区建成于 2013 年,投资 3.8 亿元,版图面积 23.8 平方千米。悠久的历史与独特的地域文化孕育了丰富的旅游资源,被誉为"生态养生地,国学第一村"。是集旅游、康养、避暑、休闲、文化探源、科考探险、党建团建与研学旅行为一体的综合旅游区。

黄龙观生态文化旅游区现因发展需要,面向社会诚聘以下岗位人员,有才你就来,欢迎加入我们。

一、职业经理 1 人

要求:年龄 45 岁以内,男女不限,大专以上学历。具有良好的社交能力、旅游营销管理能力和较高的组织协调能力;具有全局观,有良好沟通、处理问题能力,责任心强;从事过旅游管理营销、酒店管理或行政管理等相关工作经历者优先。

二、项目经理 1 人

要求:年龄 45 岁以内,男女不限,大专以上学历。精通国家政策,熟知乡村振兴项目内容,掌握国家惠民知识,具有良好的社交能力和较高的组织协调能力;具有全局观,责任

心强；从事过国家项目对接或行政管理等相关工作经历者优先。

三、财务会计 1 人

要求：年龄 35 岁以内，男女不限，大专以上学历。具有财会专业知识和较高的统筹组织协调能力；职业素养高，形象气质佳；责任心强，有良好沟通、处理问题的能力；持相关专业证书，从事过相关财会工作经历者优先。

四、导游、自媒体运营 4～6 人

要求：年龄 35 岁以内，男女不限，大专以上学历。形象气质佳，普通话标准；待人和颜悦色，有亲和力；有良好沟通、处理问题能力，责任心强；持相关专业证书、从事过相关工作经历者优先；懂摄影、擅写作、会开直播、会使用视频剪辑软件和办公软件者应聘条件适当放宽。

五、农家小厨、面点师 2 人

要求：年龄 45 岁以内，男女不限，初中以上学历。厨艺精良，有拿手菜和特色面点；身体健康，勤奋，责任心强，为人正直，品行良好；从事过相关工作经历者优先。

六、前台、客服、酒店服务员若干人

要求：年龄 35 岁以内，仅限女性，初中以上学历。形象气质佳，普通话标准；待人和颜悦色，有亲和力；具有良好沟通、处理问题能力，责任心强，为人正直，品行良好；从事过相关工作经历者优先。

七、员工福利待遇

（1）公司提供免费食宿，24 小时热水供应，工作环境优美。

（2）公司不定期组织员工外出参观学习，大型节假日集体加餐或发放礼品。

（3）月休假 4 天，公司为优秀员工缴纳五险一金。

（4）根据公司盈利情况及员工工作年限，发放工资 8% 年终奖。

（5）对困难员工实行经济救助。

（6）马桥集镇员工可专车免费接送。

（7）薪资待遇，根据工作岗位性质和业绩核定，试用期 3 个月，转正后年薪 30000～80000 元不等。

联系人：赵先生 1361720××××/邓先生 1379770××××

简历投送邮箱：67689××××@qq.com

地址：湖北省保康县马桥镇黄龙观生态文化旅游区

资料来源：https://mp.weixin.qq.com/s?__biz=MzA5MjExMjQzOA==&mid=2656876189&idx=3&sn=118b8171aca4c595f223ac97d4b7b7b6&chksm=8bda05c4bcad8cd2d61f2d8d94b0e1ecb7b6c0eb5f99803d9c4a1fcc1d232abc459e0bca8397&scene=27.

（3）选择招聘渠道。招聘渠道分为内部招聘和外部招聘。企业在出现招聘需求时，先通过内部招聘的方式填补岗位空白，内部招聘主要有内部晋升、工作调换等，内部招聘通常采取的方法有公告法和推荐法。公告法就是以招聘信息方式发布在企业或者行业内部媒体上；推荐法是指企业员工根据企业需求推荐合适的下属或同事，供人力资源部门选择，因为双方比较熟悉，被推荐人往往很熟悉岗位工作特点，企业也了解被推荐人的基本信息,因此,推荐法有效性很强。

(4) 填写登记表。应聘人员在得知招聘信息之后,可按招聘信息的要求,带本人简历及各种证件复印件来公司填写"应聘人员登记表","应聘人员登记表"和应聘人员资料由人力资源部保管。景区要注意人才信息储备,建立起人力资源信息系统。

(5) 初步筛选。人力资源部对应聘人员资料进行整理、分类,定期交给各主管经理。主管经理根据资料对应聘人员进行初步筛选,确定面试人选,填写"面试通知"。主管经理将应聘人员资料及"面试通知"送交人力资源部,人力资源部通知面试人员过来面试。

(6) 初试和复试。景区企业根据实际需要,确定初试及复试具体内容,初试一般由主管经理主持,主管经理也可委托他人主持。人力资源部负责面试场所的布置,在面试前将面试人员资料送交主持人;面试时,人力资源部负责应聘人员的引导工作。主持人在面试前要填写"面试人员测评表",特别注意填写"测评内容"的具体项目。主持人应将通过面试人员介绍至人力资源部,由人力资源部人员讲解待遇问题,赠送公司宣传资料。面试结束后,主持人将"面试人员测评表"及应聘人员资料交至人力资源部。初试既可以是面试,也可以是笔试,还可以先笔试再面试。通过初试并不代表一定被公司录用。通过初试的人员是否需要参加复试,由主管经理决定。一般情况下,非主管经理主持的初试,通过初试的面试者都应参加复试。复试原则上由主管经理主持,一般不得委托他人。复试的程序与初试的程序相同。

微课:景区面试

 小资料

景区管理人员常见问题及回答技巧

一、景区管理人员面试技巧

景区管理人员是负责管理和运营旅游景区的重要角色。他们需要具备一定的管理和沟通能力,以确保景区管理工作的顺利运行。以下是一些面试技巧,可以帮助景区管理人员成功通过面试。

1. 准备好相关知识和背景

在面试前,应该对旅游景区管理的相关知识有一定的了解。这包括了解旅游业的基本原理、旅游景区管理的基本原则和流程等。同时,还应该了解所面试的景区的特点和运营模式,以便能够更好地回答相关问题。

2. 展示沟通和团队合作能力

景区管理人员需要与各种各样的人进行沟通,包括游客、员工、合作伙伴等。在面试中,应该展示自己良好的沟通能力和团队合作能力。可以通过回答相关问题或者提供相关经验来展示这些能力。

3. 举例说明解决问题的能力

景区管理人员在日常工作中常常面临各种问题和挑战。在面试中,可以通过举例说明自己解决问题的能力。这些例子可以是在工作中遇到的问题,也可以是在学习或者志愿者工作中遇到的问题。

二、解答常见问题

在景区管理人员面试中，一些常见问题及其解答如下。

1. 你为什么想成为景区管理人员

解答：我对旅游业非常感兴趣，并且我相信景区管理是一个有意义和有挑战性的工作。我喜欢与不同背景的人交流，并且我希望通过管理景区为人们提供一个美好的旅游体验。

2. 你如何管理一个团队

解答：我认为一个成功的团队需要有明确的目标和角色分配。我会与团队成员合作制定目标，并确保每个人都清楚自己的责任。同时，我会激励和支持团队成员，以确保他们能够充分发挥自己的能力。

3. 你如何处理游客投诉

解答：处理游客投诉需要耐心和解决问题的能力。我会听取游客的投诉，并尽快采取措施解决问题。我会认真对待每一位游客的反馈，并确保他们的问题得到妥善处理。

通过准备相关知识、展示沟通和团队合作能力、举例说明解决问题的能力以及解答常见问题，景区管理人员可以增加通过面试的机会。面试技巧的掌握对于成功进入景区管理行业至关重要。

5）员工招聘方式创新

景区招聘可以采用竞赛的形式和电视节目招聘形式。这两种形式适合招聘基层一线员工，适合面向大中专毕业生。竞赛形式适合招聘景区导游，景区可以采取主办或赞助导游大赛的形式，导游大赛中可以设置初赛、决赛，胜出选手可以直接上岗。比赛形式的好处在于，比赛过程能够充分展现应聘者的基本技能和基础知识，有助于了解应聘者的职业素养和职业技能，能够招聘到出类拔萃的员工。电视节目招聘，程序较为复杂，比较成熟的模式就是天津卫视的《非你莫属》节目，招聘成本高，但是更有助于宣传景区，树立品牌形象。在新媒体时代，应该利用新媒体进行招聘。

2. 员工培训

景区人力资源管理的培训业务一般分为新员工入职培训和常规的员工在职培训两部分。前者主要是让员工了解景区的规章制度和企业文化，更快地融入工作氛围。由于景区企业的经营季节性较强，每次旺季之前都会增加大批新员工，经过短期培训就投入实际工作中，因此景区企业的入职培训要求较高，要能让新员工很快熟悉环境并能胜任应聘的工作。

常规的员工在职培训更主要的是为了提高员工的服务水平和工作技能水平，为员工架设事业阶梯。景区企业所共同面临的一个问题是员工流动率高，稳定性差，虽然工资低、工作季节性强是一些客观原因，但工作缺乏事业发展阶梯也是一个重要的原因。景区企业中大部分员工为一线人员，管理职位非常有限，大部分一线员工可能长年从事同样的工作，难免会产生厌倦，而有效的培训能为员工树立新目标，鼓励员工迎接新挑战。根据培训的结果为员工评定技术等级，并与报酬挂钩，形成一个晋升阶梯。经常性的员工在职培训也是打造学习型组织的重要手段。

景区企业在录用一个新员工之后，首先要做的就是如何使员工尽快熟悉企业的各个方面，尽快进入角色以良好的状态开始工作。这就是人力资源部所要对新员工进行上岗前的导向培训或入职前教育。其主要内容如下。

（1）景区企业文化的内容。包括企业概况、组织机构、企业的产品或经营范围、企业发展前景、企业精神与领导作风、经营目标与价值理念、企业行为准则与道德规范等。

（2）景区企业管理制度。包括人事制度、作息时间、休假、请假制度、晋升制度、培训制度、财务管理制度等。

（3）薪资和福利情况。通过培训让员工了解景区企业的工资结构、付薪方式、社会保险的代扣、养老保险金、医疗保险金等其他福利。

（4）处事培训。旅游景区人力资源管理要多考虑如何开发人的潜在能力，以不断提高员工工作效率，对应届毕业生还要进行如何处理工作、如何面对上级、如何参加会议等方面的培训。

景区业务培训一般都采用多种方法，力求适应时代特点，取得较好成效。下面是景区培训常用的几种方式。

（1）课堂教授法。课堂讲授法适合知识和原理类的培训，这类培训主要由培训师根据讲授的内容组织材料，系统地向员工传授相关的理论知识和前沿知识，这样的培训可以在较短的时间内传授更多的知识，适用于培训经费较少，同质化的员工。课堂教授法在景区培训中起着核心作用，运用范围广，简单易行，其直接的效果是能够传授知识、观点。由于讲课是教师向学生单方面灌输，所以师资质量对培训效果影响很大。为适应多样化的培训需求，课堂教授法常和其他培训方法结合使用。

（2）讨论法。讨论法不同于课堂教授法的单向讲授，景区员工可以能动地参与，不再处于被动的地位。员工可以通过相互讨论，各抒己见，深化学习景区各项规章制度和工作要求。其效果在于员工能主动地掌握思维方法，促进员工相互启发，在共同思考的基础上，相互交流，集思广益。

（3）案例研究法。最好以发生在员工身边的景区人力资源管理实际问题为例，这样既让员工感到亲切不陌生，同时也体现案例的真实性。案例研究法可以强化景区员工的参与意识，提高工作能力并付诸行为实践。

（4）养成培训法。这类培训主要培训员工的工作态度和身体素质。主要采取拓展训练方式进行。拓展训练通常用独特的环境和精心设置的项目，锻炼体能，磨炼意志，培养团队精神。拓展训练以体能训练为主，包括野外拓展训练和固定场地体验训练。野外拓展训练是指在野外进行的模拟探险活动，以达到对意志的训练，如攀岩、激流划艇、高空断桥等挑战性项目。固定场地体验训练主要由专业的培训师带队指导，使用道具、器材，挑战性和趣味性并存。

微课：景区员工拓展培训

3．绩效管理
1）绩效管理的定义

绩效管理是指一个持续的过程，该过程是由员工和直接主管之间达成的协议来保证完成，并在协议中对相关问题提出明确要求并作出规定。协议的具体内容包括：①期望员工完成的实质性的工作职责；②员工的工作对公司实现目标的影响；③以明确的条款说明"工作完成得好"是什么意思；④员工和主管之间应如何共同努力以维持、完善和提高员工的绩效；⑤工作绩效如何衡量；⑥指出影响绩效的障碍并考虑如何排除。

2）建立绩效考评体系

一些新成立的企业，可能还从未进行过绩效考评，这就需要人力资源部门根据企业的具体情况，建立一套切实可行的绩效考评体系。有了绩效考评体系，企业就可以长期、系统地实施绩效考评工作。建立绩效考评制度，一般可分为选取考评内容、编写考评题目、选择考评方法及制定考评制度四个部分。

（1）选取考评内容。主要是以岗位的工作职责为基础来确定的。为了使绩效考评更具有可靠性和可操作性，应该在对岗位的工作内容进行分析的基础上，根据企业的管理特点和实际情况，对考评内容进行分类。比如，将考评内容划分为"重要任务"考评、"日常工作"考评和"工作态度"考评三个方面。

"重要任务"是指在考评期内被考评人的关键工作，往往列举1~3项最为关键的即可，如开发人员可以是考评期的开发任务，销售人员可以是考评期的销售业绩。"重要任务"考评具有目标管理考核的性质，没有关键工作的员工（如清洁工）则不进行"重要任务"考评。

"日常工作"考评条款一般以岗位职责的内容为准，如果岗位职责内容过多，可以仅选取重要项目考评。它具有考评工作过程的性质。

"工作态度"考评可选取对工作能够产生影响的个人态度，如协作精神、工作热情、礼貌程度等。对不同岗位的考评有不同的侧重，如"工作热情"是行政人员的一个重要指标，而"工作细致"可能更适合财务人员。另外，要注意一些纯粹的个人生活习惯等与工作无关的内容不要列入"工作态度"考评内容。不同分类的考评内容，其具体的考评方法也不同。

（2）编写考评题目。在编写考评题目时，要注意以下几个问题：首先，题目内容要客观明确，语句要通顺流畅、简单明了，不会产生歧义；其次，每个题目都要有准确的定位，题目与题目之间不要有交叉内容，同时也不应该有遗漏；最后，题目数量不宜过多，根据考评内容的不同而定。

（3）选择考评方法。考评可采用多种形式，以减少考评误差，提高考评的准确度。

（4）制定考评制度。人力资源部门在完成考评内容选取、考评题目编写、考评方法选择及其他一些相关工作后，就可以将这些工作成果汇总在一起，制定企业的绩效考评制度。该制度是企业人力资源管理关于绩效考评的政策性文件。有了绩效考评制度，就说明企业已经建立起了绩效考评体系。

小资料

方特绩效考核：提升企业绩效的关键

绩效考核是人力资源管理中的重要环节，对企业来说，它是提升绩效、实现目标的关键。方特作为一家知名的主题公园企业，也不例外。

一、绩效考核的重要性

绩效考核是对员工工作表现的评估和反馈，不仅能够激励员工积极性，还可以帮助企业识别和解决问题，提升整体绩效。在方特这样一个大型主题公园企业中，绩效考核的重要性更加凸显。

1. 激励员工积极性

绩效考核可以将员工的工作表现与奖励相挂钩,激励员工积极性,提高他们的工作动力和效率。通过明确的绩效指标和目标,员工可以清楚地知道自己的工作重点和期望,从而更有针对性地完成工作任务。

2. 识别和解决问题

绩效考核可以帮助企业识别员工表现中存在的问题,及时采取措施进行纠正和改进。通过绩效考核,企业可以发现员工的潜在问题和困难,及时提供帮助和支持,避免问题扩大化,确保工作顺利进行。

3. 提升整体绩效

绩效考核可以通过评估员工的工作表现,发现和分享最佳实践和经验,从而促进团队间的学习和合作。通过对员工的定期评估和反馈,企业可以不断改进和优化工作流程,提高整体绩效。

二、方特绩效考核的实施步骤

1. 设定绩效目标

绩效目标是绩效考核的基础,也是企业实现战略目标的重要驱动力。在设定绩效目标时,需要将企业战略目标与员工个人目标相结合,确保每个员工的工作都与企业的整体方向一致。

2. 制定绩效指标

绩效指标是评估员工工作表现的依据,应该具体、可量化、可衡量。在制定绩效指标时,可以参考SMART原则,即具体(specific)、可衡量(measurable)、可实现(achievable)、相关(relevant)、有时限(time-bound)。

3. 评估绩效

评估绩效是绩效考核的核心环节,主要通过定期的员工考核和绩效评估来完成。评估绩效采用员工自评、直接上级评估、同事评估等多种方法,以综合反映员工的工作表现。

4. 提供反馈和奖惩

绩效考核的目的不仅是评估员工工作表现,更重要的是提供及时的反馈和奖惩。对于表现优秀的员工,应该及时给予肯定和激励,例如提拔、加薪等;对于表现不佳的员工,应该及时指出问题,并提供改进的机会和支持。

5. 周期性评估和改进

绩效考核是一个动态的过程,需要进行周期性的评估和改进。企业应该根据实际情况,及时调整和优化绩效考核的方法和指标,确保其与企业的发展目标保持一致。

三、绩效考核的注意事项

1. 公平公正

绩效考核应该公平公正,避免主观评价和偏见的影响。评估员工的工作表现应该基于客观事实和可量化的指标,避免主观臆断和个人偏见的干扰。

2. 及时反馈

绩效考核的反馈应该及时给予,以便员工及时了解自己的工作表现,进行调整和改进。及时的反馈可以帮助员工更好地理解自己的优势和不足,促进个人成长和发展。

3. 奖惩分明

绩效考核的奖惩应该有明确的标准和依据,避免随意性和不公正。奖惩应该与员工的工作表现相匹配,既能够激励员工,又能够维护公平性和公正性。

4. 培训和发展

绩效考核的目的不仅是评估员工的工作表现,也是为了促进员工的成长和发展。企业应该为员工提供培训和发展的机会,帮助他们不断提升自己的能力和素质。

方特绩效考核是提升企业绩效的关键。通过设定绩效目标、制定绩效指标、评估绩效、提供反馈和奖惩,以及周期性的评估和改进,企业可以激励员工积极性,识别和解决问题,提升整体绩效。在实施绩效考核时,还需要注意公平公正、及时反馈、奖惩分明和培训发展等方面。通过合理有效的绩效考核,方特进一步提升了企业的竞争力和持续发展能力。

资料来源:https://www.jobxzc.com/hrxueyuan/article_9340199.html。

任务实施

全班分为若干小组,每组6~8人,考察和了解当地景区企业,最好选择学生们较为熟悉的景区,根据景区招聘业务的原则和要求,分组为该景区设计一个招聘广告。

项目实训

迪士尼人力资源:打造梦幻团队的关键

作为全球著名的娱乐公司,迪士尼一直以其独特的魅力吸引着无数人的关注。然而,迪士尼的成功并非偶然,其中一个重要的因素就是它拥有一支备受赞誉的梦幻团队。这个团队的打造离不开迪士尼人力资源部门的努力。以下从四个方面探讨迪士尼人力资源在打造梦幻团队方面的关键要素。

一、人才招聘与选拔

(1)人才需求分析:在招聘过程中,迪士尼人力资源部门首先会进行人才需求分析,明确公司的战略目标,确定所需的人才类型和数量。

(2)招聘渠道多样化:迪士尼人力资源部门会通过多种渠道招聘人才,如校园招聘、社交媒体招聘、猎头招聘等,以确保吸引到具有不同背景和经验的候选人。

(3)面试与评估:在招聘过程中,迪士尼人力资源部门注重面试和评估的科学性和客观性,采用多种工具和方法,如面试、测试、案例分析等,以确保选到最适合岗位需求的候选人。

二、员工培训与发展

(1)员工培训计划:迪士尼人力资源部门制订了全面的员工培训计划,包括入职培训、岗位培训、专业技能培训等,以提升员工的综合素质和专业能力。

(2)职业发展机会:迪士尼注重员工的职业发展,为员工提供广阔的发展机会和晋升通道。人力资源部门会与员工进行职业规划和发展规划,为其提供相应的培训和支持。

三、激励与福利

（1）绩效激励机制：迪士尼人力资源部门建立了科学的绩效激励机制，根据员工的表现和贡献，给予相应的奖励和晋升机会。

（2）薪酬与福利体系：为了吸引和留住优秀人才，迪士尼人力资源部门制定了相当实惠的薪酬和福利体系，包括基本工资、绩效奖金、股权激励计划、健康保险等。

四、团队文化与价值观

（1）共同的愿景和使命：迪士尼人力资源部门致力于传承和弘扬迪士尼的核心价值观，将其融入公司的团队文化中，以激发员工的归属感和认同感。

（2）开放与合作精神：迪士尼鼓励员工之间的开放交流和合作，人力资源部门会组织各类活动和培训，促进团队的凝聚力和协作能力。

迪士尼人力资源在打造梦幻团队方面发挥了至关重要的作用。他们通过科学的招聘和选拔、全面的培训和发展、激励和福利机制以及团队文化的塑造，为迪士尼的成功打下了坚实的基础。

实训要求：

（1）分析迪士尼激励员工的措施，有哪些值得借鉴和推广的经验和做法？

（2）结合实际情况谈谈迪士尼的成功取决于什么。

项目 7

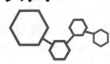

景区设施设备与安全管理

项目摘要

安全是旅游业的头等大事。旅游景区的设施设备与安全管理内容纷繁复杂,需要景区管理者高度重视,尤其是景区的安全管理。建立和健全景区设施设备管理体系与安全管理保障体系,完善景区安全管理制度,强化日常设施设备管理,培养从业人员的安全意识和业务素质,可以从源头上预防安全问题的发生,为景区持续稳定的发展奠定基础。

任务 7.1　景区设施设备管理

任务引入

崂山风景区:三融合模式赋能乡村振兴

一山镇海,万象归怀,这是崂山风景区的自然奇观;三围大海,背负平川,这是崂山风景区的地理特征。景区规划范围内有村庄109个,其中13个村庄、1.1万余人位于景区售票口以内和旅游专用道路两侧,景区和村庄行程密不可分、发展息息相关。乡村旅游被誉为"美丽经济",乡村旅游的发展不仅有赖于乡村的"美丽",也有利于创造和提升乡村的"美丽"。崂山区以美丽乡村建设为抓手,坚持以3A级以上旅游景区标准推进美丽乡村建设,制定《崂山区美丽乡村建设规范》和《崂山区美丽乡村建设规划》,实施农村污水治理、燃气、电力、清洁取暖等基础设施重大攻坚行动;开展景区东线道路沿线环境提升,整治安全隐患,完善配套设施,提升景观环境,优化视觉空间,打造"最美滨海旅游风景道",成为市民游客竞相前往的网红打卡地;在主要街道、特色旅游村建设一批信息咨询服务中心,深入推进"旅游厕所革命",新建改建39座旅游厕所,完善乡村旅游导览标识系统,彰显浓郁地域特色、民俗特色、文化特色,乡村旅游环境面貌、接待水平得到显著提升,凉泉理想村、解家河国际艺术村等一批高品质乡村快速崛起,东麦窑村、晓望村入选"中国乡村旅游模范村""全国乡村旅游重点村",沙子口街道获评省级精品文旅名镇。此外,成功创建全省景区化村庄7个、省(市)级美丽乡村示范村19个、"美丽街巷"12条、"美丽庭院"创建率

53.75%,连续三年居全市首位。

任务分析

党的二十大报告明确强调全面推进乡村振兴。在此背景下乡村旅游迅猛发展,而基础设施建设作为乡村振兴的重要支撑,对促进农村经济发展,改善农民生活条件具有重要意义。旅游基础设施是旅游业中重要的组成部分,包括但不限于交通设施、住宿设施、餐饮设施、娱乐设施等,这些设施的建设和发展对提升旅游品质、吸引游客、促进旅游业发展起着重要作用。

景区设施设备是景区从事经营活动以及为旅游者提供服务或其他旅游产品的物质基础,是景区服务质量、服务水平的依托,其特点是种类复杂繁多,涉及面广,因此景区设施设备的选购、维护、保养、更新,对景区来讲具有十分重要的意义。

7.1.1 景区设施设备含义

景区设施设备是景区的固定资产,是旅游产品和服务的物质依托。设备具有单一性,设施具有系统性,设施由设备组成。景区设施设备是提供旅游服务,进行经营活动的生产资源,是景区从事经营活动以及为旅游者提供服务或其他旅游产品的物质基础。

7.1.2 景区设施设备分类

景区设施设备可以分为以下三类。

1. 旅游基础设施

旅游基础设施主要包括道路交通设施,电力、通信设施,给排水设施和绿化环卫设施等。

1)道路交通设施

(1)车行道。车行道是景区内的主干道,主要用于各景点之间的游客运输和供应运输。车行道要求配备供游客上下车的站牌和根据交通状况设立的交通标识。景区内要使用电瓶车等无污染或污染较小的交通工具。

微课:景区道路交通设施

(2)停车场。停车场在设计时要考虑到旺季和淡季的需求,停车场的地面可分别建设生态化地面、沙石地面、泥土地面等,要求必须平整、坚实。停车场的建设要求:应该与景区景观相协调;停车场需设立停车线、回车线,分为大车区和小车区,并分别设立出入口;停车场应配备汽车维修、清洗保养、消防等设施;停车场必须由专人管理,指挥车辆出入,保证车辆安全。

乌镇西栅景区智慧停车场

乌镇西栅景区智慧停车场位于乌镇西栅景区东门口,入口的电子屏可显示剩余车位,通过停车场电梯间的反向寻车系统自助服务终端机可以找到车辆的停放位置。该停车场实现了车牌自动识别、移动扫码支付停车以及无感知停车业务,提高了停车场车流通行效率,提升了游客体验。

（3）步行道。景区内联系各景点的步行路以1.5～2.5米宽为宜,道路选择应依山就势,沿途有丰富的风景观赏面;景区内小径宜曲不宜直,要保留自然风貌;适当设立休息点,同时要设立观景的亭、台、廊,配备椅子等设施;景区游览线路可设有多条供不同年龄、兴趣的游人选择;游览线路尽量为环形,使游人处处感到新奇,游兴难尽。

 小资料

厦门山海健康步道

厦门山海健康步道全长23千米,起于邮轮码头,终于观音山梦幻沙滩,沿线串联狐尾山、仙岳山等岛内的"八山三水"。健康步道串联起厦门岛中北部重要生态节点,形成贯穿本岛东西方向的山海步行通廊。步道全线设置14个驿站节点,服务半径为500～700米,设置服务房、公厕、直饮水机、自动售卖等设施。林中段每300米设置1处休憩点。另外,部分节点高差较大,均设置电梯。2023年1月8日,厦门山海健康步道林海线全线正式向市民游客开放。

（4）特殊交通。景区内常见的特殊交通工具主要有索道缆车、踏步电梯、马帮、水面交通工具、空中交通工具。这些交通工具在一定程度上可以优化景区的旅游形象,增强旅游吸引力。如泰山的游览客运索道、水城威尼斯传统的小船贡多拉、峨眉山的滑竿、张家界武陵源景区的百龙天梯、玉龙雪山的马帮等。

 小资料

羊 皮 筏 子

羊皮筏子是一种古老而独特的水上交通运输工具,曾是黄河中上游两岸地区人们的重要交通工具,现在更多的是作为旅游项目,供游客体验。在景区内,羊皮筏子主要是为了让游客更好地体验黄河魅力,感受黄河文化。羊皮筏子制作的关键是剥制完好无损的羊皮囊,每个羊皮筏需9～12个皮囊。景区对羊皮筏进行严格的安全管理,确保游客安全,在使用羊皮筏的过程中,游客也要遵守相关规定和注意事项,以确保自身安全。羊皮筏不仅能够让游客体验黄河文化的魅力,也能够让游客在体验中感受黄河的壮美景致,是一种非常值得尝试体验的旅游项目。

2）电力、通信设施
（1）电力设施主要由三个部分组成:生活用电设施、生产动力用电设施和农业及其副产品加工用电设施。生活用电设施是指景区管理人员和旅游者所需要的照明、公共设施用电以及电器电热用电;生产动力用电设施如索道缆车用电、摩天轮用电等;农业及其副产品加工用电设施是指景区内农副产品的供电等。

另外,景区还应配备应急发电机,为应急照明、冰箱、水泵、电梯等重要设施供电。

(2)通信设施包括邮政设施和电信设施。景区邮政设施要能为游客提供电报、邮寄、包裹、特快专递等服务。景区电信设施要能为游客提供国际国内直拨电话服务、移动电话信号覆盖、宽带信息网络服务。

除此之外,景区还应建立包括内部电话交换机、公共广播系统等的内部电信管理系统。

北京陶然亭公园打造智慧旅游管理

北京市公园管理中心依托"5G＋北斗导航定位＋云计算＋物联网＋大数据＋人工智能"等现代信息化技术,在所属北京市陶然亭公园精心打造了基于5G和北斗卫星导航技术的公园景区游船智慧管理平台,实现游船智慧化运营,提升游船运营效能,增强游客乘船体验。

3)给排水设施

(1)景区用水需求。

① 生活用水主要包括旅游者、景区住宿接待、餐饮服务、景区员工以及景区内居民的生活用水需求。

② 消防用水按照整个景区用水量的10%～30%来计算,一般取20%作为标准。

③ 其他用水是指景区中进行灌溉、绿化等用水。一般按照10～20升/平方米或按照景区总用水量的10%来计算。

(2)污水处理即排水设施。景区要设立水处理净化站,污水处理站要尽量靠近用水地,距离太远将降低水压。污水处理站应设置于远离游客集中的地方,并设置500米左右的隔离地带。经污水处理设施处理过的水要达到国家规定的排放标准。

4)绿化环卫设施

绿化环卫设施主要就是各种绿化花木,环卫设施主要包括厕所、垃圾箱和垃圾处理站等。景区绿化环卫设施的具体要求:景区在选择花木绿化时,应以选择本地树种为主,要考虑季节的变化,合理搭配树种;景区厕所要建设在隐蔽,但易于寻找,方便到达,并适于通风排污的地方,厕所的外观、色彩、造型应与景观的环境相协调;景区垃圾箱(桶)应造型美观、与环境相协调并随时保洁,垃圾处理设施的日处理垃圾能力应不低于景区垃圾产生量。

小珠山国家森林公园排水工程

小珠山国家森林公园排水工程,旨在解决公园内雨水和地下水的排水问题,确保公园内的地面和设施不会积水,保持公园的景观和环境的卫生和整洁。

排水工程的主要内容包括:建立雨水排水管道网络,将降雨过程中产生的雨水引导到合适的排水渠道,并确保排水系统的畅通和有效;设计合适的地下水排泄系统,将地下水排放或引导到合适的位置；建立合适的雨水收集系统，方便公园管理人员对雨水进行回收和再利用。

在工程实施过程中，需要进行与排水有关的土壤评价和地形测量，以确定合适的排水方案和设计。同时，还需要考虑环保因素，采取合适的措施，预防和治理可能因工程施工而引发的环境污染问题。

完成排水工程后，公园管理部门需要制订相关的排水管理计划，定期对排水系统进行维护和清理，以确保其正常运行和有效排水。

通过小珠山国家森林公园排水工程的实施，可以有效解决公园内的雨水和地下水排水问题，为游客提供一个干燥、整洁的环境，同时也保护了公园的自然生态和景观。

2. 娱乐活动设施

娱乐活动设施主要是指室内和户外的各种设施。室内设施如健身房、保龄球馆、茶室、棋牌室、游泳池等；户外设施如漂流设施、过山车等。

（1）以山体为主要景观的景区，可设置观光缆车索道、乘骑、山顶观光塔、登山探险道、狩猎场等娱乐、游憩设施。如山体植被较好且有科考价值，可设置植物园，也可种植一些具有当地特色的果园和茶园以增游途之趣。

（2）以水体为主要景观的景区，可设置天然游泳池、戏水池，沿河设置竹筏、漂流、垂钓场等娱乐、游憩设施。在以宽阔水面和水域为主要景观的景区，可设置海水浴场、河湖浴场、沙滩排球、游艇、游船、帆板、水面跳伞、水族馆等娱乐、游憩设施。

（3）以人文景观或民风、民俗建筑为主的景区，可设置美术馆、展览厅、纪念馆等文化娱乐设施和民风民俗活动娱乐设施。在北方的一些景区内可根据季节设置溜冰场、滑雪场等一些冬季娱乐游憩设施。另外，可根据景区的需要，规划一些儿童乐园、高尔夫球场、网球场等体育娱乐设施。

3. 旅游服务设施

旅游服务设施主要有接待服务设施和导游服务设施。

（1）接待服务设施包括餐饮、住宿和商业服务设施等部分。餐饮、住宿设施包括宾馆饭店、疗养院、野营地、度假村、农家乐等。商业服务设施包括提供日常用品和商品购买的网点。餐饮住宿设施的选址应注意良好的交通便捷性，其建设不应破坏景区生态环境和视线环境，外观要体现特色化、生态化、景观化。

商业服务设施的规划设计要求布局与服务功能要根据游程需要安排，如起始点准备、顺路小憩、中途补充、活动中心、餐食供应等；作为景区的有机组成部分，从外望它，是风景的一个"成员"，从它望外，是一个观景场所；容量要有弹性，造型新颖，独具一格。

商业服务设施布局与选址有两种模式：一种是设置于旅游过程的结束阶段；另一种是分散于旅游过程中，如各个分区的旅游接待处等，让游客在游憩中参与旅游商品的选购。

（2）导游服务设施包括游客引导设施和解说设施。

游客引导设施是指对游客行为具有指示性、引导性的文字、符号或图案。

公共信息标识应按照国家标准——《标志用公共信息图形符号》第2部分旅游设施与服务符号（表7-1）的要求来制作。空间位置标识要求设置于步行道、车行道、岔道口等，做到准确无误、文字和图示简洁醒目，中英文对照。其高度根据情况而定，应与游客视线大体平行。

表 7-1　旅游设施与服务符号

序号	图形符号	名　称	说　明
1		国内直拨电话 Domestic Direct Dial	表示可以与国内各地直接通话的电话 用于公共场所、建筑物、服务设施、方向指示牌、平面布置图、信息板、运输工具、旅游手册等
2		国际直拨电话 International Direct Dial	表示可以与国外各地直接通话的电话 用于公共场所、建筑物、服务设施、方向指示牌、平面布置图、信息板、运输工具、旅游手册等
3		团体接待 Group Reception	表示专门接待团队、会议客人的场所 用于公共场所、建筑物、服务设施、方向指示牌、平面布置图、信息板、运输工具、时间表、旅游手册等
4		残疾人客房 Room for Disabled Person	表示可供残疾人使用的客房 用于公共场所、建筑物、服务设施、方向指示牌、平面布置图、信息板、运输工具、旅游手册等
5		客房送餐服务 Room Service	表示可为客人提供送餐服务 用于公共场所、建筑物、服务设施、方向指示牌、平面布置图、信息板、运输工具、旅游手册等
6		订餐 Banquet Reservation	表示供客人订餐的场所或提供订餐服务 用于公共场所、建筑物、服务设施、方向指示牌、平面布置图、信息板、运输工具、时间表、旅游手册等
7		摄影冲印 Film Developing	表示可供摄像、照相、冲洗胶卷及扩印照片的场所 用于公共场所、建筑物、服务设施、方向指示牌、平面布置图、信息板、时间表、地图、旅游手册等
8		商务中心 Business Center	表示可提供复印、打字、传真、文秘、翻译等项服务的场所 用于公共场所、建筑物、服务设施、方向指示牌、平面布置图、信息板、时间表、旅游手册等
9		洗衣 Laundry	表示洗衣场所或服务 用于公共场所、建筑物、服务设施、方向指示牌、平面布置图、信息板、时间表、地图、旅游手册等
10		干衣 Drying	表示干衣场所或服务。不表示洗衣、熨衣 用于公共场所、建筑物、服务设施、方向指示牌、平面布置图、信息板、时间表、旅游手册等

续表

序号	图形符号	名　称	说　明
11		熨衣 Ironing	表示熨衣场所或服务。不表示洗衣、干衣 用于公共场所、建筑物、服务设施、方向指示牌、平面布置图、信息板、时间表、旅游手册等
12		电子游戏 TV Ames Center	表示提供电子游戏娱乐的场所 用于公共场所、建筑物、服务设施、方向指示牌、平面布置图、信息板、运输工具、时间表、地图、旅游手册等
13		棋牌 Chess and Cards	表示供棋牌娱乐或比赛用的场所,如棋牌室、棋牌间等 用于建筑物、服务设施、方向指示牌、平面布置图、信息板、运输工具、时间表、旅游手册等 替代 GB 10001—1994(68)
14		卡拉 OK Karaoke Bar	表示提供卡拉 OK 娱乐的场所,如卡拉 OK 歌厅等 用于公共场所、建筑物、服务设施、方向指示牌、平面布置图、信息板、运输工具、时间表、地图、旅游手册等
15		舞厅 Dance Hall	表示提供跳舞娱乐的场所 用于公共场所、建筑物、服务设施、方向指示牌、平面布置图、信息板、运输工具、时间表、地图、旅游手册等
16		桑拿浴 Sauna	表示提供桑拿浴设施的场所,如桑拿浴室等 用于公共场所、建筑物、服务设施、方向指示牌、平面布置图、信息板、时间表、地图、旅游手册等 替代 GB 10001—1994(65)
17		按摩 Massage	表示提供按摩服务的场所,如按摩室、按摩间等 用于公共场所、建筑物、服务设施、方向指示牌、平面布置图、信息板、时间表、地图、旅游手册等 替代 GB 10001—1994(66)
18		游泳 Swimming	表示提供游泳娱乐或比赛用的场所,如游泳池、游泳馆等 用于公共场所、建筑物、服务设施、方向指示牌、平面布置图、信息板、时间表、地图、旅游手册等 替代 GB 10001—1994(67)
19		乒乓球 Table Tennis	表示供乒乓球娱乐或比赛用的场所,如乒乓球室、乒乓球馆等 用于公共场所、建筑物、服务设施、方向指示牌、平面布置图、信息板、运输工具、时间表、地图、旅游手册等 替代 GB 10001—1994(69)

续表

序号	图形符号	名　称	说　明
20		台球 Billiards	表示供台球娱乐或比赛用的场所，如台球厅、台球室等 用于公共场所、建筑物、服务设施、方向指示牌、平面布置图、信息板、时间表、地图、旅游手册等 替代 GB 10001—1994(70)
21		保龄球 Bowling	表示供保龄球娱乐或比赛用的场所，如保龄球馆等 用于公共场所、建筑物、服务设施、方向指示牌、平面布置图、信息板、时间表、地图、旅游手册等 替代 GB 10001—1994(71)
22		高尔夫球 Golf	表示供高尔夫球娱乐或比赛用的场所，如高尔夫球场等 用于公共场所、建筑物、服务设施、方向指示牌、平面布置图、信息板、时间表、地图、旅游手册等 替代 GB 10001—1994(71)
23		壁球 Squash/Racket Ball	表示供壁球娱乐或比赛用的场所，如壁球室等。不表示乒乓球、网球、羽毛球等 用于公共场所、建筑物、服务设施、方向指示牌、平面布置图、信息板、时间表、地图、旅游手册等 ISO 7001：1990(048)
24		网球 Tennis	表示供网球娱乐或比赛用的场所，如网球场等。不表示乒乓球、壁球、羽毛球等 用于公共场所、建筑物、服务设施、方向指示牌、平面布置图、信息板、时间表、地图、旅游手册等 ISO 7001：1990(047)
25		健身 Gymnasium	表示供健身锻炼的场所，如健身房、健身中心等 用于公共场所、建筑物、服务设施、方向指示牌、平面布置图、信息板、时间表、地图、旅游手册等
26		缓跑小径 Jogging Track	表示可供缓跑的路径或场所 用于公共场所、建筑物、服务设施、方向指示牌、平面布置图、信息板、时间表、地图、旅游手册等
27		垂钓 Angling	表示可供钓鱼的场所 用于公共场所、旅游景点、建筑物、服务设施、方向指示牌、平面布置图、信息板、时间表、地图、旅游手册等
28		划船 Rowing	表示可供划船的场所 用于公共场所、旅游景点、建筑物、方向指示牌、平面布置图、信息板、时间表、地图、旅游手册等

续表

序号	图形符号	名称	说明
29		骑马 Horse Riding	表示可供骑马娱乐的场所 用于公共场所、旅游景点、建筑物、方向指示牌、平面布置图、信息板、时间表、地图、旅游手册等
30		射击 Shooting	表示可供射击娱乐的场所 用于公共场所、旅游景点、建筑物、服务设计、方向指示牌、平面布置图、信息板、时间表、地图、旅游手册等
31		狩猎 Hunting	表示可供狩猎娱乐的场所 用于公共场所、旅游景点、建筑物、方向指示牌、平面布置图、信息板、时间表、地图、旅游手册等
32		轨道缆车 Cable Railway; Ratchet Railway	表示封闭式铁道缆车 用于公共场所、旅游景点、建筑物、方向指示牌、平面布置图、信息板、时间表、地图、旅游手册等 ISO 7001：1990(035)
33		大容量空中缆车 Cable Car(Large Capacity)	表示大容量封闭式空中缆车 用于公共场所、旅游景点、滑雪场、方向指示牌、平面布置图、信息板、时间表、地图、旅游手册等 ISO 7001：1990(033)
34		小容量空中缆车 Cable Car(Small Capacity)	表示小容量封闭式空中缆车 用于公共场所、旅游景点、滑雪场、方向指示牌、平面布置图、信息板、时间表、地图、旅游手册等 ISO 7001：1990(033)
35		单椅式空中缆车 Single Chairlift	表示仅可乘坐一名乘客的椅式空中缆车 用于公共场所、旅游景点、滑雪场、方向指示牌、平面布置图、信息板、时间表、地图、旅游手册等 ISO 7001：1990(036)
36		双椅式空中缆车 Double Chairlift	表示仅可乘坐两名乘客的椅式空中缆车 用于公共场所、旅游景点、滑雪场、方向指示牌、平面布置图、信息板、时间表、地图、旅游手册等 ISO 7001：1990/Amd.1：1993(051)
37		三椅式空中缆车 Triple Chairlift	表示仅可乘坐三名乘客的椅式空中缆车 用于公共场所、旅游景点、滑雪场、方向指示牌、平面布置图、信息板、时间表、地图、旅游手册等 ISO 7001：1990/Amd.1：1993(052)
38		四椅式空中缆车 Quadruple Chairlift	表示仅可乘坐四名乘客的椅式空中缆车 用于公共场所、旅游景点、滑雪场、方向指示牌、平面布置图、信息板、时间表、地图、旅游手册等 ISO 7001：1990/Amd.1：1993(053)
39		关上安全杆 Close Safety Bar	表示乘坐索道缆车的乘客乘上缆车后须立刻关上安全杆（或安全链） 用于公共场所、旅游景点、滑雪场、方向指示牌、平面布置图、信息板、时间表、地图、旅游手册等 ISO 7001：1990(039)

续表

序号	图形符号	名　称	说　明
40		打开安全杆 Open Safety Bar	表示乘坐索道缆车的乘客在接近山顶或山脚站的某处应打开安全杆（或安全链） 用于公共场所、旅游景点、滑雪场、方向指示牌、平面布置图、信息板、时间表、地图、旅游手册等 ISO 7001：1990(040)
41		关上过顶安全杆 Close Overhead Safety Bar	表示乘坐索道缆车的乘客坐好后应立刻关上过顶安全杆 用于公共场所、旅游景点、滑雪场、方向指示牌、平面布置图、信息板、时间表、地图、旅游手册等 ISO 7001：1990(037)
42		打开过顶安全杆 Open Overhead Safety Bar	表示乘坐索道缆车的乘客在接近山顶或山脚站的某处要打开过顶安全杆 用于公共场所、旅游景点、滑雪场、方向指示牌、平面布置图、信息板、时间表、地图、旅游手册等 ISO 7001：1990(038)
43		步行游客必须下车 Foot Passengers Have to Get off	表示乘坐缆车的步行乘客需下车的位置 用于公共场所、旅游景点、滑雪场、方向指示牌、平面布置图、信息板、时间表、地图、旅游手册等 ISO 7001：1990/Amd.1：1993(055)
44		滑雪者必须下车 Skiers Have to Get off	表示乘坐缆车的滑雪者需下车的位置 用于公共场所、旅游景点、滑雪场、方向指示牌、平面布置图、信息板、时间表、地图、旅游手册等 ISO 7001：1990/Amd.1：1993(056)
45		抬起滑雪橇前端 Raise Ski Tips	表示乘坐缆车的步行乘客需下车的位置 用于公共场所、旅游景点、滑雪场、方向指示牌、平面布置图、信息板、时间表、地图、旅游手册等 ISO 7001：1990/Amd.1：1993(055)
46		滑雪缆车 Ski Lift	表示仅为滑雪者使用的滑雪缆车 用于公共场所、旅游景点、滑雪场、方向指示牌、平面布置图、信息板、时间表、地图、旅游手册等 ISO 7001：1990(044)
47		陡坡滑雪缆车 Steep-Slope Ski Lift	表示滑雪缆车经过的部分路面是陡峭的 用于公共场所、旅游景点、滑雪场、方向指示牌、平面布置图、信息板、时间表、地图、旅游手册等 ISO 7001：1990/Amd.1：1993(057)
48		双列纵队排列 Line up Two by Two	表示乘客排成两路纵队 用于公共场所、旅游景点、滑雪场、方向指示牌、平面布置图、信息板、时间表、地图、旅游手册等 ISO 7001：1990(041)
49		三列纵队排列 Line up Three by Three	表示乘客排成三路纵队 用于公共场所、旅游景点、滑雪场、方向指示牌、平面布置图、信息板、时间表、地图、旅游手册等 ISO 7001：1990(042)

续表

序号	图形符号	名　称	说　明
50		四列纵队排列 Line up Four by Four	表示乘客排成四路纵队 用于公共场所、旅游景点、滑雪场、方向指示牌、平面布置图、信息板、时间表、地图、旅游手册等 ISO 7001：1990/Amd.1：1993(054)

解说设施是对景区总体以及主要景点进行讲解、介绍的图文解说和多媒体解说系统。图文解说是较为传统的解说方式。图文解说要求信息准确无误、指示文字和图示简洁醒目等（图7-1）。多媒体解说包括语音解说、触摸屏互动式解说以及影视动画解说。

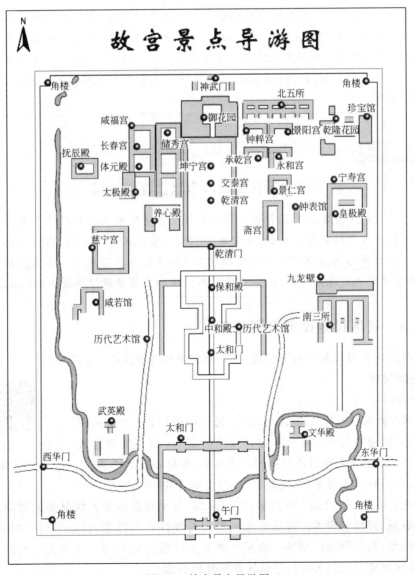

图7-1　故宫景点导游图

小资料

国内美术馆首家！青岛市美术馆 MR 眼镜导览服务上线

2021年12月，青岛市美术馆与国内某知名 AR 导览服务公司达成战略合作，共同研发青岛市美术馆专属 MR 导览服务系统。2022年2月，青岛市美术馆成为国内首家拥有 MR 眼镜导览服务的美术馆。借助一副眼镜，就能让游客拥有一位美术馆导览的虚拟"导游"。

青岛市美术馆上线的这款 Rokid Air Pro MR 眼镜，应用当下先进的 AR 与 MR 技术，采用轻量级设计，外观与普通眼镜无异。MR 眼镜显示屏能够依照口头指令，显示虚拟菜单，供游客自行选择播放段落。MR 眼镜搭载了衍射光波导技术，可实现40°的视场角和85%的透光率，带来类似4米外的视觉感受。结合优秀的创意、专业的内容制作与深度的定制化服务青岛市美术馆率先提供了这种形式新颖、内容丰富的数字创意服务。游客借助 MR 眼镜，可倾听虚拟讲解员对展品以及美术馆历史全方位的解说，艺术作品与艺术家的相关背景资料通过音频、视频、虚拟现实等多种形式全方位沉浸式传递给观众，让静态的艺术"活"起来。

小资料

月牙泉景区布设沙尘气象监测设施

敦煌市鸣沙山·月牙泉景区管理处联合中科院寒旱研究所和敦煌市气象局在景区内规划布设了监测沙尘的积沙仪6套、降尘缸10套、气象观测系统3套，用以定位监测景区内近地表沙尘物质的来源、输移过程等。目前，该景区已基本形成了一个完善的沙尘气象监测网，为景区实施改进治沙规划、分析景区内特殊沙尘运动规律等提供监测数据。

7.1.3 景区设施设备分期管理

按照时间序列可以分为前期管理、服务期管理和更新改造三个阶段。

1. 前期管理

1）调查研究

（1）调查内容：现有水、电供应能力，通信设施现状；交通道路状况，是否有路通往各景点；林木花卉绿化的需求；设施安装建设的环境条件；设施建设和制造方面的技术水平、规格和技术性能、生产厂家及信誉情况，建设价格、安装费、经营成本、折旧费等。

微课：景区设备前期管理

（2）确定规模：通过游人抵达数、停留时间、每个游客的出入状况等的预测来确定各种设施的数量、建设规模等。常见的预测模型有线性回归模型、移动平均预测模型、指数平滑预测模型、灰色预测模型等。规模预测是景区设施规划中一项极为关键的工作。换句话说，景区设施规划的关键点是景区设施规模预测。

2）项目规划

景区设施设备项目规划主要包括：蓄水、排水设施的规模,给排水管道的走向,以及污水、污物处理工程设施规模；景区各种电压等级的输电线路的走向；对内、对外交通设施及通信线路架设方式与走向；娱乐、游憩设施的规模与分布；绿化的重点地段及树种花卉的选择；景区游览道路以及交通设施的选择；旅游服务设施的规模和分布。

3）选购、安装与调试

景区设备的选购要遵循安全可靠性、适应性、方便性、节能性、环保性、配套性、特色性等原则。

景区设施设备的安装与调试是日常运行的重要环节,由供应商负责安装,由景区工程技术人员进行监督,验收后建立固定资产管理账目,再移交相关部门正式启用。

2. 服务期管理

服务期管理的主要工作是维护与管理。

1）管理要求

（1）合理安排设施的负荷率。超负荷运转不但会损坏设备,而且会留下安全隐患。如景区内载客的快艇、缆车、电瓶车超负荷运行是事故发生的主要原因。

（2）配备专职的操作和管理人员。对操作者进行培训,必须持证上岗,做到"三好"（用好、管好、保养好）、"四会"（会使用、会保养、会检查、会排除故障）。

（3）建立健全使用、维护、保养的规章制度。制度是指导设施使用人员操作、维护、保养和检修设备的技术规范,是景区管理制度的重要组成部分。认真贯彻执行设施使用责任制和单位核算制,对促进操作人员严格执行遵守操作规范,爱护设施设备,经济合理地使用设施有着重要的作用。

（4）创造良好的工作环境。重点是为了保证设备正常运转、延长设施寿命、保证安全。要求整洁和正常的生产秩序；安装必要的防护、保安、防潮、防腐、保暖、降温等装置。

（5）维护设施的完好。可通过完好率和利用率两个指标来考核。

2）管理内容

（1）维护保养。景区设施的保养制度一般分为三级保养制度,即日常维护保养、一级保养、二级保养。

① 日常维护保养包括搞好清洁卫生；定期给设备加油；紧固松动的螺栓和零部件；检查设备是否有漏气、漏电等情况；检查设施是否有虫害、腐蚀等现象。

② 一级保养包括对一些零部件进行拆卸、清洗；除去设备表面的油污；检查、调整润滑油路,保持畅通不漏。

③ 二级保养根据设备的使用情况进行部分或全部解体检查或清洁；检修设备的各个部件和线路；修复和更换损坏部件等。

 小资料

上里古镇景区建筑物及各种设施设备维护保养规定

为保证景区建筑物和各种设施设备干净整洁,达到无污垢、无剥落要求,特制定维护保养规定。

1. 作业要求

1.1 影响景观或游客安全的维修作业,应尽量错开景区游客高峰时间进行。

1.2 维修作业场所放置维修告示牌,影响游客安全的维修作业,必须设置围栏、护绳,必要时用围板隔离。完工后应及时拆去告示牌及围栏、护绳、围板等。

1.3 文明施工、文明作业,维修垃圾和余物应及时清理,保持环境卫生和施工场地整洁。

1.4 高处作业时,必须注意安全,并设水平围栏,谨防坠物。

1.5 汛期来临期间及有突发性的抢修任务时,应克服个人得失,服从大局,听从指挥,尽快完成抢修任务,把景区的财产损失控制在最低限度。

2. 各类检查作业标准

2.1 建筑木结构:指景区所有建筑的横梁、柱子、廊、坊、隔檀板、地板、楼板、风檐板、桁条、椽子等。确保其完好率在90%以上,即主体结构坚固、完好、安全可靠,木材的主心不腐烂,连接部紧密,无松脱现象,表面腐烂程度控制在10厘米之内。

2.2 建筑门窗:指景区所有建筑的门窗,包括铝合金门窗、钢门钢窗等。确保其完好率在95%以上,即框架结构紧密,不松脱,表面无明显腐烂痕迹,配套的玻璃、合页、锁扣完好无损。

2.3 护栏:指所有景区内外的木制护栏、钢管护栏、塑造护栏、桥梁护栏等。确保其完好率在90%以上,即结构坚固,无明显晃动,连接点紧密,不露钉头、木结头。表面接口、柱根部的腐烂程度控制在10厘米之内。

2.4 桥梁:指景区内所有混凝土桥、石桥及钢结构游览桥等。主体结构、基础完好无损,坚固结实,给游客行人以安全感,色泽一致,无缺棱少角。

2.5 公共椅子:指景区内所有石凳、木条长凳等。确保其完好率在95%以上,即无断木条、不露螺栓帽、铁钉头,椅子安放坚固,不摇晃,不松脱等。

2.6 标志标牌:指景区内外设置的各类导游全景图、导览图、标示牌、景物介绍牌及安全标识、广告牌和宣传橱窗等。要求制作规范,内容清晰,图形雅观,视觉效果好,日常维护保养无脱落、无毛刺、无腐蚀等,确保其完好率在95%以上。

2.7 垃圾箱:指景区内外所有的垃圾箱。确保其完好率在95%以上,即表面破损、腐烂程度控制在10厘米之内。

2.8 建筑屋面:指景区内外所有建筑屋面,包括瓦片、茅草、砖、木材、篷布等屋面。确保其完好率在90%以上,瓦片整齐,茅草不零乱,篷布无破裂,木材不开裂等,无漏雨现象(如有漏雨情况发生应及时修补处理),屋面杂物、杂草控制在10厘米之内。

2.9 建筑墙面:指景区内外所有建筑的外墙面。确保其完好率在90%以上,墙面无丢角缺棱现象,表面涂料均匀,无明显挂垂现象,线角整齐,表面不起皮,不脱落。霉点发黑现象控制在1米之内。

2.10 地面:指景区所有的水泥路面、块料铺面、花岗岩铺面、弹石路面等。确保其完好率在90%以上,保持路面平整不硌脚,块料、花岗岩、弹石路面不松动,不脱落,裂缝程度控制在10毫米之内,伸缩缝控制在30毫米之内。

2.11 附属设施:景区内外所有的附属设施,包括亭、栏杆、售票点等设施。确保其完好率在90%以上。即主体结构坚固完好,安全可靠,木材的主心不腐烂,表面腐烂程度控制在10厘米之内,不伤害游客的人身安全,保持美观。

2.12 油漆、涂料:指景区内外所有建筑设施,门窗、栏杆、公共座椅、桥梁、船只、标牌、木结构、墙面、板面、地面以及辅助设施等表面的油漆或涂料。根据其原质材料的不同、用途的不同,地点和要求的不同,选用不同的油漆或涂料。保持其原有的质感和光泽,操作时不流油、不垂挂、均匀和顺。表面处理过的油漆或涂料的起皮、脱落现象应控制在1%以内。

2.13 彩绘、贴金:指景区的景点所需用彩绘的装饰部分。确保其完好率在98%以上,色彩鲜艳,工艺精细,不脱落,不起皮。

3. 操作流程

3.1 日常维护维修

3.1.1 工程维修相关负责人负责按照"外协服务控制程序"选择合适的维修承包单位负责景区建筑设施的维护保养和维修。

3.1.2 承包单位负责每月对景区设施进行一次巡检。

3.1.3 在巡检中发现损坏,应安排人员及时修复处理,并记录在"维修单"中。

3.1.4 管理处应与委托外修理单位签订修理承包协议,明确维修项目和要求。

3.2 定期维修保养

每年年底,承包单位对景区范围内的所有自有建筑、景点、附属配套设施等做全面巡查,填写"景区设施维护保养工作记录"。

4. 检查与验收

4.1 在景区内进行维修保养时,基础设施部会同相关部门按作业范围及标准,对工作情况进行检查或验收。

4.2 检查验收中发现的质量问题,应督促维修人员返工。

资料来源:http://www.docin.com/p-534507361.html.

(2)修理。修理一般有定期维修、监测维修、更换维修和事后维修。

① 定期维修是以时间周期为基础的预防性维修方式。适用于季节性明显的设施,如滑雪、滑冰及一些水上娱乐项目。时间可以是1年、1个月、1周等。

② 监测维修是一种以设备技术状况监测和诊断为基础的预防性维修方式。适用于利用率高的设施,如空调、电视、缆车、电梯等。其特点是及时掌握时机,在设备发生情况之前发现安全隐患。

③ 更换维修是指在掌握了设备故障发生周期的情况下,用具有同种功能的部件更换下旧部件,进行检查维修。适用于电器设备。

④ 事后维修也称故障维修,是设施出现故障后的非计划性维修。适用于利用率低和简单低值的设施。

 小资料

乡村旅游设施设备管理

1. 设施设备的规划与建设

乡村旅游设施设备应根据乡村旅游市场需求和发展方向进行规划和建设。例如,应考虑到游客的需求,提供充足的住宿和餐饮选择,以及丰富的娱乐设施,以满足游客的需求。

2. 设施设备的维护与更新

随着科技的进步和社会的发展,性能好、效率高的设备会不断更新。为了提高景区的服务质量和接待能力,应对原有设备进行维护和更新改造。

3. 设施设备的管理与使用

在使用设施设备的过程中,应注重经济效益和社会效益,充分发挥旧设备和闲置资源的剩余价值。同时,应加强对重要旅游设施和重点设备的实时监测和管理,以确保旅游设施设备的正常运行。

另外,对于一些风险系数较高,如游乐设施等,应纳入特种设备,实施严格的监督管理,并对小型游乐设施的安全管理提供指导服务。在管理过程中,应结合乡村旅游的实际情况,注重保护乡村环境和传统乡村文化,实现可持续的乡村旅游业发展。

3. 更新改造

随着科技的进步、社会的发展,性能好、效率高的设备会不断地更新,为了提高景区的接待能力,提高服务质量与水平,应对原有设备进行更新改造。

设施设备的改造是指通过运用科学技术的新成果,改变原有设施设备的技术状况。其更新是以较经济的、新的设备代替不能或者不适宜再继续使用的旧设施设备。在更新过程中应注重经济效益和技术分析,充分发挥旧设备的剩余价值。

小资料

文旅运营"老瓶新酒"模式:熊洞街

大连熊洞街是博涛文化利用大连冰山集团旧厂房改造而成的一个以机械巨兽"巨熊北北"为核心IP的城市更新方向创新型文商旅综合体,也是博涛文化在单体机械巨兽基础上,基于未来文旅消费趋势做的一次创新实践,项目定位为"大连人的欢乐街,年轻人的理想国"。

项目的核心特点是深挖老工业基地历史文化,把"文商旅"的概念融入进去,将大连冷冻机厂老工业厂房做了二次更新,打造了一条开放的文旅、艺术、科技融合度更高的时尚潮玩街区,将城市文化、工业基因、旅游属性和商业运营结合,将线下实体场景体验、特色主题活动和线上直播互动、抖音小红书等新媒体渠道的"巨熊北北"独立IP账号运营,组成了一个符合时代特征和新消费群体消费需求的文商旅综合体,实现线上、线下高频互动和互相引流。与此同时,配套开发了"巨熊北北"和包含城市记忆符号的系列时尚文创,熊洞街AR/VR/数字孪生、AR剧本杀等元宇宙体验场景也在逐步推进中,基本形成了完整的城市IP产业链。熊洞街通过创新设计和改造,成功地将一个沉寂的旧厂房变身为充满科技感和未来感的文化地标。游客在此可以感受到历史与现代的碰撞,沉浸在科技与艺术的融合中。这一创意之举不仅吸引了无数游客前来探访,更成为当地的文化名片。

任务实施

全班分为若干小组,每组 6~8 人,选择当地的一个著名景区,对其设施设备进行调查研究,首先区分景区设施设备的种类;其次对该景区的设施设备进行调研,分析其维护保养、更新改造是否符合景区设施设备管理要求。每个小组完成一份相应的报告。

任务 7.2 景区安全管理

任务引入

元旦假期,哈尔滨旅游达到历史峰值

2024 年元旦假期,哈尔滨文旅市场持续火爆。据哈尔滨市文化广电和旅游局提供的大数据测算,截至元旦假日第 3 天,哈尔滨市累计接待游客 304.79 万人次,实现旅游总收入 59.14 亿元。游客接待量与旅游总收入达到历史峰值。

元旦假期来临前夕,哈尔滨就组建冰雪季(冰雪大世界)服务保障专班、全市跨年夜和冰雪节开幕式安保工作专班,为游客提供全方位的保障。冰雪大世界服务保障专班、跨年夜联合安保指挥部每日进行调度,制订跨年夜应急预案,坚决确保景区秩序。持续加大执法监督检查力度,发挥文旅、交通、市场、公安、城管五大执法专班作用,形成全线联动、快速反应、妥善处置的执法监管态势。哈尔滨市 15 家住宿企业进行价格监测,确保假日期间价格秩序稳定。发布冬季冰雪旅游温馨提示,督导重点景区落实限量错峰要求,指导重点景区、宾馆住宿建立日报制度,实时掌握市场情况。组织开展哈尔滨市文旅行业岁末年初安全生产大排查大整治,元旦假期,哈尔滨市假日文旅市场未发生重特大文化和旅游安全责任事故。

任务分析

景区的管理综合性强、辐射面广、关注度高,其安全管理就显得更为重要。景区是旅游业重要的游客集散地和旅游目的地,确保游客的人身和财产安全是景区必须重视的环节,也是景区持续稳定发展的前提。

景区安全管理是指景区为了达到安全的目的,有意识、有计划地对旅游活动中各种安全现象进行安全教育、防范与控制活动的总和。需要注意的是,景区安全管理的对象不仅包括旅游者的人身、财产,还包括旅游景观的安全与保护等。

7.2.1 景区安全事故类型

1. 按安全事故的表现形式分类

景区安全问题表现形式主要有犯罪,交通事故,火灾(或爆炸),突发自然灾害,疾病(或中毒),景区娱乐项目、器械导致的事故和其他意外事故。

(1)犯罪。景区犯罪大体上可分为三类:第一类是侵犯公私财产类的犯罪;第二类是危害人身安全的犯罪;第三类是与毒品、赌博、淫秽有关的犯罪。侵犯公私财产类的犯罪数量最多,主要由于旅游者在参观游览时游兴高,常疏于防范,而且景区地形相对复杂,隐蔽性较强,作案范围广。

(2) 交通事故。景区交通事故主要是指旅游者在上下或使用景区内的游览交通工具过程中所发生的事故,主要类型有发生在景区各景点的干道、便道上的电瓶车、出租自行车、三轮车上的交通安全事故;发生在景区湖面、海面、溪流、码头等地方的水上交通安全事故;发生在高山、峡谷、岛屿、沙漠等地方建有缆车索道、观赏电梯、溜索等空中运载工具上的交通安全事故。

(3) 火灾(或爆炸)。景区火灾事故主要是针对人为因素引起的各种火险。火灾(或爆炸)不仅会造成人员伤亡,还会造成对景区的破坏,如资源破坏、基础设施毁坏、财产损失等,甚至造成整个旅游系统的紊乱。

(4) 突发自然灾害。突发自然灾害是指由不可抗力因素如雷电、雪崩、山火、岩石崩塌、海啸、台风、地震引起的灾害。景区发生自然灾害将给旅游者、旅游企业、旅游从业人员生命财产及景区资源带来巨大危害。例如 2011 年 8 月 23 日,8 名游客在中国著名景区黄山遭遇雷击事件,其中一人被雷击后滚落山崖;2011 年 11 月 5 日上午 11 时 5 分,在梵净山保护区金顶发生罕见的雷击事件,造成当时正在金顶及附近的 34 名游客和工作人员受伤,其中 12 人重伤。到 11 月 6 日下午 6 时,有 25 名伤者留在铜仁的医院治疗,其余 9 名外地游客转院治疗。

(5) 景区娱乐项目、器械导致的事故。景区娱乐项目、器械导致的事故主要是指人们为了放松心情或缓解生活压力,去游乐场参加一些惊险刺激的大型游乐活动而发生的安全事故。此类事故一旦发生,对游客的伤害非常大,往往造成惨重后果。

小资料

深圳市"10·27"一般大型游乐设施碰撞事故调查报告

深圳市"10·27"一般大型游乐设施碰撞事故调查报告 2024 年 1 月 8 日公布,认定深圳欢乐谷"10·27"过山车碰撞事故是一起因企业安全主体责任落实不到位、事故设备维护不善等原因造成的一般特种设备责任事故。2023 年 10 月 27 日 18 时 27 分,深圳市南山区沙河街道欢乐谷景区内的大型游乐设施"雪域雄鹰"弹射过山车发生碰撞事故,造成 28 人入院就诊(17 人住院诊治),其中 3 人重伤、7 人轻伤、11 人轻微伤、7 人未达轻微伤,直接经济损失 397.5 万元。调查报告认定,事故的直接原因是:事发时,事故设备发射区 1#涡流制动板后螺栓已疲劳断裂,导致涡流制动板在抬升时产生较大横向偏移,与前进的 1 号车永磁体发生刮碰又进一步增大了偏移量。因 1 号车未能越过轨道最高点,在重力作用下倒溜,车体底部永磁体与 1#涡流制动板发生碰撞,并陆续与其他涡流制动板刮碰,造成车体永磁体完全损毁,制动功能失效,1 号车继续回退,与后方站台上的 2 号车发生碰撞。调查报告认定,事故的次要原因是:深圳欢乐谷技能培训不到位,维修人员技能不足,关键岗位人员长期空缺;对设备故障敷衍塞责,设备故障异常记录严重缺失;应急预案不完善,应急演练走形式。润昌公司违规检查作业,维护保养责任落实不到位,放任设备"带病"运行;弄虚作假,出具严重失实的自检报告;为达到顺利通过定期检验的目的,刻意隐瞒事实真相。调查报告提出事故防范和整改措施建议:一是要强化企业责任落实,提升设备本质安全;二是要深刻吸取事故教训,严格履行监管职责;三是要深入开展专项整治,彻底治理风险隐患;四是要强化应急统筹协同,提升应急处置能力;五是要广泛开展宣传教育,增强安全防范意识。

(6) 其他意外事故。其他意外事故主要包括因游客喜欢挑战自我、刻意追求高风险旅游行为造成的意外事故;旅游者无意识过错行为造成的安全事故;游客对旅游目的地的文化背景缺乏了解造成的意外事故。例如,2023年10月22日,有两队旅友进入大黑山进行攀岩活动,两名同行人员发生了意外事故,经公安机关调查核实,两队旅友从野路进入大黑山,进入景区后,无视安全警告标识提示,执意开展攀岩活动,后又无视工作人员劝阻,导致意外发生。其中一名女性旅友在攀岩过程中从崖壁上失足,摔至重伤。另一名男性旅友在攀岩过程中从崖壁上失足坠落,经法医认定,已无生命体征。

2. 按主要责任方分类

(1) 旅游者为主要责任方的事故:因旅游者不遵守景区规定或追求刺激而发生的安全事故。

(2) 景区为主要责任方的事故:因景区管理不善、监督不力而造成旅游者伤亡和景区损失的安全事故,如设施设备安全事故、食物中毒等。

(3) 其他肇事者为主要责任方的事故:指除景区和旅游者外的第三方造成景区与旅游者死亡及损失的事故。

3. 按危害程度分类

《旅游安全管理暂行办法实施细则》(1994年1月22日发布)界定"旅游安全事故"是指凡涉及旅游者人身、财物安全的事故。

旅游安全事故分为轻微事故、一般事故、重大事故和特大事故四个等级。

(1) 轻微事故是指一次事故造成旅游者轻伤,或经济损失在1万元以下的事故。

(2) 一般事故是指一次事故造成旅游者重伤,或经济损失在1万元(含1万元)至10万元的事故。

(3) 重大事故是指一次事故造成旅游者死亡或旅游者重伤致残,或经济损失在10万元(含10万元)至100万元的事故。

(4) 特大事故是指一次事故造成旅游者死亡多名,或经济损失在100万元以上,或性质特别严重,产生重大影响的事故。

另外,《重大旅游安全事故报告制度试行办法》和《重大旅游安全事故处理程序试行办法》又特别界定了"重大旅游安全事故",包括:造成海外旅游者人身重伤、死亡的事故;涉外旅游住宿、交通、游览、餐饮、购物场所的重大火灾及其他恶性事故;造成其他经济损失严重的事故。

小资料

太原景区的特大安全事故

2020年10月1日,位于太原市迎泽区郝庄镇小山沟村的太原台骀山滑世界农林生态游乐园有限公司冰雕馆发生重大火灾事故,造成13人死亡、15人受伤,过火面积约为

2258平方米,直接经济损失1789.97万元。经现场勘验、调查询问、视频分析、技术鉴定及专家论证,调查认定引发火灾的直接原因是:当日景区10千伏供电系统故障维修结束恢复供电后,景区电力作业人员在将自备发电机供电切换至市电供电时,进行了违章操作,带负荷快速拉、合隔离开关,在景区小火车通道照明线路上形成的冲击过电压,击穿了装饰灯具的电子元件造成短路;通道内照明电气线路设计、安装不规范,采用的无漏电保护功能大容量空气开关无法在短路发生后及时跳闸切除故障,持续的短路电流造成电子元件装置起火,引燃线路绝缘层及聚氨酯保温材料,进而引燃聚苯乙烯泡沫夹芯板隔墙及冰雕馆内的聚氨酯保温材料。火势在风力作用下迅速扩大蔓延,产生大量高温有毒烟气。加之冰雕游览区游览线路设计复杂,疏散通道不通畅,部分安全出口被人为封堵,导致发生火灾时游览人员不能及时逃生,因一氧化碳中毒、呼吸道热灼伤、创伤性休克等原因造成人员伤亡。

7.2.2 景区安全管理特点

1. 广泛性和复杂性

旅游者在景区中活动的流动性大、逗留时间短、客流量大、涉及面积广,安全事故表现形式多种多样。因此,安全管理范围广、难度高。

2. 专业性和全员性

景区安全管理涉及游客的食、住、行、游、购、娱各个环节,其中每个环节都需要专业人员进行安全管理。同时,由于景区安全工作的复杂性和广泛性,景区的所有员工都应该参与到安全服务与管理中来,全面预防安全事故的发生。

3. 关联性和重要性

景区不仅是一个地区的形象代表,更是一个国家对外宣传的窗口,景区安全问题的控制与管理的好坏,不仅直接影响到旅游者的生命、财产安全,还会影响到景区、旅游地的形象和经济政治安全,甚至影响到国家形象。

7.2.3 景区安全管理系统

1. 景区安全管理政策法规体系

1) 国家法规条例

国家法规条例包括《中华人民共和国治安管理处罚条例》《旅游安全管理暂行办法》《重大旅游安全事故报告制度试行办法》《重大旅游安全事故处理程序试行办法》《旅游安全管理暂行办法实施细则》等。

2) 地方及景区法规条例

各地政府、各旅游景区也相应出台一些相关的条例和规定。例如《广东省风景名胜区条例》《黄山风景名胜区管理条例》《南京市中山陵园风景区管理条例》《福建省旅游条例》等。

3) 国家标准规定

国家标准《旅游区(点)质量等级的划分与评定》(GB/T 17775—2003)把"旅游安全"作

链接:《旅游安全管理办法》

为旅游区(点)质量等级划分与评定的重要标准。

具体要求有：

(1) 认真执行公安、交通、劳动、质量监督、旅游等有关部门的安全法规。建立完善的安全保卫制度，工作全面落实。

(2) 消防、防盗、救护等设备齐全、完好、有效。交通、机电、游览、娱乐等设备完好，运行正常，无安全隐患。游乐园达到GB/T 16767—1997规定的安全和服务标准。危险地段标志明显，防护设施齐备、有效，特殊地段有专人看守。

(3) 建立紧急救援机制，设立医务室，并配备专职医务人员。设有突发事件处理预案，应急处理能力强，事故处理及时、妥当，档案记录准确、齐全。

2. 景区安全管理制度体系

1) 景区安全管理机构

景区应设立专门性的安全管理机构，负责景区日常安全管理工作和景区安全的防范、控制、管理和指挥工作，如设立安全保卫管理委员会(以下简称安保委)，直属景区最高管理层。安保委下设安保委办公室，与"安全管理处"合署办公。安保委和"安全管理处"下设景区安全顾问组、教育组、计划与发展组、监察执行组、旅游监察大队(图7-2)。

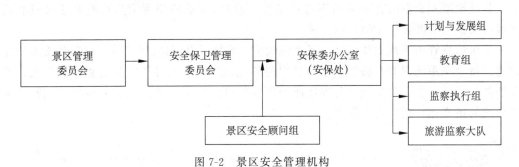

图7-2　景区安全管理机构

2) 景区安全管理制度

景区安全管理制度是在国家相关法规条例指导下，为保证景区员工和旅游者人身与财产安全所制定的符合景区安全管理实际情况的章程、程序、办法和措施，是景区安全管理必须遵守的规范和准则。主要包括安全岗位责任制、领导责任制、重要岗位安全责任制、安全管理工作制度、经济责任制等。

3) 景区安全保障体系

景区安全保障体系由政策法规系统、安全预警系统、安全控制系统、安全救援系统、旅游保险系统组成。政策法规系统是全局性的保障和管理依据；安全预警系统和安全控制系统属于事前预防与事中监管体系；旅游保险系统属于事后补偿体系，而安全救援系统则是事中采取积极措施的重要环节(图7-3)。

4) 景区安全标志系统

景区安全标志系统由景区安全标志和消防安全标志两个子系统组成。

景区安全标志是由安全色、几何图形或文字、图形符号构成的、用于表达特定安全信息的标记，其作用是引起人们对不安全因素的注意，预防发生事故。根据国标GB 2894—1996

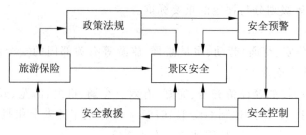

图 7-3 景区安全保障体系构成

《中华人民共和国安全标志》,安全标志分为禁止标志、警告标志、指令标志和提示标志四类。

消防安全标志是用于表达与消防有关的安全信息的标志,由安全色、边框、以图像为主的图形符号或方案构成。我国的消防安全标志和世界上大多数国家一样,是由红、黄、绿、黑、白五种颜色组成的。消防设备和表示禁止的标志用红色作背底颜色;具有火灾爆炸危险的地点和物体的标志用黄色作背底颜色;用于火灾时疏散途径的安全标志为绿色;文字和图形的辅助标志采用黑色和白色。

3. 景区信息管理系统

景区旅游安全事故有很强的不可预见性。及时、准确的预警信息将有利于缓解和减少经济损失与对游客生命财产的威胁。

景区信息管理系统主要由三个子系统构成:天气预报信息、环境污染信息和旅游容量信息。每个子系统都要有旅游安全信息的搜集、信息的分析、对策的制定和信息的发布四个职能。景区信息管理系统中各项功能的实现都以信息为支撑。信息的转换、更新、传输为系统的正常运行提供必要保障。

小资料

让景区插上"智慧"的翅膀:鸣沙山月牙泉

景区范围大,无法防范非法进入者;景区旅游项目多,多次购票手续繁杂;营销成本高、目标不明确、体验差等现象,是困扰很多景区运营管理者的头疼问题。地处西北的鸣沙山月牙泉景区通过智慧景区建设,让景区运营管理插上"智慧"的翅膀,初步解决了以上问题。

解决非法进入问题:安装景区电子围栏报警系统,只要一定体量的热源体靠近电子围栏,报警系统自动报警,并全程开始播放警告,附近的景区工作人员也会收到指令并前往制止。这可以有效杜绝闲杂人员及部分游客非法进入景区问题,24小时实现对景区资源、客流、票证以及交通、安全的管理和控制。

提升游客体验:①自助解说体验系统:利用现代通信技术、地理信息技术,开发了景区虚拟全景展示系统,实现了景区内部景点的虚拟化、数字化、网络化,让世界各地的人们从网上就可以全方位感知、认识、享受景区美景、美文、美图。推出了互动游览、手机客户端服务,为游客提供景点介绍、电子地图、自主导览、语音讲解服务,实现了把"导游装进手机里"的目标。②免费上网:全覆盖Wi-Fi免费网络向游客开放。③打包购买景区产品,一次购票可多次进入景区：游客在线上不仅可以购买景区门票，直接扫码进入，而且景区大漠乘驼、沙漠摩托、滑翔机、直升机等娱乐项目均可打包购买、网上支付、扫码消费。同时通过独一无二的指纹验票功能，为游客提供一次购票、三天内多次入园游览的服务，既满足了游客深度体验的要求，也有效延长了游客在敦煌的逗留时间。

解决营销成本高、目标不明确问题：建设景区指挥中心，接入显示全景区监控点的视频，对景区游客和管理人员进行可视化管理；与百度网盟合作，通过对游客上网轨迹的精准画像，得出对敦煌感兴趣的游客的年龄、性别、属地、职业等大数据，通过沉淀的大数据对敦煌旅游人群精确画像、精准营销、精细服务、综合管理，分析、预测、研判敦煌旅游的近期、远期走势，做好规划、调度、服务，由经验管理转向数据管理，并为敦煌旅游宣传营销、优惠政策的制定提供数据支持。建立了功能完备的"敦煌线上服务窗口"，并提供实时互动、私人定制等个性化、全天候服务。景区可以通过Wi-Fi网络向游客推送景区公告、景区动态、商家信息、预警信息等文字图片、视频信息，便于管理服务和应急处理。

4．安全预警系统

景区安全预警系统的作用，一是对可能发生事故及灾害的区域提前发出预警信息，防止或避免其发生；二是对已经发生的事故发布报警信息，减少事故损失，保护人民生命财产安全，控制其发展。其主要类型有自然灾害预警、环境污染预警、环境容量预警等。

 小资料

九华山风景区开通气象与安全预警信息服务

九华山风景区气象管理处与九华山风景区管委会办公室和中国移动池州公司已正式签署合作协议，由安徽省气象局出资开通九华山地区气象与安全预警信息小区手机短信服务业务，将进一步依托当地旅游气象信息发布平台，及时发布包括九华山风景区欢迎词、日常天气预报、气象灾害预警、森林防火、防洪、临时交通管制等实用信息。省外移动客户步入九华山下即可收到上述信息内容。此外，气象灾害预警信息及其他紧急预警信息发送对象也将扩大至九华山风景区内所有移动客户。此举对有效防御气象灾害、提升风景区美誉度、保障旅游秩序和旅行安全具有重要的意义。与此同时，气象与安全预警等服务信息也将为广大中外游客在游览九华山美景时增添一份新的温馨与快乐。

5．应急救援系统

应急救援系统是对突发性风险事件作出快速反应和果断处置的系统，景区应急救援系统包括核心机构、救援机构、外围机构，主要是由旅游接待单位、旅游救援中心、保险、医疗、公安、武警、消防、通信、交通等多部门、多人员参与的社会联动系统。一个完善的旅游应急救援系统不仅能最大限度地保障旅游者的安全，更能保证景区的可持续、稳定发展。

小资料

黄山建应急救援"飞虎队" 覆盖景区周边 400 千米

黄山风景区将组建国家旅游应急救援黄山队,直升机能随时起降,对 400 千米范围内的国家重点景区进行旅游应急救援。

该救援专业队的设施投入需 3.01 亿元资金。不过,这些设施将由国家安监总局无偿提供,其中就包括直升机等各类重大救援设备。黄山景区每年有大量旅游应急救援需求,该景区也拥有救援等各类队伍 9 支。根据相关要求,国家旅游应急救援黄山队将以黄山景区现有救援资源为基础,配以安监总局提供的各类专业救援设施,形成能进行远程和就地旅游应急救援的专业型旅游应急救援队。

救援队建成后,黄山景区内发生重特大事故后,救援人员携装备在 6~10 小时内须到达事故现场。该救援队还将与周边 400 千米范围内的其他国家 5A 级景区旅游救援队伍签订合作协议,接到救援通报后,能迅速反应。

资料来源:吴永泉.黄山将建成应急救援"飞虎队"[N].新安晚报,2012-08-16.

7.2.4 景区专项安全管理

1. 自然灾害及防治

旅游自然灾害是指在旅游过程中突发性的给游客或旅游设施带来严重危害的自然灾害事故。景区自然灾害的特点主要有种类多、季节性强、损失大,人为灾害与自然灾害交织等。

1)水灾与旱灾

洪灾及涝灾多因夏季暴雨形成,排水设施不畅,积水过多,影响旅游交通,并可引发崩塌,破坏基础设施及旅游设施,给旅游企业运作带来困难。同时洪灾带来的水土流失也不容忽视。

洪涝灾害对旅游区的危害虽不可避免,但可以将其降低到最低限度,具体对策包括:雨季到来之前,对道路、危险建筑加以仔细查看,适时采取抢修工程措施予以防范;对受暴雨影响严重的景区及时封闭;充分利用上游水库水量调节功能;景区建设之前,建筑、道路等设施要考虑防洪、抗冲能力,预留泄洪道,疏通淤积河道;旅游业防洪要贯彻"全面规划,综合治理,防治结合,以防为主"的方针,各旅游景点应因地制宜确定防洪标准,并与流域规划相协调,工程措施和生物措施相结合。

旱灾造成景区缺水,水景及植被美观度下降,旅游设施运转费用增加,旅游企业成本上升。防治旱灾采取的措施主要是通过行政、立法和经济手段促进水资源的合理利用,制定合理的水价,在不同时间、不同用途上征收不同的水费。

小资料

广东肇庆鼎湖山景区突发洪涝

肇庆鼎湖山景区内一溪谷突发洪涝,现场有 7 名群众被困,当地消防部门紧急救援助被困人员脱险。2023年8月18日18时12分,肇庆市消防救援支队指挥中心接到报警称:鼎湖山景区内一溪谷突发洪涝,现场有群众被困。接到警情后,指挥中心迅速调派鼎湖桂城消防救援站出动2车12名指战员赶赴现场救援。消防救援人员了解到,受连日来的强降雨影响,该溪谷上游水位上涨,雨水从水闸溢出,造成了此次的洪涝。溪谷的另一侧有7名被困群众,消防救援人员随即开展紧急救援。

2)气象灾害

旅游气象灾害的特点有类型多,包括风灾、高温灾害、冰雪灾害、大雾灾害、雷电灾害等;季节性强,暴雨和雷电等重大灾害性天气都发生在夏季,大雪、冰冻、大雾等灾害性天气都发生在冬季;连锁性强,交通、通信、供水、供电、供气等工程之间联系十分紧密,一旦发生气象灾害,很容易造成连锁反应,产生一系列次生灾害和衍生灾害。

气象灾害防治措施以预防为主,加强对灾害性天气的预警预报,建立预警系统;景区相关部门与气象部门应密切合作,开设专项服务;合理拟设针对突发性气象灾害的应急措施,配备人力、物力,组织应急救援队伍,减少各类灾害性天气所造成的损失。

3)泥石流灾害

泥石流灾害多发于山区,是由暴雨集中、山高、坡陡和植被稀疏等因素引起的,破坏性较强,对旅游业干扰很大。主要防治措施是搞好山区水土保持和小流域治理;修筑塘坝、排洪渠等工程措施;加强泥石流的预警预报等。

新疆玛纳斯一景区遭20年罕见泥石流

2012年7月,新疆玛纳斯县清水河乡旅游景区,因暴雨突发山洪泥石流,造成81名群众被困景区山顶。灾情发生后,玛纳斯县迅速启动应急预案,消防人员立即赶赴现场,公安、交通、旅游、医护等部门也立即开展营救。

被困者是新疆石河子大学的师生,学校带队教师讲述,7月3日早晨学校师生一同来到玛纳斯清水河乡景区内采集中药标本,14时许景区内下起大雨和冰雹,由于雨大,没能及时撤离山区,过了1小时左右,暴雨已经引发泥石流,导致山下6千米路段被滚石淹埋,洪水一直从山上突袭而来,路段被滚石淹埋,没有办法撤离下去就拨打了110求救电话,请求救助。

在现场指挥员的有序指挥下,救援队连夜将被泥石流围困的81名群众疏散到上游安全地带,事故未造成人员伤亡。

资料来源:http://www.chinanews.com/sh/2012/07-04/4007666.shtml。

2. 景区安全事故处理

1)火灾

(1)景区发生火灾的原因可分三类:人为火灾,大部分的火灾都是由于游客乱丢烟头、火柴梗等引起的,还有部分是因为操作人员思想麻痹、违规操作等违反安全管理规定引起的;自然起火,如雷击;人为故意纵火。

(2) 景区火灾的特点。因旅游景区的特殊性,景区的火灾主要发生在旅游宾馆、饭店和各类公共场所及森林景区内。其发生火灾的特点是起火因素多且蔓延快;人员多而复杂,极易形成着火源;疏散扑救难且危害大;疏散难度大。

(3) 景区火灾的预防措施。旅游景区管理者应严格遵循消防条例和景区规定,防患于未然,加强安全管理。

同时景区管理者还要积极对游客进行安全教育和安全引导。景区工作人员要向进入景区的游客进行景区防火宣传,告知如安全通道、消防设施、安全门等情况。

(4) 火灾的应急措施。

① 组织灭火。火灾发生区域的工作人员或发现火情人员应立即向景区安全职能部门报告,讲清失火的准确部位、火势大小等情况,失火现场及附近关联区域应立即暂停游客接待;安全职能部门立即上报景区主要负责人,并报告当地公安消防部门,拉响警铃;报警中心应指示总机播放录音,告知火势情况,稳定客人情绪,指挥客人撤离现场;由景区负责人和有关部门成立火灾抢险指挥部,总经理或总负责人、安全部门经理、消防队、医务人员等应立即赶赴火灾现场指挥救火;迅速查明起火的准确部位和发生火灾的主要原因,采取有效的灭火措施。

② 保护火灾现场。应注意划定和保护起火点;火灾扑灭过程中,不允许擅自清理火灾现场;火源全部扑灭之后,调查火灾原因,经公安部门允许后再清理火灾现场。

(5) 善后措施。对事故人员伤亡、财产损失进行统计;严肃处理有关责任人,追究其法律责任;对广大员工进行防火安全再教育;安抚受害游客及前来探望他们的亲属,采取相应的补偿措施。

小资料

西江千户苗寨发生火灾

2023年7月10日,贵州西江千户苗寨发生火灾,经核实,农户木屋过火2栋,过火面积450平方米。事故造成6人受伤,均已第一时间送医救治,生命体征平稳。当地2名村民在火灾中不幸遇难。火灾发生后,消防、应急、公安、急救队伍等力量迅速到现场开展救援。因西江千户苗寨多是木质结构建筑,且景区人流量大、火灾防控能力有限,若发生火情,大型的车辆设备不方便进入,这都是当地消防防控面临的难点。掌握必要的逃生知识很重要:①避免烟雾:低身姿行进,用湿毛巾捂住口鼻以防止吸入浓烟。如果通往安全出口的路线被浓烟阻挡,寻找其他逃生途径,如窗户。②不要返回:在火灾过程中,切勿返回受到火灾威胁的区域,以免置自己和他人的生命安全于危险之中。等待消防员和救援人员的到来,并向他们提供有关火灾情况的详细信息。③避免携带贵重物品:在火灾发生时,避免携带过多的贵重物品,以免影响逃生速度或增加自身危险。

2) 景区治安管理

治安问题是目前景区较为常见的问题,其类型多样。景区治安管理可以采取以下措施。

(1) 普及法制教育,提高安全防范意识。应对景区内居民进行普法教育,强化景区内旅游管理人员、从业人员、居民以及旅游者的法治意识与安全防范意识。

（2）健全和完善各种治安管理制度。景区应根据国家有关治安管理的法规条例，结合景区特点，健全和完善各种治安管理制度。包括：景区内食、住、行、游、娱、购等安全的管理和控制制度；对景区内经营者、从业人员、社区居民以及旅游者的治安管理和防范制度；旅游接待过程中各环节在治安管理工作中的联合、分工制度，信息联络制度；景区内各相关部门治安管理责任制度等。

（3）建立健全治安执法机构和治安管理队伍。治安执法机构和治安管理队伍是景区治安管理的保障。景区治安管理需要一个能统一协调、具有权威性的执法机构，而景区执法机构的工作要靠治安管理队伍来完成。

（4）实施建、防、治三位一体的管理体系。在治安管理中建立建、防、治三位一体的体系，充分发挥治安管理机构的作用，达到标本兼治的目的。为提高建、防、治体系的防控能力，在景区各路段、各主要交通工具如汽车、游船等装备报警装置，以便案发时及时报警。景区中治安多发地区（点）更要有完善的通信设施，以便与各景区（点）保持联系，防止出现治安盲点。

3）景区重大盗窃事故处理

（1）了解情况，保护现场。景区安防人员应查明事故发生的经过，设置现场警戒区，对犯罪分子必经之地和可能出入的场所遗留的作案痕迹要妥善保护好，维持原状。不准触摸犯罪分子动过的物品，以免留下新的痕迹，破坏旧的痕迹。

（2）向警方报案，上报景区负责人或主管部门，请求指示。说明事故发生的时间、地点、经过，提供作案者的身材、长相、穿着等特征，受害者的人数、性别、年龄、工作身份等特征，损失物品的名称、数量、形状、规格、型号等特征。

（3）将游客转移到安全的地点，并设置隔离区、警戒线、纠察队，封锁通向案发现场的交通要道，设岗检查过往车辆，加强景区各个出入口的安保力量。

（4）划定勘查范围，确定勘查顺序。盗窃案发现场勘查的重点是现场进出口的勘察、被盗财物场所的勘察及现场周围的勘察。

（5）分析判断案情，确定嫌疑人。经过勘查分析，判断案情，如果不是外部来人作案，即可在划定范围内，通过调查访问发现嫌疑人。

（6）稳定游客情绪，稳定景区正常的游览秩序和饭店正常的接待秩序，并采取一定的补偿措施。写出书面报告，说明案例性质、采取的措施、受害人的反应及要求。

景区加强治安防控必做的六大安全机制

西湖风景名胜区地处杭州老城区西部，南临钱塘江，面积59.7平方千米，实有人口4.1万人，内有单位、公共场所300余家，各类商业网点320余家，公园景点130处，重点文保单位22家。景区内山、水、城、桥梁、铁路、涵洞交错，有80余处景点呈全天候开放，地理环境复杂。通过几年来的构建、运作，目前景区治安防控体系日臻完善，形成了一套完整有效的工作机制。近年来，西湖景区发案率逐年下降。

1. 统一认识,明确指导思想和工作目标

在宏观防控上,景区公安分局紧紧抓住控案和打击两个重要环节,每年对派出所、各警局提出控案指导数和打击指导数,挤压罪犯犯罪空间;在中观防控上,则紧紧抓住防控手段这个载体,每月对巡防民警提出盘查可疑人员、可疑物品指导数;在微观防控上,所有工作措施都围绕一个"控案"的目标。在整个治安防控建设中,景区分局着重加强了各项基础建设,为治安防控工作的深入开展提供了有效保障。基础信息的准确、鲜活、全面,是实现有效预警、做好治安防控工作的前提。为此,景区分局组织各部门和各警种对涉及刑侦、治安、派出所等基础性信息进行了系统更新,完善了以辖区实有人口为主体的信息采集和输入。在对辖区重点人口、暂(寄)住人口等高危人群和行业单位的管理中,分局加强了情报信息的收集和报送,对不法分子活动场所重点加强布控工作;对群众反响强烈的重点部位,不断调整、增派警力,采取"公秘结合、警便结合"方式,坚持每天在易发案时段进行不间断的巡逻布控,及时发现和打击各类违法犯罪活动。

2. 纲举目张,形成运行有序的勤务机制

"纲"就是控案。围绕这个"纲",景区分局职能部门均有责任,都有措施。政工部门根据控案目标需制定考核办法、督察措施落实;指挥中心研判治安状况,发布预警信息,指导控案开展;治安部门制定防控规划等;科技部门编制技防规划,加强应用指导;刑侦部门指导开展治安管理和治安防范;消防部门支持配合派出所加强场所管理等。在景区分局的防控大框架下,各派出所又根据辖区的不同特点,制定了一套更为具体的运作方式。为突出治安防控效果,景区分局进一步明确了民警在巡防执勤中的职责任务,并通过业务培训、技能训练等方式,不断提高民警的治安防控水平。在此基础上,制定了巡逻执勤规范,确保了整个巡逻执勤工作的规范运行。

3. 科学运作,强化部门联动防范

一要完善指挥机制。由党委、政府主要领导亲任指挥长,集中指挥权、调度权、监督权,建立统一、高效、权威的指挥中心。二要建立协作机制。实行部门责任制和单位责任制,确保领导对社会治安负总责,对工作中发现的防控薄弱环节,要加强与公安机关的信息互通,共同研究解决办法。三要优化群防群治机制。建立健全各种基层治安防控组织,落实责任。四要严格考核机制。把治安防范、安全生产作为重要内容纳入部门、企业的岗位目标责任,严格落实责任追究制度、一票否决制度。

4. 抓住契机,重视和抓好派出所建设

一是从人力、物力、财力等各方面对派出所建设予以政策倾斜,保障景区派出所有良好的办公条件、有足够的警力。二是大力开展治安基础工作,摸清、摸准辖区治安情况,认真研判,立足实际,推动各项防控工作的全面加强。三是加强派出所民警素质建设,使派出所民警既能当好法律政策的宣传员、治安信息的收集员、矛盾纠纷的调处员,又能当好治安防范的指导员和刑事、治安案件的协查员。

5. 长效管理,建立健全治安防控体系

要抓好突发事件应急处置机制建设。要建立涉稳信息、重大治安信息、容易引发重大安全事故的信息收集研判机制,发挥事前预警、事前控制的作用。要抓住案件多发部位、多发季节、时段的防范。要抓好治安重点行业场所管理。要强化治安巡逻,提高快速反应能力,把警力延伸到景区每个角落。要不定期检查治安重点场所,实现快速出警和及时处警。要加强人口管理工作。重点抓好治安高危人员和流动人口的掌控,落实走访、登记、建档等制度,做到底数清、情况明、防得住、管得好。

6. 大力宣传,激发社会治安工作热情

要广泛发动群众,形成全民参与、全民防控的阵势,使一切违法犯罪行为无可乘之机、无立足之地,治安防控体系方能显现最大的社会效益,达到治安防范治本之目的。

资料来源:王忠敏.景区如何加强治安防控体系建设[N].中国旅游报,2011-01-17.

4)景区游客死亡事故处理

景区内游客死亡处理应注意三个环节。

(1)游客病危时。当发现游客突然患病,应立即报告景区负责人或值班经理,在领导安排下组织抢救。在抢救病危游客过程中,必须有患者家属、领队或亲朋好友在场。

(2)游客死亡时应注意以下事项。

① 死亡的确定。一旦发现游客在景区内死亡,应立即报告当地公安局,并通知死者所属的团、组负责人。如属正常死亡,善后处理工作由接待单位负责。没有接待单位的,由公安机关会同有关部门共同处理。如属非正常死亡,应保护好现场,由公安机关取证处理。尸体在处理前应妥为保存。

② 通知死者单位或家属。凡属正常死亡的,在通报公安部门后,由接待或工作单位负责通知家属。如死者无接待单位,由景区或公安部门负责通知。

③ 出具证明。正常死亡,由县级或县级以上医院出具"死亡证明书"。非正常死亡,由公安机关或司法机关法医出具"死亡鉴定书"。

④ 死者遗物的清点和处理。清点死者遗物应有死者随行人员或家属及景区工作人员在场。如死者有遗嘱,应将遗嘱拍照或复制,原件交死者家属或所属单位。

⑤ 遗体的处理。遗体处理一般以在当地火化为宜。遗体火化前,应由领队、死者家属或代表写出"火化申请书",交景区保存。如死者家属要求将遗体运送回原籍,遗体要由医院做防腐处理,由殡仪馆成殓,并发给"装殓证明书"。遗体运送回原籍应有相关证明。

(3)其他注意事项。善后处理结束后,应由聘用或接待单位写出"死亡善后处理情况报告",送主管领导单位、公安局等相关部门。内容包括死亡原因、抢救措施、诊断结果、善后处理情况等。对在华死亡的外国人要严格按照《中华人民共和国外交部关于外国人在华死亡后的处理程序》处理。

5)景区食物中毒事故处理

(1)赶赴现场,核实确认事件。在现场核实确认事件时应了解事发现场情况,访问相关人员和在场群众,观察受害病人,对其病原进行判断,并进行受害群体的统计工作。

(2)上报景区管理部门,成立临时指挥部。事件上报当地卫生医疗与防疫部门,同时向景区主管部门报告,服从上级部门作出的安排,临时指挥部负责整个抢救与处理工作。

(3)协同医疗单位组织开展紧急抢救工作。设法催吐游客,使他们多喝水排泄毒性,把严重的中毒者送到附近医院进行救治。

(4)收集物证,查明毒源。收集与食物中毒有关的食物、餐具、呕吐物等,交由卫生防疫部门化验取证,对现场遗留物和剩余食物、原料、容器具等切记不能移动、踩踏、洗刷、清扫,留待卫生防疫部门作调查时用,事后予以消毒、扑杀(害虫)、销毁处理。

(5)撰写事故发生报告后,上报主管部门,追究饮食经营单位的责任。对事发的饮食经营单位责令停业,由卫生执法部门调查后暂扣一切食品原料和一切生产经营器具,令其接受处罚或被取缔。接受处理后应立即按照要求整改,经卫生检疫部门验收合格后,方可恢复饮食经营。

(6)安抚受害游客及探望他们的亲属,采取相应的补偿措施。

小资料

云南西双版纳27名游客出现疑似食物中毒反应

据《云南日报》消息,记者从西双版纳新闻办获悉,27名游客在西双版纳游玩途中先后出现不同程度的恶心、呕吐、腹泻等症状,疑似发生食物中毒,景洪市启动应急预案迅速展开调查处置,并将游客送往医院进行救治,目前尚无严重和死亡病例。

据了解,发生疑似食物中毒的游客来自景洪市一家旅行社的散客拼团,全团共有来自北京、辽宁、湖南、山东、河北、福建、安徽、江苏、河南等地的44名游客。

5日上午该旅行团于11时许结束野象谷景区的游玩后,于11时30分左右在附近象塘山庄餐厅用餐。菜谱为炒莲花白、炒小白菜、西红柿炒鸡蛋、青椒炒腊肉、青椒炒洋芋、炒洋葱、腌菜炒肉等菜品,主食是米饭。

到当日下午4时30分,4人开始出现腹泻症状被送到西双版纳傣族自治州人民医院输液。当晚,导游将游客带到曼听公园内吃了煮米线后,又有3人出现腹泻,之后陆陆续续又有人出现不同程度的恶心、呕吐、腹泻等症状,人数累计达27人。

6日早上8时50分接到报告后,景洪市食品安全委员会办公室立即启动了应急预案,将出现疑似食物中毒的游客及时送往州人民医院积极救治。

景洪市市场监督管理局立即通知相关部门,由分管领导带队,派出4名执法人员前往州医院,对在医院输液治疗的游客进行了个案调查。经调查,这些游客均在象塘山庄餐厅用午餐,但在曼听公园晚餐的游客就只有部分,另一部分是自己在外面吃,大部分出现腹泻,少数出现呕吐和低热症状(37.6℃)。腹痛多为脐周隐痛,腹软,无压痛,腹泻水样便。

随后,市场监管局执法人员到象塘山庄、曼听公园餐厅进行了现场检查,市疾控中心技术人员对2个餐厅的食品留样进行了抽验。

据了解,截至6日18时,住院治疗的疑似食物中毒游客病情平稳,尚无严重和死亡病例。相关部门对于事故的调查还在进行之中,待市疾控中心的样品检验报告结果出来后,将会根据检验报告对相关企业及责任人进行调查,并根据相关规定采取相应的处理。

同时,将对本次食物中毒事故进行总结,并在全市范围内进一步加大景区景点食品安全知识的宣传和教育力度,避免此类事件再次发生。

资料来源:http://news.sohu.com/20151106/n425527250.shtml,2015-11-06.

6）人身安全事故处理

因爆炸、暗杀、凶杀、抢劫、绑架等暴力造成人身伤害的案件发生后，安全人员应急速赶赴现场，组织人员对伤员进行抢救护理；保护现场，注意收集整理遗留物和可疑物品，保管好受害者财物，组织力量协助警方破案。

3. 景区游船（艇）安全管理

湖泊、河流、海域等以水文景观为主题资源特征的景区，游船业发展迅猛，豪华游船、水上高速大巴、客船、玻璃钢船、液化气环保船、摩托艇、木制船甚至渔民自用船、竹筏等都投向了水上旅游业。安全是旅游的前提保证，对景区游船（艇）的安全管理须高度重视。

除了要求游船项目的经营者应文明经营、守法经营，不得以任何理由索要回扣外，还应定期开展对游船、游艇人员的安全技术培训，保证从业人员上岗安全操作，掌握安全操作技能，同时在漂流区较为危险的水域通道内，应配备安全引导员，相关人员应经相应培训，具有较好的安全引导技能、安全逃生技能和一定的紧急救护技能。

在水景游览区内应尽可能地设立安全监控站或安全监控设施；对较大范围的水景游览区，最好能由公安、航管、渔政三个部门组成专门人员 24 小时巡逻护卫，建立水上救助中心，配备集通信、定位、报警功能于一体的水上全球定位系统（GPS）；遇到复杂天气环境，应将湖区、溪区、河区、海区关闭，暂停接待游客；要为游船（艇）工作人员及游客投保。

小资料

景区观光新体验："汐"智能观光船落地扬州瘦西湖

随着旅游行业的快速发展，游客的核心关注点逐渐转移至旅行目的地的文化内涵和场景体验，如何将场景融入风景，通过打造全新游玩场景，赋能景区品牌价值提升，已成为各大景区发展的重点目标。"汐"智能观光船落户扬州瘦西湖。欧卡智舶"汐"自动驾驶游船，依靠去船长化的私密高端智能体验，将陆地上丰富的生活方式转移至水面，丰富的场景与移动的风景相结合，感受水上悠悠慢生活。

1. 自动驾驶系统

欧卡智舶汐自动驾驶游船搭载了 6 个毫米波雷达、5 个车规级宽动态范围摄像头和 1 个激光雷达，可进行 360°无死角的全向感知，进行自主出库、自主航行、自主避障以及自主返航。汐自动驾驶游船最快航行速度可达 2.5 米/秒，不过为了增加游客体验度，让游客有充分时间感受两岸的风景，安稳地享受早茶/下午茶时光，本次扬州护城河的航行速度平均在 1.1 米/秒。

2. 智能交互系统

汐自动驾驶游船采用纯电动力，续航 8～10 小时，顶部太阳能板可增强续航，绿色环保，平稳静音。船只运行过程中，会对周边环境进行实时 3D 建模，连同船速、游览里程、剩余时间等数据一并显示至数字化大屏上，实现水域环境感知及运行过程的可视化。同时，游船还配备了智能电子导游，船只所至之处，文化历史随即掌握。智能座舱系统、360°全景天窗、氛围呼吸灯的设计，让游客全程纵享科技赋能与文化结合的新体验。

3. 智能调度系统

欧卡智舶汐智能景区观光船，一改传统游船运营过程中，单人对单船的管理模式，建立智能游船管理中台，通过使用无人船智能调度平台，游船管理人员即可完成对船只的远程监管与调度，最大限度提高船只管理效率，降低船只运维成本，形成单人对多艘船只的全新模式。

4. 游乐园（场）安全管理

根据国家技术监督局1997年4月2日发布、1997年10月1日起实施的《游乐园（场）安全和服务质量》(GB/T 16767—1997)，游乐园（场）系指设有游艺机和游乐设施，开展各项游艺、游乐活动，主要供游客娱乐、健身的场所；水上世界是游乐园（场）中一个专门的类别，是专供游客游泳或嬉水等水上游乐活动的场所。该标准明确规定了游乐园（场）的娱乐目的。由于游乐园（场）是安全事故的多发场所，因此，加强游乐园（场）专项安全管理具有现实意义。

游乐园（场）安全管理措施包括：设立完善高效的安全管理机制，明确各级、各岗位的安全职责；开展经常性的安全培训和安全教育活动；定期组织全游乐园（场）按年、季、月、节假日前和旺季开始前的安全检查；建立安全检查工作档案，每次检查要填写检查档案，检查的原始记录由责任人员签字存档。

游乐园（场）应该制定关于员工安全的相关制度，规定员工在工作过程中应严格按照安全服务操作规程作业，未持有专业技术上岗证的员工不能操作带电的设备和游艺设施。有关员工应该安全着装，高空或工程作业时必须佩戴安全帽、安全绳等安全设备，并严格按章作业。

在游乐活动开始前，应对游客进行安全知识讲解和安全事项说明，具体指导游客正确使用游乐设施，确保游客掌握游乐活动的安全要领。对游客有健康要求的游乐活动，应在该项活动入口处以"警告"方式予以公布，并严格禁止不适合该项游乐活动的游客参与。在游乐过程中，应密切注视游客安全状态，适时提醒游客注意安全事项，及时纠正游客不符合安全要求的行为举止，排除安全隐患。

各游乐场所、公共区域内均应设置安全通道，时刻保持畅通；各游乐区域，除封闭式的外，均应设置安全栅栏；严格按照消防规定设置防火设备，配备专人管理，定期检查；设有报警设施，设置警报器和火警电话标志；露天水上世界应设有避雷装置；应该有残疾人安全通道和残疾人使用的设施；有处理意外事故的急救设施设备。

游乐园（场）应该定期或不定期地采取相关的安全管理与救援措施：加强安全检查，除进行日、周、月、节假日前和旺季开始前的例行检查外，设备设施必须按规定每年全面检修一次，严禁设备带故障运转；日运营前的例行安全检查要认真负责，建立安全检查记录制度，没有安全检查人员签字的设施、设备不能投入营业；详细做好安全运行状态记录，严禁使用超过安全期限的游乐设施、设备载客运转；凡遇有恶劣天气或游艺、游乐设施机械故障时，须有应急、应变措施，因此停业时，应对外公告。此外，还应配备安全保卫人员，维护游乐园（场）游乐秩序，制止治安纠纷；游乐园（场）全体员工须经火警预演培训和机械险情排除培训，熟练掌握有关紧急处理措施。

小资料

深圳华侨城游乐项目发生垮塌

2010年6月29日16时45分,深圳东部华侨城大峡谷游乐项目"太空迷航"发生垮塌安全事故,造成6人死亡,10人受伤,其中重伤5人。

东部华侨城大峡谷探险乐园于2009年"五一"期间全面开业。在东部华侨城的官网上,是这样介绍"太空迷航"娱乐项目的:"乘坐飞船模拟器,亲身感受火箭发射时的2G重加速度,24米直径的穹幕逼真再现浩瀚太空奇景,完美实现航天迷的飞天梦想。它是中国自主研发全球首个全程模拟太空遨游项目。"众多游客对该项目的评价较好,在体验时,首先进入一个封闭的展馆,游客可以看到中国和世界的航天历史展览,现场还配有太空服,游客可穿上拍照,真正的"太空迷航"是指游客坐上一辆模拟的太空飞船,四个人一个船舱,总共可以坐48人。"起飞"之前,游客会先感觉到周围漆黑,只有显示屏发亮。"起飞"之后则会感觉双腿非常沉重,随后屏幕上则显示冲破大气层、冲向太空的场景。整个过程都是通过统一的程序控制的。

2010年9月9日深圳东部华侨城"6·29事故"调查组基本查明了事故原因:"太空迷航"设备存在严重的设计缺陷;安装调试期间已发现隐患但未能有效整改;使用过程中维护保养不到位;该设备存在局部制造缺陷。

资料来源:仇日红,等.东部华侨城发生意外伤亡事故 6人身亡多人受伤[N].广州日报,2010-06-30.

任务实施

全班分为若干小组,每组6~8人,首先选择本任务中列举的景区安全事故案例,分组讨论其事故形态、发生原因、解决办法及启示。其次选择一个当地发生过安全事故的旅游景区,最好实地了解其安全管理状况,找出其安全隐患,并讨论分析如何预防安全事故的发生。

项目实训

泡温泉被电晕,谁之过

2012年12月25日,沈先生一家到某温泉度假区游玩。当日下午14时20分许,沈先生经过度假区的水帘洞门口附近,光着脚就迈进了一处浅水池内,沈先生当时觉得腿有点麻,以为是抽筋了,又往水池中走了几步后,倒在了水池中。沈先生的家人见状立即喊来度假区的服务员,一名服务员跑到附近的控制室,关闭了所有电源,过了一分多钟,沈先生才被众人从水池中拽上来,在进行人工呼吸后,苏醒过来,但开始咯血。度假区工作人员立即把沈先生送到医院抢救,并交2000元住院押金,沈先生最后诊断为肺部有损伤。

沈先生的家人分析说,沈先生晕倒的水池中有一个水泵,应该是那个水泵漏电,导致丈夫被电击倒,但度假区并未在此区域设立任何不准入内的警示标识。而且事发之后度假区就再没出过医疗费,也没到医院看过沈先生。

沈先生的家人多次找到度假区的部门负责人,对方表示景区已购买了保险,让她找保险公司理赔,而保险公司的人来到医院,记录了事发过程,并未说如何赔偿,而是让沈先生找度假区的人。直到2013年1月6日沈先生出院,7000多元的医疗票据也无人理会,更无人来处理此事。

资料来源:张明超.温泉水泵未设警示标识 游客进水池被电晕[N].生活报,2013-01-11.

实训要求:

(1) 请分析该度假景区在管理上出现了哪些问题。

(2) 如果你是度假景区总经理,得知此事后如何处理这件事?如何挽回已经造成的不良影响?在经历这件事之后,景区应该吸取哪些教训?加强哪些方面的管理?

(3) 请班级各小组对当地的著名景区进行调研,考察是否有旅游安全事故发生以及发生事故后该景区是怎样处理的。

项目8

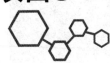

景区环境与服务质量管理

项目摘要

近年来,旅游业的快速发展使景区所承受的环境压力日趋增大。景区自然环境的优美与否,直接关系到该景区的客源量和知名度。随着旅游业的发展和生态旅游的兴起,景区环境管理的重要性也日趋增加。有效的景区环境管理,对景区旅游的可持续发展意义重大。景区质量管理是景区管理的核心内容之一,它直接关系到景区的经济效益甚至景区的生存和发展,也关系到旅游消费者合法权利的维护。要加强景区服务质量管理,就必须建立和完善景区服务质量管理体系,及时对其组织实施和评价,持续改进服务工作,提高服务质量,以增强游客的满意度。

任务 8.1 景区环境管理

任务引入

国家"绿水青山就是金山银山"实践创新基地:桃花源旅游管理区

2021年10月,桃花源旅游管理区被生态环境部命名为第五批"绿水青山就是金山银山"实践创新基地(图8-1)。

桃花源位于湖南省常德市西南,是《辞海》《辞源》和中学语文课本注释的东晋诗人陶渊明笔下《桃花源记》的原型地,拥有国家5A级旅游景区、国家级风景名胜区、国家森林公园、全国重点文物保护单位、全国文旅融合助推乡村振兴基地、中国天然氧吧、全省十大文旅地标、全省十大文旅特色小镇等称号,是湖湘生态旅游的金字招牌和靓丽名片。

人间四月天 大美桃花源

桃花源旅游管理区深入贯彻习近平生态文明思想,积极传承绿色发展理念,坚持以生态环境保护为主责,以文旅融合为主导,以"两山"转化为主线,盘活特色旅游资源,按照以保护促旅游、以旅游促发展、以发展促保护的思路,开创了生态环境保护和社会经济发展有机统一的良好局面,塑造了桃花源特色生态旅游品牌,真正把最美的风景变成了群众的

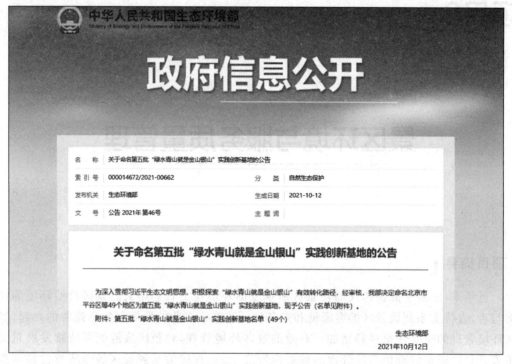

图 8-1 关于命名第五批"绿水青山就是金山银山"实践创新基地的公告

幸福愿景,把桃花源的最美颜值变成了乡村群众的富民产值。2020 年全区地区生产总值 17.66 亿元,增速 5.3%,城镇居民工资收入 35200 元,增速 7%,农民可支配收入 18700 元,增速达 9%。

建设美丽河湖,夯实"两山"转化基础

桃花源水溪河又名秦溪,是"湘资沅澧"四水中沅水一级支流,全长 37.5 千米,桃花源境内长度约 16.2 千米,贯穿核心景区。2014 年以来,桃花源旅游管理区先后投入资金约 2 亿元,对水溪河重要河段进行河道疏浚、岸坡治理和景观带打造,同时建立健全河长、河道警长、河道保洁员责任制,将原本河道淤塞、杂草丛生的黑臭水体打造成一条碧波荡漾、芳草鲜美的美丽风光带,成功实现水绿河清两岸美的治理目标。如今,水溪河以其独有的水文条件,造就了"雾萦秦溪"的独特景观,成为室外山水演艺大型溪流剧《桃花源记》的最佳表演载体。2021 年 6 月 3 日,桃花源水溪河被授予湖南"美丽河湖优秀案例"荣誉称号。

坚持文旅产业引领,提升"两山"转化质量

一是"文旅联姻"赋能新产业。桃花源依托其独特的山水诗画、人文意境、和谐田园生活特色,打造了国内首个大型溪流漫游实景演出《桃花源记》,每天吸引近千名游客前来观演。在这部炫彩夺目的实景大戏中,360 名当地村民兼职成为群众演员。他们白天务农务商,晚上倾情演出,跟着文化旅游全面脱贫并走上小康之路。通过"文旅联姻",桃花源传统生态文化被赋予了新的生命。

二是"农旅融合"推动农业高质量发展。汤家山村为推动生态旅游和乡镇振兴深度融合,桃花源在汤家山村创新探索农宅合作社改革"135 模式",即搭建一个合作社平台,推行自主经营、委托租赁、集中流转三种模式,强化政策、资金、力量、市场、利益五类保障,切实把景区延伸到家门口,把设施完善到家门口,把游客接送到家门口,真正让农户在家门口从业,走出了一条农旅融合助力乡村振兴的"两山"转化新模式,得到了社会各界高度认可。

三是守护绿水青山实现传统农业转型。白鳞洲村位于沅水江心,四面环水,拥有独特的"三日同辉"自然景观,是古潇湘八景之一"渔村夕照"的原型地。近年来,白鳞洲村坚持生态"护"岛、绿色产业"强"岛、农旅融合"活"岛,通过创立"小陶家"系列品牌、发展有机果蔬采摘、休闲民宿等农耕旅游项目,使昔日封闭落后的江心小村焕发出勃勃生机,成为桃花源全域旅游的热门景点、乡村旅游网红目的地,为传统农耕经济向现代文旅转型探索了桃花源路径。2021年,白鳞洲村入选湖南省五星级乡村旅游区(点),成为湖南卫视《乡村合伙人》《向往的生活》等热门综艺拍摄地。

四是增值绿色资本促进全域生态康养产业发展。桃花源依托其特有的生态资源,通过提质升级全域生态旅游基础配套设施,深度挖掘本土农耕文化和道教养生文化,大力发展全域生态康养产业,于2019年度荣获首批"中国森林康养林场"称号,成为湖南省森林康养产业发展典范。

人不负青山,青山定不负人。下阶段,桃花源将以守护绿水青山、铸就金山银山、健全"两山"体制机制为重点,推动绿水青山向金山银山持续转化,把高颜值的自然资源转化成高价值的产业财富,续写绿色高质量发展的壮丽诗篇!

资料来源:https://hb.rednet.cn/content/2021/11/12/10390494.html。

任务分析

景区环境是景区从事旅游活动的基础物资条件,加强景区环境合理的规划和管理是景区稳定发展的重要一步,那么何谓景区环境管理呢?

8.1.1 景区环境与景区环境管理

1. 景区环境

景区环境是指旅游区赖以存在和发展的自然条件与社会条件。或者从游览、观光的角度讲,是开展游览、观光活动所必须依赖的各种社会和物质条件的综合体。在环境前经常冠以"生态"之名,意在强调自然环境中各要素之间存在着密不可分的物质、能量、信息的流动与联系。

根据以上定义,景区环境应包括以下两个方面。

1) 自然环境

自然环境是指影响旅游区存在和发展的各种自然要素,包括生态环境和自然资源,如大气、水、土壤、地质、植被、野生动物等。

2) 社会环境

社会环境是指影响旅游区存在和发展的各种社会因素。旅游区社会环境包括人文环境、经济环境和管理环境三个方面。

(1) 人文环境包括当地的文化习俗、历史古迹及居民对旅游开发的态度和承受力等。

(2) 经济环境主要是指旅游开发的经济背景和能力。

(3) 管理环境包括当地的社会管理、旅游政策、旅游区管理所形成的旅游气氛等。

2. 景区环境管理

所谓景区环境管理,是指景区环境管理就是要在充分认识旅游活动对景区环境影响的基础上,综合运用经济、法律、技术、行政、教育等手段,提高景区环境质量,增强景区的吸引力,并对一切可能损害景区环境的行为和活动施加影响,从而协调景区经营活动与环境之间的关系,为游客营造一个高质量的景区环境,以实现景区经济效益、环境效益和社会效益的有机统一。

8.1.2 旅游活动对景区环境的影响

1. 对自然环境的影响

(1) 对景区地表和土壤的影响。随着各自然区域内旅游活动的开展,旅游设施开发与日俱增,已使很多完整的生态地区被逐渐分割,形成岛屿化,使生态环境面临前所未有的人工化改造,如地表铺面、植被更新、外来物种引入等。无论是陆地还是水域表面都可能受到旅游活动的影响,岩岸、沙滩、湿地、泥沼地、天然洞穴、土壤等不同的地表覆盖都可能承受不同类型的旅游冲击,尤其是地表植物所赖以生存的土壤有机层往往受到最严重的冲击。如露营、野餐、步行等都会对土壤造成严重的人为干扰。土壤一旦受到冲击,物理结构、化学成分、生物因子等都会随之发生变化,并最终影响土壤上植物的种类与生长,昆虫、动物也会随之迁徙或减少。

(2) 对景区植物的影响。人类的旅游活动对地表植被和植物的影响可分为直接影响和间接影响两大类。直接影响行为包括移除、踩踏、火灾、作为引火材料采集和对水生植物的危害。间接影响包括外来物种引入、营养盐污染、车辆废气、土壤流失等问题,这些都会间接地影响植物的生长和健康。

(3) 对景区水体环境的影响。旅游水体污染的重要原因之一是旅游船只所排放的垃圾、油污的污染。如桂林漓江,每逢旅游高峰季节,旅游船只几乎是首尾相接,组成浩浩荡荡的"船队",不但破坏了游江意境,而且船舶排放的污物大大超过漓江的自净能力,造成江水污染。很多水边地区,如海滨、泉点、河边等地为发展旅游业而修建度假村、休闲中心,其餐厅、宾馆等排放的污水和垃圾也是水体的污染源。

随着度假旅游活动的日益兴盛,湖畔、河边、泉点等地水上运动项目,如水上摩托艇、划船、踩水、游泳、垂钓、跳水、潜水、驾驶帆船等,极大地丰富了人们的度假生活内容,同时也给水体环境带来了巨大的冲击。如水上摩托车活动不但对沙滩及海岸线产生侵蚀作用,而且其产生的涡流也会影响海域生态如珊瑚礁内的浮游生物和鱼类,漏出的油污还会污染水体,甚至会散布化学物质威胁水体生物的健康。

(4) 对景区大气环境的影响。随着游客进入旅游区以及供游客乘坐的交通工具蜂拥而至,汽车排放的大量有毒尾气、扬起尘埃和众多游人呼出的二氧化碳,以及旅游区内的旅游设施如宾馆、饭店等生活锅炉排放的废气,都会对旅游区的大气环境造成严重的污染。

(5) 对环境美学的影响。首先,游客的不文明旅游行为对环境美学产生着很大影响。如有些旅游者有刻字留念的不良嗜好,在旅游过程中除了眼看、鼻嗅之外,还有的在古树、碑刻、石头等上刻字画画。刻字留念不但破坏景观,而且会影响一些植物的生长,降低文化旅游资源的价值。比如,我国许多风景名胜区的岩壁上,本可欣赏大自然鬼斧神工的雕刻技巧,却常可见到"××到此一游",或"××爱××"的心形图案,给人大煞风景的感觉。其次,旅游设施建设项目的规划不当或开发过度,会使当地原有的景观环境遭到破坏,即所谓的"开发污染"。旅游开发的实质是在自然山水或原有风景区的基础上添加人工建筑,使之适应旅游活动开展的需要。但现今很多的旅游开发,只考虑迎合其主观上认定的旅游者兴趣所在的审美特点,忽视或根本不顾及该项目建设同周围景观环境的协调,从而造成对该地景观环境的侵害。如黄果树瀑布下游7千米处的天星景区,其内修了一个体积过大、黄色琉璃瓦屋顶的茶室,与景区的一个天然喀斯特盆景公园特色很不协调,破坏了自然美,违反了自然法则。山东泰山、北京西山、中岳嵩山森林公园等,索道悬空,电线杆插天,严重破坏了山岳风景区的原有神态。

总之,大量不规范旅游活动已成为景区环境污染源之一,因此有必要对旅游污染环境的主要途径及其特殊性做一总结,归纳出旅游影响环境的基本规律,从而为从旅游管理角度加强环境保护提供依据。

2. 对人文环境的影响

(1) 经济原因。一些景区在开发前,当地居民的主要经济收入来源是景区的森林、草场等资源,依靠伐木、采集等获取经济收入。建立自然保护区、风景名胜区后,往往实行封山育林、禁砍禁伐等,社区的经济来源受到影响,并给生活带来不便。进行旅游开发后,如果社区居民预期收入未能兑现,无法补偿社区的经济损失,就会出现各种社会矛盾,这些社会矛盾通过各种渠道释放出来,会严重影响社会稳定。

(2) 文化原因。随着游客的大量来访,游客所负载的异域文化、外来文化不断对景区中的社区原有的相对古朴、原始的文化造成影响。游客的行为举止、着装、消费习惯、用语习惯、生活方式无一不对当地居民构成影响,这在推动景区周边社区现代化的同时,必然会冲击社区的传统文化。受到影响最深的可能是直接参与旅游接待的居民,特别是年轻人,渐渐地,社区民族的、传统的文化开始丧失,出现文化同化现象。社区也可能因为传统文化被过度的商业化和舞台化失去了本真性而丧失旅游吸引力。

(3) 其他原因。社区与景区、游客之间的社会文化冲突是多方面的。旅游企业、社区居民、当地政府、游客等由于利益冲突,可能会影响到当地居民的正常生产生活及社会稳定等。

8.1.3 景区环境管理内容

1. 自然环境管理

(1) 地貌景观资源保护与管理。不在有地貌景观保护或科学研究价值的区域及其周边进行取土、挖沙、开石等活动;景区内的各类建设项目应避开具有保护价值的地貌景观,建设项目的体量和外观要与周边的地貌景观相协调;景区内不销售以具有观赏价值或科学研究价值的岩石、矿石、化石等为原料制作的旅游商品;对景区内重点保护的地表形态和地貌景观,应设立保护范围和标志,进行有针对性的保护。

(2) 自然植被资源保护与管理。景区内的各类建设项目应减少对自然植被的侵占和破坏,旅游设施和旅游活动开展应选址与布局在珍稀植物分布区以外,并应布局在不适宜绿化的难利用地段上；景区内不销售已列入国家保护植物为原料的土特产品和工艺品；不提供已列入国家保护植物为原料的餐饮和食品；景区内不提供危害已列入国家保护植物生存环境的旅游活动，如珍稀植物采摘、野生药材采摘等；景区道路穿越重要植物群落，或生态敏感地段，要采用有效的保护措施，如采用离地木栈道或索道等措施；对景区内重点保护的植物群落和珍稀植物分布区应设置保护标志与保护设施，进行有针对性的保护。

（3）野生动物资源保护与管理。景区内不收购、加工、出售以野生动物为原料的土特产品、工艺品和食品，不提供以野生动物为原料的餐饮；景区内的旅游设施及旅游活动应避免危害或阻碍野生动物生存、迁徙及繁殖；旅游活动项目应不涉及捕杀或危害野生动物的内容，如狩猎、标本采集等旅游活动；对穿越野生动物分布区和活动区的游览道路，应设置野生动物迁徙通道，并设有清晰的通道标识，保证野生动物的自由迁徙；对景区内重点保护的野生动物，野生动物集中活动和繁衍场所应设置保护范围、保护标志和保护设施；对重点保护的野生动物提供救治、救助、避难场所。

（4）水资源保护与管理。景区内的旅游设施及旅游活动应避免填埋、占用自然景观水体，防止破坏自然水脉。景区内的地表水质量应达到或优于 GB 3838—2002 的Ⅲ类水质标准；对受到污染的水体应积极采取净化措施，如种植芦苇、菖蒲、茭白等多种水生植物，有效增加水体的净化能力；景区内的各类旅游设施及旅游活动设置应避免对自然水体造成污染；水资源缺乏的景区，应建立雨水收集和利用系统；对景区内重点保护的水体资源，如重要的泉流、瀑布、河段、湖泊、湿地等水体应设置保护范围、保护标志和保护设施。

（5）生态安全。旅游设施和旅游活动设置要以保持自然生态系统的原生性与完整性为原则，不在自然保护区的核心区、缓冲区进行旅游开发；应保持景区内生态系统的本土性，禁止或慎引进可能威胁当地物种生存的动植物；保护景区内物种生存环境，并通过人工种植等方式扩大适宜物种生存空间；对景区内珍稀野生动物的繁殖地、栖息地设立保护隔离区和缓冲区。

小资料

江苏推进沿太湖世界级生态文化旅游区建设

《关于推进沿太湖世界级生态文化旅游区建设实施方案》（以下简称《实施方案》）由江苏省文化和旅游厅、江苏省发展和改革委员会、江苏省生态环境厅于 2023 年 9 月 11 日联合印发。《实施方案》要求，坚持守正创新，守护传承生生不息的江南文脉，挖掘用好园林文化、工商文化、水乡人居文化等特色资源禀赋，探索形成文化传承发展新模式；坚持绿色发展，厚植太湖丘陵生态绿心功能；坚持文旅融合，深入挖掘"历史文化名城""人间天堂"等江南文化资源禀赋，打造彰显湖山毓秀旖旎魅力、古今辉映人文内涵的精品文化旅游名片。并且提出从五个方面发力讲好太湖故事，充分发挥苏锡常都市圈传统与现代、人文与经济交融互动的突出优势，建设沿太湖世界级生态创新湖区和文旅魅力湖区。

《实施方案》提出，打造湖城交融、河湖一体的特色文旅空间，塑造世界级水乡人居文明样板区；打造江南文化特色鲜明的世界级旅游景区、度假区，构筑现代化国际化旅游休闲城市群；在有效保护中推动文物和文化遗产更加活起来，做优做强江南文化展示传播载体,提升创新型文旅产业群全球竞争力;建设体验多元的水主题娱乐、水生活度假目的地,推出畅游太湖系列精品线路;全方位展现"水韵江苏·八百里太湖"精彩,向世界生动讲好太湖故事。

《实施方案》提出,到2025年,培育世界级旅游景区和度假区1~2个、建成国家文化产业和旅游产业融合发展示范区2个左右、国家级生态旅游示范区4个左右、旅游休闲街区6个左右,年接待境内外游客超3.5亿人次。

资料来源:http://www.ctnews.com.cn/news/content/2023-09/14/content_149406.html.

2. 人文环境管理

(1) 社区参与,回馈社区,改变居民态度。景区往往曾经是社区居民世代居住的家园,景区居民及其所负载的文化是景区的重要吸引力元素。景区在经营中必须照顾社区的利益,鼓励社区居民参与到旅游活动中来,从旅游业中获利。

(2) 加强景区内文物及文化景观的保护。保护和发展旅游地的传统特色与历史风貌,要做到:①对景区内具有保护价值的历史建筑、历史遗迹等应设置保护范围、保护标志和保护设施。②景区内的各项设施和旅游活动设置以不对历史人文旅游资源造成破坏为前提;对历史人文旅游资源的利用应保持其历史性和原真性,进行保护性利用。③尊重景区内原有居民聚落的特色文化,包括民族服饰、语言、习俗、地方文艺等,并进行保护性利用。

(3) 实施社会环境综合治理和专项整治。景区及其依托的集散地是一个复杂的小社会,由于客流量巨大,商业机会较多,各色人等混杂其间,有时社会治安问题、市场环境维护问题等相当复杂。景区要在当地政府的牵头下,与当地宣传、公安、工商等多部门合作,开展景区及其周边环境综合治理。

第一批国家文物保护利用示范区授牌

2024年1月5日,国家文物局为北京海淀三山五园国家文物保护利用示范区、辽宁旅顺口军民融合国家文物保护利用示范区、上海杨浦生活秀带国家文物保护利用示范区、江苏苏州文物建筑国家文物保护利用示范区、四川广汉三星堆国家文物保护利用示范区、陕西延安革命文物国家文物保护利用示范区六家第一批国家文物保护利用示范区授牌。

北京海淀三山五园国家文物保护利用示范区创建过程中,突出文物与城市更新、科技创新、旅游教育融合发展,使历史图景重绘、园林之美再现,为三山五园写入时代内涵。辽宁旅顺口军民融合国家文物保护利用示范区打造面向全军的军事国防史研究基地,建设面向东北亚地区的近现代史研修研学中心,推动文旅融合,年均接待游客300万人次。上海杨浦生活秀带国家文物保护利用示范区创新文物保护利用机制和方法,以"五全工作法"为路径推进示范区创建工作,科学实施区域文物资源集中连片有效保护。江苏苏州文物建筑国家文物保护利用示范区活化利用保护建筑,功能业态涵盖文化展览展示、公共文化空间、文旅消费业态、酒店民宿等各个领域,形成文物保护与城市提升、民生改善相互促进的良性循环。四川广汉三星堆国家文物保护利用示范区,规划建设三星堆文化产业园,打造精品旅游线路,构建大遗址、大文博、大文旅、大乐园全域旅游体系。陕西延安革命文物国家文物保护利用示范区,聚焦项目引领,抓实革命文物保护,优化布局,推进博物馆事业高质量发展,多措并举推动文化和旅游融合发展,齐抓共管构建文物安全长效机制。

资料来源:http://www.ctnews.com.cn/paper/content/202401/11/content_85709.html。

3. 环境容量管理

随着旅游业迅速发展,旅游经济活动所引起的环境问题受到广泛地关注。开发不合理、超负荷接待等将使旅游资源与生态环境遭到过量的冲击,引起旅游环境污染(水体污染、土壤污染、噪声污染、垃圾污染)、景观受损、生物多样性降低等一系列环境问题。这些旅游环境问题的产生实质是旅游资源开发利用超过了旅游环境容量的结果,例如,旅游环境污染是旅游活动向环境排放的废弃物,超过了自然环境纳污力所致。因此,旅游环境容量的概念在20世纪60年代提出后就逐渐受到相关学者和业者的重视,其测算方法也一直是旅游理论研究与实践的热点问题。我国的《旅游法》及《景区最大承载量核定导则》出台后,一些景区已经根据相关要求进行容量的测算,对缓解景区环境压力起到了一定的作用。2017年11月21日,国家旅游局发布了《景区游客高峰时段应对规范》,《景区游客高峰时段应对规范》规定了景区游客高峰时段的基本要求、应对等级、具体要求等,并将游客高峰时段应对等级分为一级、二级和三级,一级为最高级别。其中,一级为景区内游客数量达到景区主管部门核定的日最大承载量的95%及以上,用红色标示。二级为达到90%及以上,用橙色标示。三级为达到80%及以上,用黄色标示。

景区应结合国家、地方和行业已颁布的相关法规、政策、标准,采用定量与定性、理论与经验相结合的方法核定最大承载量。

景区应测算出空间承载量和设施承载量,并根据实际情况确定景区最大承载量的基本值;在此基础上,以空间承载量、设施承载量、生态承载量、心理承载量、社会承载量等方面的指标或经验值作为参考。

 小资料

做好客流管控要在精准上下功夫

2023年10月21日,位于四川省巴中市南江县的米仓山景区因超负荷接待游客,导致大量游客夜间滞留山上挨饿受冻的消息引发舆论广泛关注。景区23日发布道歉信称,10月21日,米仓山旅游景区迎来了第一波客流高峰,吸引了来自省内外乃至国外的游客朋友达3万余人次,远超同期比达200%。由于景区预判不足,导致运力保障不够充分,造成部分游客朋友候车时间较长。截至当晚8点,全部游客被安全运送出景区,未出现游客被困受伤情况。

2023年,我国旅游市场加快复苏,发展势头强劲,一些热门景区出现"人从众"景象,在旅游旺季和节假日更是明显。这就需要景区做好客流管控,在精准上下功夫。

显然,如果上述所涉景区能够做好线上预约与限流服务,可能就不会出现超出景区最大承载量的情况。超负荷接待游客加剧了景区通行的拥堵,增加了景区运营的压力。如此,既影响了景区运营服务的效率,也严重破坏了游客的体验。

预约服务是景区精确控流的主要手段,可以大幅降低管理成本,提升人们的出游体验,还能够最大限度地规避游客出游与景区服务中的诸多不确定性因素。从这个角度来说,预约与限流应当成为景区做好客流管控的标配。

不过,景区实行预约调控客流,并非单纯体现在服务管理手段上,还要考虑利益取舍。景区开门迎客,总希望游客越多越好。因此,在具体操作中,不少景区习惯于将门票销售量最大化,一旦稍失精准,就可能发生控流的偏差。此次米仓山景区尽管有限流措施,却放松了对其他门票销售平台渠道的管理,致使限流措施形同虚设,结果导致游客蜂拥而至。

旅游具有潮汐效应,特别是一些旅游项目具有明显的季节性特征,如米仓山景区正值赏红叶的季节,又恰逢周末旅游客流高峰时段,给景区客流管控工作带来了不小的压力。

因此,景区做好预约与限流管理,首先要从根本上提升旅游经营者的服务意识,即强化信息指引、品质保证的义务。旅游经营者要通过加强对节假日及重点时段客流的监测与监管,从粗放式管理服务,转向差别化、精细化运营,把功夫下在日常平时。

其次,景区做好预约与限流管理,需要操作精细化,特别是在门票销售渠道日趋多元的情况下,更应当强化门票发售数量的统一实时管理和预约进入景区的精细协调,切实做到客流达到上限即停售当天门票。

资料来源:http://www.ctnews.com.cn/paper/content/202310/31/content_83647.html。

世界旅游组织1999年界定了旅游环境容量,指的是一个旅游区在提供使旅游者满意的接待并对资源产生很小影响的前提下,所能进行旅游活动的规模,一般用容纳的游客数量来表示,其结果的科学性影响到旅游产业是否能健康、协调、持续地发展。但由于其涉及的因素较多,在理解和应用时需要加以注意以下问题。

(1)旅游环境容量的测算对象问题。目前容量以游客数量作为衡量依据,比如故宫大概日流量多少、年流量多少。但数值会因为景区类型不同而变化,相应的测算依据也会有所不同,对自然型景区而言,生态与资源承载力是主要测算依据,例如草原型、森林型或湿地型景区,在单位面积、单位时间里面承载数量太大可能会导致生态系统的损坏,需要找到不可逆转损坏的阈值。而对于人文类景区,像八达岭、故宫,游客走的都是石板路,旅游环境容量更多指心理容量,太拥挤了影响到游客的体验,甚至安全。另外,需要通过一系列大量技术研究给出一些经验值,便于各个景区具体应用,这种经验值需要考虑南北方差异、景区类型等因素。

(2)旅游环境容量的动态变化。旅游环境容量对于特定旅游区在某一时段相对稳定,表现为一个伸展不宽的值域,但随着时间的变化,由于旅游环境要素或者旅游活动形式发生了变化,旅游环境容量随即改变,如水质发生了污染、森林遭受病虫害或火灾,则其容量会减少,因此,旅游环境容量具有相对稳定、动态变化的特点。以往研究偏重于一个相对稳定的固定值,对动态变化由于缺乏数据支持关注较少,但在大数据背景下的今天,对动态变化的研究成为可能,因为通过大数据与互联网,能比较好地掌握客流的信息,在空间调控上采取措施也能及时,能带来管理手段和技术的革新。

(3) 旅游环境容量的超载与疏载问题。景区超载大家关注较多，比如通过大众传播媒介，向潜在游客发出警示使其改变决策；采取浮动价格，在旺季提高门票、食宿、交通等费用；淡季休养生息和环境补给；替代性开辟新的旅游地等。而疏载容易忽略，疏载虽然不会导致生态旅游环境系统的失调和破坏，但会影响生态旅游资源价值的实现，会影响其旅游经济效益，从谋求经济、资源、环境协调发展的旅游可持续发展观出发，也可以说是一种环境问题，因为它从经济上否定了环境的价值，因而有必要重视疏载的旅游环境容量的调控。要以市场为导向，以资源为基础，以产品为细胞，以项目为支撑，以突出特色为目标，完善旅游功能，依托基础设施，注重特色的挖掘、保护，充分实现旅游资源和环境的价值，开发多种多样的旅游产品，增加对不同层次的旅游者的吸引力。

(4) 旅游环境容量规划管理技术的问题。旅游环境容量往往给人一种错觉，即每一地域都有其固定容量，管理者应按此限额控制和管理旅游者。实际上，如果通过科学的规划和管理，生态旅游环境容量就会有所改观。如甘肃省莫高窟数字展示中心借助当代先进的数字技术和多媒体展示手段，向观众呈现敦煌莫高窟绚丽多彩的石窟艺术经典与气势恢宏的历史文化背景，使观众在进入洞窟之前就能与敦煌莫高窟进行全方位、近距离的"亲密接触"，进而适量减少现有开放洞窟的数量，缩短游客在洞窟内的滞留时间，减轻参观活动对石窟遗址造成的压力，缓解敦煌莫高窟旅游开放与文物保护之间的矛盾，实现世界文化遗产敦煌莫高窟"永久保存、永续利用"的目标。

(5) 积极推进全域旅游，提升有效供给，缓解旅游供需矛盾。根本解决景区流量的调控问题，关键还是要从旅游供给侧结构性改革发力，推进旅游业从景点旅游模式向全域旅游模式转变，从粗放低效旅游向精细高效旅游转变，从封闭的旅游自循环向开放的"旅游+"融合发展方式转变，加大旅游与农业、工业、商贸、金融、文化、体育、医药等产业的融合力度，形成新产能、新业态、新产品，以增加有效供给，引导旅游需求，实现旅游供求的积极平衡。

安全是旅游发展的第一生命线。最大承载量既是一道"质量红线"，也是一道"安全红线"。

小资料

不同类型景区的基本空间承载标准示例

应根据景区所属类型与特殊性，结合景区敏感目标，按照空间、设施、生态、心理、社会五方面指标将数据进行归类，得出景区的基本空间承载标准。不同类型景区的基本空间承载标准示例如表 8-1～表 8-7 所示。

链接：《景区最大承载量核定导则》

表 8-1 文物古迹类景区示例

文物古迹类景区	空间类型	核心景区	洞窟等卡口	游步道
八达岭长城	人均空间承载指标	1～1.1平方米/人	—	—
故宫博物院	人均空间承载指标	0.8～3平方米/人	—	—
龙门石窟、敦煌莫高窟	人均空间承载指标	—	0.5～1平方米/人	2～5平方米/人

表 8-2 文化遗址类景区示例

文化遗址类景区	空间类型	遗址核心区	游步道
秦始皇兵马俑博物馆	人均空间承载指标	2.5~10 平方米/人	1~3 平方米/人

表 8-3 古建筑类景区示例

古建筑类景区	空间类型	核心景区	其他区域
黄鹤楼、永定土楼	人均空间承载指标	1~3 平方米/人	>2.5 平方米/人

表 8-4 古街区类景区示例

古街区类景区	空间类型	核心景区	其他区域	保护建筑	游步道
周村古商城	人均空间承载指标	2~5 平方米/人	1~2 平方米/人	0~30 人/栋	2~5 平方米/人

表 8-5 古典园林类景区示例

古典园林类景区	空间类型	游步道	其他区域
颐和园	人均空间承载指标	0.8~2 平方米/人	>60 平方米/人

表 8-6 山岳类景区示例

山岳类景区	空间类型	核心景区	游步道
吉林长白山景区	人均空间承载指标	1~1.5 平方米/人	0.5~1 平方米/人

表 8-7 主题公园类景区示例

主题公园类景区	空间类型	核心景区	核心游乐项目等候区
中华恐龙园	人均空间承载指标	0.5~1 平方米/人	0.5~1 平方米/人

应充分考虑空间承载量、设施承载量、生态承载量、心理承载量、社会承载量等多种因素,建立旅游者流量控制联动系统,通过实时监测、疏导分流、预警上报、特殊预案等对景区流量进行控制。

资料来源:https://zwgk.mct.gov.cn/zfxxgkml/hybz/202012/W020201224609913112937.pdf。

4. 景区卫生管理——厕所革命

厕所革命是指对发展中国家的厕所进行改造的一项举措,最早由联合国儿童基金会提出。厕所是衡量文明的重要标志,改善厕所卫生状况直接关系到这些国家人民的健康和环境状况。

2015 年,我国公共服务领域掀起了一场声势浩大的最具符号语言的行动——厕所革命,这场行动自 2015 年 2 月启动以来,在全国迅速成燎原之势。这不仅是一场由旅游行业领军的我国公共服务领域一场振奋人心的"革命",更是向世界展示中国文明形象的一场颠覆既往的"革命"。

2016 年 8 月 29 日,旅游厕所新的国家标准《旅游厕所质量等级的划分与评定》正式发布并实施,该标准对旅游厕所的设计和建设、环境保护、管理与服务都做了相应规定,旅游厕所的等级划分也由原来的五个等级(星级)改为三个等级(A级),由低到高分别是A级、AA级、AAA级。旅游厕所质量等级标志如图8-2所示。

A级　　　　　　　　AA级　　　　　　　　AAA级

图8-2　旅游厕所质量等级标志

"厕所革命"引起了党中央、国务院的高度重视。2015年4月,习近平总书记就"厕所革命"作出重要指示。他强调,要像反对"四风"一样,下决心整治旅游不文明的各种顽疾陋习;要发扬钉钉子精神,推动我国旅业业发展迈上新台阶。

2017年11月,习近平总书记就旅游系统推进"厕所革命"工作取得的成效作出重要指示。他指出,厕所问题不是小事情,是城乡文明建设的重要方面,不但景区、城市要抓,农村也要抓,要把这项工作作为乡村振兴战略的一项具体工作来推进,努力补齐这块影响群众生活品质的短板。这是总书记三年来第二次对"厕所革命"作出重要指示。

"厕所革命"经历了以下两个三年计划。

(1) 2015年,国家旅游局决定向"厕所顽疾"宣战,用三年左右时间在全国开展旅游厕所建设管理行动,通过政策引导、资金补助、标准规范等手段持续推进,到2017年最终实现旅游景区、旅游线路沿线、交通集散点、旅游餐馆、旅游娱乐场所、休闲步行区等的厕所全部达到标准,并实现"数量充足、干净无味、使用免费、管理有效"的要求。

(2) 2017年,国家旅游局发布《全国旅游厕所建设管理新三年行动计划(2018—2020)》,对今后三年"厕所革命"提出了新的目标、任务和保障措施。该计划提出,2018—2020年,全国计划新建、改扩建旅游厕所6.4万座,其中新建4.7万座以上,改扩建1.7万座以上;未来将按照"全域发展、质量提升、深化改革、创新突破"的基本思路,重点开展涉及厕所革命建设、厕所革命管理服务、厕所革命科技、厕所革命文明的四大提升行动;此外,国家旅游局将采取强化组织保障、强化资金支持、强化考核督导、强化宣传引导四大保障措施,深入推进厕所革命向纵深化方向发展。

2018年1月5日,由国家旅游局与高德地图合作开发的中国全域旅游厕所导航系统正式上线,这标志着厕所信息化体系建设迈出了关键一步,成为科技助力旅游品质提升、旅游体验优化和旅游信息服务方式创新的又一具体措施。作为"全域旅游信息服务系统"的重要组成部分,中国全域旅游厕所导航系统首期将实现50余万座社会厕所和景区厕所的精准定位与动态导航服务,并将逐步扩展。游客只需点击社会化平台首页的国家旅游局标识,即可获知所在位置2千米范围内的厕所详细信息,包括厕所星级、卫生条件等,并可获得最佳线路和最便捷进入方式。

2015年5月2日,重庆惊现一间"最牛厕所"(图8-3),厕所内设计如童话城堡,每天人流如潮。

项目 8　景区环境与服务质量管理

图 8-3　"最牛厕所"

小资料

四川成都锦江区："厕所革命"助推旅游公共服务提档升级

随着夏季旅游旺季到来,四川省成都市锦江区游客逐渐增多。除了别致的夏日盛景和丰富的文旅消费场景,干净卫生的旅游厕所也给游客们留下了深刻的印象。自获评"天府旅游名县"以来,锦江区持续加大旅游厕所建设和管理力度,助推全域旅游发展迈出坚实步伐。

"设施非常齐全,环境也特别整洁。"不久前,游客李某在谈及前往花乡农居的旅行体验时这样说。李某发现,通过导览牌、手机地图等相结合寻找厕所的方式,最大限度地照顾到了不同年龄段的游客。

这名游客的切身感受就是锦江区狠抓全域厕所革命、提升旅游公共服务的成果体现。近年来,锦江区以"全域分布建设,全面提升改造,全天候开放保障,全方位服务广大群众"为目标,大力提升旅游厕所的建设数量、建设等级、管理能力,力争让更多市民、游客从细节处感受当地无处不在的人文关怀。

在厕所环境管理方面,锦江区制定的《锦江区厕所管理规范》明确了管理标准和要求,加强厕所保洁培训,推行厕所专业化、标准化、精细化管理。同时,健全厕所巡查检查机制,成立专项检查组,每周开展随机抽查,强化问题督促整改,检查厕所的卫生保洁、硬件配置维护情况等。

人性化配置也同步升级。2017 年以来,锦江区在重要景区和主要交通路线附近新建厕所 41 座。在改造升级中,特别优化男女厕位比例,大量配建家庭卫生间、母婴室用以满足老人、小孩、孕妇等群体的需求。此外,增加通风采光、设置干湿分区、优化入厕流线等措施也让游客"方便"得从容不迫。

智慧厕所建设亮点纷呈。通过上线"厕所地图",并同步在成都城管 App、百度地图发布厕所信息,目前全区厕所均实现地图智能查找。大量新建厕所同步配置了智慧管理系统,不仅搭载烟感报警、漏水报警、一键呼救等功能,还可以实时监测厕所厕位使用情况、人流量等数据。探索低碳节能设计也取得成效,如静远路厕所设计的生态树景观,通过 LED 灯光搭配太阳能电池板可在停电情况下使用约 3 小时。

值得一提的是,为缓解"如厕难"问题,锦江区还试点打造水井坊片区步行 4 分钟入厕圈,并结合现有厕所数量及分布,动员对外开放社会厕所 9 座,使相邻厕所不超过 650 米。

同时，壮大"厕所联盟"，充分发动街道、社区、宾馆、饭店等积极加入，全区现有共享厕所120处，政府按照1200元/座的标准给予补助。

截至2023年5月，锦江区已有329座各类公共厕所，厕所密度达到7.83座/平方公里，其中，24小时开放厕所153座，11座厕所达到3A级旅游厕所标准，13座厕所达到2A级旅游厕所标准，15座厕所被成都市城管委评为"星级厕所"，4座厕所被评为全市"最美厕所"。该区"旅游'厕所革命'提升工程"入选四川省文旅公共服务高质量发展优秀案例。

资料来源：https://www.mct.gov.cn/whzx/qgwhxxlb/sc/202305/t20230518_943858.htm.

8.1.4 景区环境保护手段

游客到自然景区慕名而至多是想远离都市繁华俗事侵扰，是为了欣赏奇特自然风光而来，景区内突冒出来的不和谐现象犹如一块美好大自然绸缎硬打进的补丁，与周围的环境非常不协调，自然大煞风景，也扫游客之兴。所以为了保证旅游业的可持续发展，必须对景区采取一些保护手段。

1. 宣传教育手段

保护意识不强或根本没有保护意识，是造成旅游资源人为破坏的根源所在，因此，必须通过各种媒介向公众传达保护环境的相关知识，加大对违反景区和环境保护工作应该受到何种处罚的宣传，从而来提高公众环境保护意识，加强对游客行为的管理和引导，促进景区旅游环境质量提升。教育对象主要包括旅游者、景区工作人员及景区所在地的居民等。

小资料

安徽黄山"放绳工"——悬崖上的美容师

黄山风景区环卫工人中有一个接受过专业登山训练的特殊群体，他们身穿黄马甲、肩挎绳索、手持钓鱼竿改造成的特殊工具，每天攀爬在黄山陡峭的崖壁间，用惊险艰辛的工作，守护着黄山的美丽，他们就是黄山美丽的守护者、美容师——"放绳工"（图8-4）。看着那些在悬崖上捡拾垃圾废物的"放绳工"们，真为他们的生命安危担心，更为这个场面心酸。只因为游人不经意间的一个不文明举动，却让"放绳工"们付出如此巨大的劳动代价。为了保护黄山秀美景色不受污染，他们的做法是值得的，而游人只图自己一时轻快而随手抛弃垃圾废物则是十分可恶的。真诚地希望游客的素质高点，热切地希望"放绳工"活得轻松点。

图8-4 "放绳工"

2. 经济手段

经济手段是指通过经济杠杆来调节景区和旅游者行为以提升环境质量的管理方法。经济手段通常具有较强的激励效应,对于调节对象而言具有良好的效果,常用的经济手段包括税收调节、环保费用征收、经济奖励与处罚。

微课:不文明旅游行为
之刻字留念

小资料

盘点国内外严惩不文明行为的各种措施

中国——景区可拒绝有不文明记录旅客

《南京市旅游条例》于 2018 年 3 月 1 日起实施。新《条例》新增"旅游行业诚信档案"和"旅游不文明行为记录"制度,将旅游不文明行为记录在案,信息保存期限最高为 5 年,对纳入不文明行为记录的旅游者,旅游景区、旅行社可以拒绝为其提供旅游服务。

《旅游法》对于刻画、涂污或者以其他方式故意损坏国家保护文物、名胜古迹的行为,可处警告或 200 元以下罚款;情节较重的,处 5 日以上 10 日以下拘留,并处 200 元以上 500 元以下罚款。

《刑法》第三百二十四条(故意损毁文物罪;故意损毁名胜古迹罪;过失损毁文物罪)规定:故意损毁国家保护的珍贵文物或者被确定为全国重点文物保护单位、省级文物保护单位的文物的,处三年以下有期徒刑或者拘役,并处或者单处罚金;情节严重的,处三年以上十年以下有期徒刑,并处罚金。过失损毁国家保护的珍贵文物或者被确定为全国重点文物保护单位、省级文物保护单位的文物,造成严重后果的,处三年以下有期徒刑或者拘役。

新加坡——乱丢垃圾累犯被处劳役

新加坡的法律对个人行为进行了非常明确而详细的规定,而一些规定甚至已经深入游客的心中,成了新加坡的象征。

随地吐痰者第一口将被罚以 1000 新元(约合人民币 5000 元),第二口罚 2000 新元。新法推行之初,执法十分严格且毫不留情,情节严重者还会处以 7 天监禁,甚至在电视上曝光,或被派到城市各地做义工。

对乱扔垃圾的处罚也相当严厉:对第一次乱丢垃圾者,最高罚款 1000 新元;第二次被控乱丢垃圾者,最高罚款 2000 新元;而第三次或以上被控者最高罚款 5000 新元。2014 年 2 月 17 日,新加坡国会通过的新方案,在此基础上又翻了一番。

使用厕所后不主动冲水,初犯将被罚款 150 新元并拘留;再次违法,光罚款就要 500 新元。

新加坡有严格的禁烟条例。不仅在包括公园、过街天桥等绝大多数的公共场所不能吸烟,如果烟灰掉在地上,也会被处以 1000 新元的罚款。

德国——不文明罚款"明码标价"

德国对于不文明行为的罚款是明码标价的。比如,乱扔旧冰箱罚150欧元(约合人民币1100元)、随地吐痰或口香糖最高可罚500欧元、损害文物视情节轻重罚款500~1000欧元,甚至购物插队也要接受一定的罚款。

英国——手套掉毛球罚款近千元

一根火柴、一块橙皮或者香蕉皮,甚至是从口袋里不小心掉落银行卡、坚果壳或者钢笔,都有可能招来80英镑的现场罚款。在伦敦如果乘客朝车外乱扔垃圾,车主将被处以100英镑的罚款。之前有个新闻报道,一位老太太在走路时,手套上掉下一团毛球,就当场被罚款75英镑。随地乱扔垃圾(因乱扔垃圾被告上法院,将面临最高2500英镑罚款)或者故意破坏公共财物,都将当场受到重金处罚。

美国——乱扔垃圾严重者或服刑

在美国,如果乱扔少量的垃圾,罚款、为社区服务以及在规定时间内的清扫垃圾工作,是主要的惩罚手段,少数严重的甚至会被判监狱服刑。例如,在加州,第一次乱丢垃圾的处罚是100美元罚款以及8小时清扫路边垃圾。如果超过三次以上,会受到至少750美元罚款以及24小时清扫路边垃圾惩罚。

日本——街头公园等没有垃圾桶

日本街头、公园等公共场合都没有垃圾桶,当地人出行都自觉地把垃圾带回家或者送到有垃圾站的商店和餐厅。在日本,极少有倾倒垃圾、随地吐痰等不文明的行为。日本对倾倒垃圾的要求和分类很严格。除了分门别类,还得严格执行日期规定,如星期一扔可燃垃圾,星期二扔不可燃垃圾,星期三扔瓶罐类……如果不按规定分类分期扔垃圾,且不小心被逮到,那么,根据"日本国废弃物处理法"规定,非法投放垃圾者,根据情节严重与否,处以5年以下拘禁外加1000万日元以下的罚款。

资料来源:http://www.sohu.com/a/112012640_119925。

3. 法律手段

有法可依,有法必依,健全法律、法规。景区环境管理可通过国家制定与景区环境保护相关的综合性环境保护法及环境保护单行法来对景区实施有效管理。国家已经颁布了一系列有关景区环境保护的法律、法规,如《风景名胜区条例》《风景名胜区建设管理规定》《自然保护区条例》,以及国家旅游局等五部局联合下发的《关于加强旅游区环境保护工作的通知》等相关法律、法规。

4. 利用科技保障

加强科技技术在景区保护上的力度,对旅游资源和旅游环境进行监测。在景区建立完善的排污环保系统,使旅游活动产生的垃圾得到及时的处理,同时,在旅游资源的保护上更多地采用新技术,保证自然人文旅游资源的永续发展。

任务实施

全班分为若干小组,每组6~8人,通过参观当地著名景区,对景区环境管理调查研究,分析其景区环境管理中存在的问题、产生的原因及预防措施,各小组互评、讨论。

任务 8.2 景区服务质量管理

任务引入

法门文化景区荣获"2022年度陕西消费者满意度测评"最佳满意单位称号

2023年3月16日,"2022年度陕西消费者满意度测评结果揭晓活动"在西安亚朵S吴酒店会议厅召开。法门文化景区荣获"2022年度陕西消费者满意度测评"最佳满意单位称号。

2022年度陕西消费者满意度测评工作从4月开始进入筹备、策划,5月正式在全省范围内全面开展。测评工作采用满意度测评与舆论监督相结合的方式进行,并向社会公布测评结果。在本次旅游景区(5A)行业满意度指数测评中,法门文化景区满意度指数为76.43分,摘取陕西旅游行业榜首桂冠。

法门文化景区一直高度重视旅游服务质量建设,在经营管理过程中严格执行5A景区标准,创建标准化、精细化管理体系,服务质量稳步提升。景区将继续以此次获奖为契机,进一步贯彻"精细化管理、人本化服务、庄严化布置、市场化营销、品牌化推广、制度化考核"的质量方针和"自信、诚信、慈爱、用心"的核心价值观,不断深化质量管理,狠抓质量安全,为游客提供一流的服务与安全的旅游环境,持续打造顾客满意度第一的旅游目的地。

资料来源: https://travel.sohu.com/a/655061575_100118797。

任务分析

景区往往兼具食、住、行、游、娱、购等多种旅游要素,这导致了景区旅游管理的复杂性。随着旅游者出游经历的丰富,对景区服务质量提出了更高的要求。提供服务质量是景区提升竞争优势的重要途径,游客满意度是景区服务质量高低的最终体现。那么什么是景区的服务质量管理?景区服务质量管理的重要性体现在哪里呢?

8.2.1 景区服务质量管理的内涵

1. 景区质量定义

《旅游景区服务指南》(GB/T 26355—2010)对景区服务质量定义为服务能够满足规定和潜在需求的特征与特性的总和。这个过程是以游客为核心展开的。

景区服务质量的高低主要表现在游客在旅游活动过程中享受到服务后的满足程度的高低。可以把这种满足程度分为两个层次:第一个层次是物质上的满足程度。它通过景区的设施、设备和实物产品表现出来,是有形的服务质量,如设施、设备的舒适程度、完好程度、安全程度、档次高低,饮食产品的色、香、味、形,服务用品的美观、完善程度等。第二个层次是心理上的满足程度。它主要是通过直接劳动方式所创造的使用价值表现出来,是服务质量的最终体现,是无形的服务质量,包括服务劳动者的服务观念、服务态度、服务方式、服务技巧、服务内容、礼节礼貌、语言动作等。

2. 景区质量管理定义

《旅游景区服务基础术语》(GB/T 16766—1997)对景区质量管理的定义：旅游行政主管部门和旅游企业为提高旅游行业的服务质量而制定的质量目标和实现该目标所采取的各种手段。由此定义可知，景区服务质量管理是指景区为提高景区服务质量而制定的质量目标和实现该目标所采取的各种手段。

8.2.2　景区服务质量管理的内容与方法

1. 景区服务质量管理的内容

根据景区服务质量的内容和特点，质量管理的内容主要包括五个方面。

1）确定质量管理目标

服务质量管理是围绕着质量目标展开的，其质量目标主要包括国家旅游服务质量管理目标和企业旅游服务质量管理目标两个层次。

（1）国家旅游服务质量管理目标。规范服务质量管理市场体系，建立服务质量等级标准，增强我国旅游业参与国际市场竞争的能力，维护旅游经营者和消费者的合法权益。现阶段，这一质量管理目标集中体现为旅游服务质量等级管理的建立和贯彻实施。服务质量等级标准一经制定，就成为旅游行业服务质量的基本标准，成为各级各类旅游企业服务质量管理的目标和必须遵循的原则。

2012年5月1日，国家旅游局颁布的《旅游景区质量等级管理办法》(以下简称《办法》)正式实施，《办法》进一步规范了A级旅游景区评定程序，严格了A级旅游景区质量要求，建立和完善了A级旅游景区退出机制和社会监督体系，为旅游景区提升管理、经营与服务水平、树立旅游景区行业良好形象做了标准保障。

（2）企业旅游服务质量管理目标。根据国家旅游服务质量管理目标及服务质量等级标准，确定自己的质量管理方针、政策和措施，贯彻行业质量标准，参加服务质量等级评定，制定具体的操作标准、程序、管理制度，采取切实有力的措施，提高自己的服务质量。

2）建立服务质量管理体系

围绕服务质量等级标准，建立一整套贯彻实施质量标准的管理体系，包括：服务质量管理的组织机构、人员分工；责任体系的建立，职责权限的划分；服务质量等级标准的贯彻落实，检查评定；企业内部服务质量管理标准化、程序化、规范化的操作体系；质量信息的收集、传递、反馈及其质量改进措施；服务质量投诉处理的方法、措施等。

 小资料

我国景区引入质量标准体系

随着我国旅游业的发展，为加快与国际服务贸易市场的接轨，促进我国服务质量的标准化、法制化和国际化，我国于1995年成立了旅游标准化技术委员会，全面开展了旅游业服务标准化的工作。

我国部分景区进行了国际质量标准的认证，通过认证，旅游景区不仅能提高景区的规范化、标准化管理资质，还能有效提高景区档次，提升景区知名度和信誉度，实现景区经营与国际接轨。国际质量标准一般有 ISO 9000、ISO 14000 及绿色环球 21 标准体系。

锦绣中华景区是我国旅游景区中第一个获得 ISO 9000 国际质量体系认证的企业。广东省肇庆星湖风景名胜区是我国首个 ISO 14000 国家示范区。四川九寨沟景区和黄龙风景区是我国第一批通过绿色环球 21 认证的企业。

国内有关景区的质量标准体系有《旅游景区质量等级管理办法》《旅游景区服务指南》《游乐园(场)服务质量》等。

3) 开展服务质量管理培训

贯彻服务质量等级标准,不断提高服务质量,必须坚持始于培训、反复培训的原则。它只有阶段性的总结而没有终点。服务质量管理培训的内容主要包括基础理论培训、质量意识培训、质量标准培训、服务技能培训、质量管理方法培训、质量投诉处理培训、职业道德培训、礼仪礼貌培训等。

小资料

打造"安全游"让游客"放心游" 张家界正式启动全市旅游服务质量提升行动

为提高游客在张家界的游览舒适度,全力共塑"安全有序、文明有礼、张家界有爱"的城市形象,以良好的旅游品质和消费环境迎接各方游客,2023 年 9 月 27 日,张家界市委、市政府召开 2023 年全市中秋国庆假日旅游接待工作会议,正式启动全市旅游服务质量提升行动。

该项行动包括"提升旅游景区服务质量、提升旅行社服务水平、优化旅游住宿服务、规范在线旅游经营服务、优化旅游交通服务、规范旅游购物、加强旅游人才培养、增强旅游市场治理能力、强化旅游市场信用监管、完善智慧旅游平台服务功能"十个方面,将分为四个阶段组织实施。

旅游服务质量提升行动是张家界市继深化"铁腕治旅"行动后,推出的又一提升旅游目的地形象的重要举措。张家界市委、市政府旨在通过开展旅游服务质量提升行动,着力解决影响广大游客旅游体验的重点问题和主要矛盾,提升旅游目的地美誉度和游客满意度,推动旅游产业高质量发展。

坚定信心,久久为功,让广大来张游客吃得放心、住得舒心、行得安心、游得开心,在旅途中体验具有温度的"绝美国际张",张家界一直在行动。

资料来源:https://baijiahao.baidu.com/s?id=1778366436384010773&wfr=spider&for=pc。

4) 组织服务质量管理活动

服务质量管理活动贯穿于企业旅游服务的全过程,其具体工作主要包括接待服务活动本身的组织和质量管理活动组织两个方面。前者以贯彻服务质量标准,在服务准备、各项组织、迎接客人、现场服务、后勤保障、接待客人、善后服务等各个方面认真执行标准、遵守操作规程,它是服务质量管理的本质表现和最终目的;后者以开

微课:旅游景区服务质量管理对员工的基本要求

展服务质量管理小组活动、评比活动等为主,目的是动员群众,造成声势,贯彻质量标准,以期提供服务质量。组织服务质量管理活动要以前者为主,围绕前者需要来开展各种管理活动。

5) 评价服务质量管理效果

服务的效果主要表现在各项服务工作是否符合服务质量等级标准的要求及游客的物质和心理满足程度。因此,景区评价服务质量管理效果必须以此为唯一尺度。

2. 景区服务质量管理的方法

1) PDCA 循环

在质量管理中,PDCA 循环得到了广泛的应用,并取得了很好的效果,因此有人称 PDCA 循环是质量管理的基本方法。全面质量管理的思想基础和方法依据就是 PDCA 循环。

PDCA 是英语 plan(策划)、do(实施)、check(检查)、action(处置)四个单词首字母的组合。PDCA 模式就是按照策划、实施、检查、处置四个阶段的顺序来进行质量管理工作,它首先是由美国管理学家戴明博士提出,因而也称戴明环。PDCA 模式既是一种质量管理办法,又是一种科学的通用工作程序。PDCA 从起点策划,经过实施、检查和处置,回到更高起点的策划。它是一种动态的"闭环",并且环环相扣,大环内可有若干小环,小环内可有更小的环,旨在持续改进,螺旋式提升。PDCA 循环如图 8-5 所示。

微课:景区服务质量管理的内容与方法——PDCA 模式

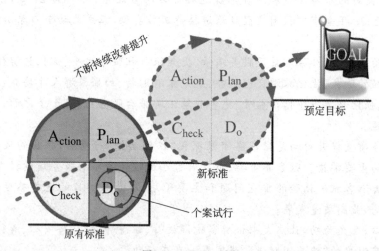

图 8-5 PDCA 循环

持续改进是一种循环的活动,不论是对过程还是对服务质量管理体系的持续改进,通常都以 PDCA 模式来实现。例如某过程的持续改进,景区首先依据其目标设定该过程的目标、确定该过程;其次实施该过程,并测量该过程的结果;最后将测量的结果与设定的目标对照以评估该过程,找出差距,采取措施,改进该过程的业绩。

2) 全面质量管理

全面质量管理(total quality management,TQM)是对一个组织以产品质量为核心,以全员参与为基础,目的在于通过让顾客满意和本组织所有者及社会等相关方受益而建立起一套科学、严密、高效的质量体系,从而提供满足用户需要的产品的全部活动,达到长期成功的管理途径。

全面质量管理核心理念:顾客满意;附加价值(用最小的投入获取最大的功能价值,追求组织最大的经营绩效和个人最大的工作绩效);持续改善(建立以 PDCA 回圈为基础的持续改善的管理体系)。

微课:云台山景区的精细化服务

小资料

云台山:国家质量大奖品牌是这样铸就的

2016 年 3 月 29 日,第二届中国质量奖颁奖仪式在北京举行,云台山景区获得中国质量奖提名奖。

中国质量奖是中国质量领域的最高荣誉,由国家质检总局负责组织实施,住建部、商务部、国防科工局、交通部、水利部等部门共同参与评选的国家质量大奖。中国质量奖设中国质量奖和中国质量奖提名奖,旨在表彰在质量管理模式、管理方法和管理制度领域取得重大创新成就的组织,以及为推进质量管理理论、方法和措施创新作出突出贡献的个人。

云台山旅游发展有限公司是本届质量奖全国唯一一家获此殊荣的旅游景区。云台山景区是如何锻造游客满意、国家认可的质量品牌的呢?

近年来,在各级政府部门的大力支持和关心下,云台山景区以"打造世界知名全国一流的旅游目的地"为愿景,全力实施"一体两翼,复合发展"转型升级发展战略,持续推进项目建设,创新市场营销模式,全面加强企业管理,深化提升服务质量,用心去经营,用情去服务,使景区游客满意度、品牌影响力和综合竞争力得到全面提升,成为河南省唯一一家获得中国驰名商标、全国质量工作先进单位及首届省长质量奖三项殊荣的旅游企业。

标准化管理战略:不断提升的品牌内功高度

旅游景区在品牌和市场上的成功,既要靠营销宣传这些"外功",更要靠管理服务这些"内功",只有内外兼修、内外相长才能持续发展、不断进步。

"实施标准化管理战略,是对景区标准化工作的升级,是全面的企业管理,以标准化管理来引领和提升企业科学化、精细化管理水平,增强企业核心竞争力。"云台山风景名胜区管理局局长孟小军说。

云台山景区的管理、服务质量标准建设,是一个不断自我突破、不断提升的过程。2006 年起,云台山景区开始了标准化建设,2015 年,云台山景区把标准化管理提到景区发展战略的高度,全面实施标准化管理战略,即以标准化管理战略引领和推动景区的全面管理,以服务标准化管理、责任目标管理、财务预算管理为抓手,使企业管理水平有新的突破和提高。

精细化服务:从一点一滴锻造金字口碑

实施标准化管理战略最终落脚点在于提升景区的服务品质,云台山把标准化服务意识渗透到细节,体现在平时,持续推进人性化、精细化的贴心服务,打造一流服务品质。

景区树立了"不让一位游客在景区受委屈""突出人性化""注重精细化"的服务理念，对全体职工和旅游服务从业人员进行"态度决定一切，细节决定成败"的职业教育，要求员工始终以最美好的形象面对游客，以最细致、最贴心的行动服务游客，争取使每一位游客都能高兴而来、满意而归。

在云台山景区，精细化服务体现在每一个细小环节。细心的游客会发现景区的栏杆上缠绕着整齐的尼龙绳，这是为了使金属栏杆在夏天不烫手，冬天不冰凉，雷雨天防触电。

在景区，游客随时可以看到有员工弯下腰，随手捡起地上的纸片、烟头、塑料袋，"山美、水美、人更美"已成为游客对云台山的最深印象。而弯腰拾垃圾者，也许就是局长、副局长，也许只是普通员工。因为"人人都是旅游环境"这一理念已浸透在每一名员工心中，也体现在每一名员工的行动中。

智慧旅游：为景区标准化建设扩脑增眼

随着数字化信息技术对社会生活的渗透，智慧旅游建设成为景区提高服务水平、管理水平及满足游客多样化旅游体验的现实需求。

近年来，云台山景区持续推进数字化基础设施建设，将数字、信息、网络技术应用到云台山的保护、管理和开发之中，提升信息化、智能化、科学化管理水平，积极融入"互联网＋"，使景区智慧旅游不断登上新高度。

项目建设加速：为游客提供更优质的产品和服务

企业要实现可持续发展，管理和服务需要不断提升，产业和品牌需要不断升级。而景区的可持续发展，需要不断为游客提供新的旅游产品和服务体验。

2015年，云台山景区开启了产业转型升级之路。编制完成了《云台山景区旅游发展总体规划》，明确了转型升级发展方向、产业布局和重点项目，启动实施和谋划了一批总投资10亿元的休闲度假项目，为景区转型发展奠定了坚实的基础。

云台山景区把项目作为弥补产业短板、推动转型提升的主攻方向，加快培育旅游新业态，形成新的经济增长点。

景区还将充分挖掘太行民俗文化、依托云台山良好的生态地理环境，着重开发户外运动旅游产品和古村落民俗游产品。

在深挖旅游资源的同时，云台山景区2015年成立了商业运营分公司和水上娱乐项目分公司，开始探索多元化经营，拉长产业链条。云台山商业运营分公司推出旅游商品经营业务，开展旅游纪念衍生品设计研发，改建景区内旅游商品超市，整合景区内广告资源对外招商，推出VIP包车定制服务，起步仅半年时间，旅游商品经营收入就达120万元。进入2016年，云台山景区将依托商业运营分公司和水上娱乐项目分公司，深度挖掘景区经营资源，努力做大景区旅游商品经营板块。针对不同人群定制化推出票、车、导、餐、宿一站式服务，在满足游客多样化、个性化需求的同时增加景区旅游综合收入。

资料来源：http://www.cqn.com.cn/cj/content/2016-03-30/content_2672354.htm.

任务实施

全班分为若干小组，每组6~8人，通过参观当地著名景区，讨论该景区的服务质量水平以及改进意见，各小组互评、讨论。

项目实训

守住远古遗风，保持独有的人文环境

贵州省从江县岜沙苗寨是一个崇尚自然、以树为神的苗家村寨，被誉为"世界最后一个枪手部落"。村民的生活习俗、服装配饰仍然保留着强烈的原始色彩，爱护树木、信仰树神，至今流传着神秘的树葬习俗、古老的"成人礼"仪式、奇特的"户棍"发饰等，有着苗族传统文化的"活化石"和"博物馆"之称。

近年来，岜沙苗寨利用良好的生态环境和独特的民族文化资源开发旅游，通过十余年的建设发展，岜沙苗寨旅游基础设施不断完善，旅游发展环境不断优化，品牌知名度不断拓展，已经成为远近闻名的原生态苗族文化乡村旅游村寨。2015年8月，岜沙苗寨荣获国家旅游局授予的"中国乡村旅游模范村"称号。2017年11月，以岜沙苗寨为核心的岜沙原生态苗族文化旅游区获评为国家4A级旅游景区。

通过采取"景区带村，合作社带户"等形式，建立了景区与村寨、群众的利益联结机制，走出了一条"公司＋合作社＋贫困户"的特色旅游发展新路，许多村民也改变过去以种粮为主的生产模式，参加了表演队、开办了"农家乐"、卖起了工艺品，土生土长的岜沙村民放下锄头成为景区讲解员、表演队员、服务员、售货员。据统计，2017年岜沙苗寨旅游景区接待游客180多万人次，实现旅游综合收入达到12.72亿元。如今，岜沙每年的门票收入达500万元以上，其中，80%门票收入分给群众和村集体发展经济，实现了"人人参与旅游服务，家家享受旅游红利"，每户年均收入5000元以上，多的达万元以上。

但旅游开发也给当地人的生活带来了改变。28岁的导游滚水格就是岜沙人，他告诉记者，在1999年之前，这里还保持着自给自足的生活方式，"粮食是自己种的，衣服是自己做的，唯一需要的大概就是挑着柴火去县里换盐巴"。变成旅游景区后，岜沙人的生活变得"忙碌"起来，在表演项目中，一位苗族少女与一位游客举办了盛大的"婚礼"，许多苗族少年对着天空鸣枪以欢送游客……要知道，从前的岜沙人将婚礼视为一辈子中的大事，他们的猎枪也仅用于打猎。逢年过节，苗人喜欢吹奏一种传统乐器芦笙；现在为了给游客表演，每天都要吹芦笙，一天就得两三场。"不过，如果村里有老人去世，不能吹芦笙，这个规矩我们还是保留了。"滚水格说。不过，这又能保留多久呢？例如，防火节是苗族的传统节日，这一天，家家户户不准用火，要到河边去吃冷食。但在西江千户苗寨，这一天照样开门迎客，该用火用火，该吃饭吃饭。岜沙苗寨里许许多多新修的，古香古色的房屋，它们不是商铺就是饭店。岜沙孩子们也学会了和他们合影的游客要小费。

实训要求：

（1）本案例中岜沙苗寨吸引游客的主要因素是什么？

（2）结合案例，讨论应采取什么样的措施来保持岜沙苗寨独有的人文环境。

参考文献

[1] 王瑜.旅游景区服务与管理[M].5版.大连：东北财经大学出版社,2021.
[2] 方小燕.景区服务与管理[M].北京：清华大学出版社,2015.
[3] 李长秋.旅游景区服务与管理[M].3版.北京：高等教育出版社,2024.
[4] 朱彩云,刘春霞.旅游景区服务与管理[M].北京：旅游教育出版社,2015.
[5] 孙英杰.旅游景区开发与管理[M].北京：中国财富出版社,2016.
[6] 陈李静.旅游景区服务与管理[M].厦门：厦门大学出版社,2016.
[7] 王军军.森林旅游景区服务与管理[M].北京：中国林业出版社,2016.
[8] 温燕.旅游景区服务与管理[M].武汉：华中科技大学出版社,2017.
[9] 王昆欣,牟丹.旅游景区服务与管理[M].北京：旅游教育出版社,2018.